家国
情怀的意蕴及其近代转型

张倩 ○ 著

中国社会科学出版社

图书在版编目(CIP)数据

家国情怀的意蕴及其近代转型／张倩著．—北京：中国社会科学出版社，2023.8

ISBN 978-7-5227-2145-3

Ⅰ.①家…　Ⅱ.①张…　Ⅲ.①爱国主义教育—研究—中国　Ⅳ.①D647

中国国家版本馆 CIP 数据核字（2023）第 118905 号

出 版 人	赵剑英
责任编辑	杨晓芳
责任校对	夏慧萍
责任印制	王　超

出　　版	中国社会科学出版社
社　　址	北京鼓楼西大街甲 158 号
邮　　编	100720
网　　址	http://www.csspw.cn
发 行 部	010-84083685
门 市 部	010-84029450
经　　销	新华书店及其他书店
印　　刷	北京明恒达印务有限公司
装　　订	廊坊市广阳区广增装订厂
版　　次	2023 年 8 月第 1 版
印　　次	2023 年 8 月第 1 次印刷
开　　本	710×1000　1/16
印　　张	16.5
字　　数	215 千字
定　　价	88.00 元

凡购买中国社会科学出版社图书，如有质量问题请与本社营销中心联系调换
电话：010-84083683
版权所有　侵权必究

目 录

前 言 …………………………………………………… (1)
    一 基本问题 ………………………………………… (2)
    二 研究思路 ………………………………………… (6)
    三 研究方法 ………………………………………… (10)

第一章 共同体视域中的家、国、天下 ………………… (1)
  第一节 家、国、天下的实体关联 ………………… (2)
    一 家—国—天下构成稳定连续体 ………………… (3)
    二 家国合一及其扩展 ……………………………… (7)
    三 天下隐身于国家之中 …………………………… (10)
    四 近代民族国家的中西差异 ……………………… (14)
  第二节 家、国、天下的观念扭结 ………………… (16)
    一 天下观念的多元交织 …………………………… (17)
    二 国家观念的古今变迁 …………………………… (21)

第二章 家国情怀的内涵 ………………………………… (26)
  第一节 仁爱是传统家国情怀的主要内容 ………… (26)
    一 孝悌之仁凝练传统家国情怀的主体 …………… (27)
    二 不忍之仁筑牢传统家国情怀的底线 …………… (31)

三　安人之仁彰显传统家国情怀的取向 …………………… (35)
　　四　友道之仁丰富传统家国情怀的选择 …………………… (39)
　第二节　义是传统家国情怀的具体原则 ……………………… (43)
　　一　强化仁道的应然原则 …………………………………… (44)
　　二　专注个体行为的合宜 …………………………………… (47)
　第三节　爱国主义是家国情怀的近代表达 …………………… (50)
　　一　仁与义唤醒民族救亡的道德自觉 ……………………… (51)
　　二　仁与义支撑国家认同的中国特色 ……………………… (53)

第三章　家国情怀的特质 …………………………………………… (58)
　第一节　拟伦理思维主导 ……………………………………… (58)
　　一　拟伦理思维中的类比与认同 …………………………… (59)
　　二　以血缘认同强化政治认同 ……………………………… (63)
　第二节　以忧患为底蕴 ………………………………………… (67)
　　一　忧患意识中的敬慎担当 ………………………………… (68)
　　二　忧患意识衍生责任优先 ………………………………… (71)
　第三节　以和谐为导向 ………………………………………… (76)
　　一　天下太平的社会理想 …………………………………… (77)
　　二　三纲六纪的关系整合 …………………………………… (80)
　　三　理一分殊的哲学辩护 …………………………………… (83)

第四章　家国情怀的基本结构 ……………………………………… (87)
　第一节　儒家道德的情感特性 ………………………………… (88)
　　一　道德情感为首要 ………………………………………… (88)
　　二　道德理性的综合 ………………………………………… (92)
　第二节　道德向政治渗透 ……………………………………… (96)
　　一　以德治国的王道设计 …………………………………… (97)

二　内圣外王的理想模型 …………………………………… (100)
　　三　官僚制度的道德内核 …………………………………… (104)
　　四　国家理性的道德传统 …………………………………… (109)
　第三节　"忠"与"孝"观念互构 ……………………………… (112)
　　一　"忠"的多重含义 ………………………………………… (113)
　　二　忠与孝合一 ……………………………………………… (115)
　　三　忠孝一体成为国家价值观 ……………………………… (119)

第五章　家国情怀的载体考察 ………………………………… (123)
　第一节　君王的至上性 ………………………………………… (124)
　　一　天命有德的预设 ………………………………………… (124)
　　二　教化权力的附加 ………………………………………… (127)
　　三　立法权力的保障 ………………………………………… (131)
　第二节　士人的复杂性 ………………………………………… (135)
　　一　以道自任的责任担当 …………………………………… (136)
　　二　学优则仕的合作精神 …………………………………… (138)
　　三　为公为民的批判意识 …………………………………… (142)
　第三节　庶民的被动性 ………………………………………… (144)
　　一　被治理者的定位 ………………………………………… (145)
　　二　安命奉上的品性 ………………………………………… (148)
　　三　任贤缓和阶层固化 ……………………………………… (150)

第六章　家国情怀的维护 ………………………………………… (155)
　第一节　礼乐教化的温情涵养 ………………………………… (156)
　　一　敬与让的道德培养 ……………………………………… (156)
　　二　宗法精神的延续 ………………………………………… (161)
　第二节　德主刑辅的强力捍卫 ………………………………… (165)

一　礼蕴含着刑罚 …………………………………………（165）
　　二　强力维护三纲五常 …………………………………（167）
　第三节　近代以来的礼治反思 ……………………………（170）
　　一　礼教等级性的强批判 ………………………………（171）
　　二　礼治合理性的再思考 ………………………………（173）

第七章　家国情怀的自我更新 ………………………………（177）
　第一节　商业、商人的发展 …………………………………（177）
　　一　商人阶层更新家国情怀的载体 ……………………（178）
　　二　功利观念勃兴 ………………………………………（181）
　第二节　夷夏关系的构建 …………………………………（185）
　　一　变化被构建到群体认同之中 ………………………（186）
　　二　民族成为近代解释的重点 …………………………（190）

第八章　家国情怀的近代转型 ………………………………（194）
　第一节　接纳科学和民主 …………………………………（194）
　　一　学习科学 ……………………………………………（195）
　　二　追求民主 ……………………………………………（199）
　第二节　重构国家和平等 …………………………………（201）
　　一　改造传统国家观念 …………………………………（202）
　　二　突破传统平等玄谈 …………………………………（204）
　第三节　个体自由与民族复兴共同发展 …………………（207）
　　一　自由引领个体和民族 ………………………………（208）
　　二　公德建设彰显公共生活 ……………………………（210）
　　三　"天下为公"精神引领民族复兴 ……………………（213）

结　语 …………………………………………………………（219）

一　国家认同的复杂性呈现 ………………………………（220）
二　家国情怀的现代价值 …………………………………（223）

参考文献 ……………………………………………………（227）

后　记 ………………………………………………………（240）

前　言

在中国传统文化的语境下，"家国情怀"即是在长期的经济、社会、政治生活基础上形成的热爱、认同和维护家与国的感情和理性，其理想形态是爱家与爱国的统一，爱国如爱家。这种意识主要是在"家"这一经济、伦理共同体的生活中陶养，并扩展于"国"而形成的。它典型地体现在儒家文化传统中，经过儒法合流之后成为中国国家价值观的顶层。此外，爱国高于爱家、爱家高于爱己，也是家国情怀的表现。就此而言，念乡爱祖、守望相助、睦邻友善，也是家国情怀的基本内容。

家国情怀作为中华优秀传统文化的重要组成部分，通过精神理念、生活方式、国家制度等形式对中国人产生巨大影响，融入中华民族血脉，在当今社会乃至未来社会都有深刻影响。纵观中国历史发展，在社会稳定时期，家国情怀发挥着稳定社会秩序、支持国家和社会建设的作用。在民族危难之际，家国情怀则释放出巨大的凝聚力，鼓舞全体民众共赴国难。在中国现代化建设的进程中，家国情怀在提升国家认同，引导人们关心国家命运、襄助社会进步等方面发挥着重要作用。但是，家国情怀的这种凝聚和引领作用，较多地停留于自发层面，容易被各种负面情绪和离散力量所冲击和误导。如何在文化自觉、文化自信的层面呈现家国情怀的内涵，如何把握家国情怀发展的内在理路、价值追求、近代转型乃至现代转化，如何能够更加准确、合理、有效地发挥家国情怀的激励和凝聚作用,这是中国文化建设的重要问题。

一 基本问题

目前学界对于"家国情怀"的定义式研究比较缺乏,尤其缺少内涵揭示式研究。其中的一个重要原因是"家"和"国"的形态在历史发展中不断变迁,"情怀"的文学色彩较浓,既有理性上的认同,又有感性上的安顿。仅仅用客观的理性的知识研究的进路,难以给出清晰的文字说明,难以开显日常生活的进路,难以呈现生命体验在家国情怀养成中的独特地位。这在一定意义上造成了"家国情怀"研究中的混淆,有很多人把"家国情怀"直接等同于"爱国主义",忽视了家国情怀的传统文化底蕴,也忽视了近代民族国家的独特性。如何说明中国传统家国情怀的基本内容、结构特性、构建路径与情感属性,进而说明传统家国情怀的特质,分析传统家国情怀的近代转型,是本书的基本问题。

研究家国情怀,首先要明确的问题是在怎样的语境下进行讨论。家、国在中国传统文化的语境下,既可以各自独立,也可以合二为一。分开而论,家可以指称家庭、家族,国则可以指称诸侯国、王朝等,是中国早期国家的表达。合并而言,当"家国"为并列结构时,指家庭、家族和国家,当"家国"为偏正结构时,即指国家自身,内蕴着家与国在结构上的直接贯通,包含着以治家的方式来治国。同时,对家、国的整体理解,又不能脱离中国人关于"天下一体"的共同体想象,天下一体是传统家国情怀的逻辑基础。[①]

现代政治学一般把"国"理解为拥有领土和独立的主权、由政府

---

① 张倩:《家国情怀的逻辑基础与价值内涵》,《人文杂志》2017年第6期。

按照法律来治理、由个人和社会团体共同构成的政治共同体，统治、治理功能是其主要功能。现代社会学则把"家"理解为一个由血缘、姻缘关系组成的生活共同体，维持个体生活是其主要功能。这种理解思路，与中国传统的国、家相较，均不能直接同一，但这是当代中国人理解国、家的主要思路，又是当下家国情怀的基本语境。为了说明传统家国情怀与当下家国情怀的内在关联，我们需要在家国情怀的近代转型中，说明其中的差异。

从研究内容上看，学者们对"家国情怀"具体内容的研究中有一个基本方向，即把家国情怀与中华民族精神相联系。从 20 世纪 90 年代至今，形成了较为丰硕的研究成果，主要以中华民族精神中爱国主义的民族情怀、团结统一的价值取向、勤劳勇敢的优良品质、自强不息的进取意识、科学民主的现代精神等为主线而展开。[①] 这些研究多以整体视角，把"家"与"国"关联起来，而且是在现代民族国家的语境下进行的总结和讨论。这对于分析"家国情怀"的文化根基而言，显然是不够的。我们还需要从家国情怀的发生、传承、载体、特质、结构、转型等方面进行细致梳理，呈现出中华民族共同体中凝聚力与离散力共生共存的状态：两者都是情感、理性、制度、生产方式等要素合力的结果，需要理性引导。

从中国文化史上看，家国情怀是中国传统文化的价值顶层，是多层次观念的整合，具有复杂的结构性特点，并随着生活结构、政治形态的变化不断更新。"仁"以"爱人"直接表达传统家国情怀中的基本内涵，"义"则把普遍原则与个体行为之间的张力表达出来，是践行家国情怀的具体原则，"礼"则通过仪式制度、风俗习惯、精神理

---

① 李宗桂著《优秀文化传统与民族凝聚力》，《哲学研究》1992 年第 3 期；杨翰卿、李保林著《中国传统文化的当代转换》，《中国社会科学》1999 年第 1 期；罗豪才著《弘扬中华优秀传统文化　增强民族认同感和凝聚力》，《中央社会主义学院学报》2007 年第 4 期等文章，都是围绕上述主题展开的讨论。

◇ **家国情怀的意蕴及其近代转型**

念等更加复杂的体系①,整体呈现传统家国情怀的主要内容和维持方式。如何呈现传统家国情怀的信仰背景和观念基础,理解传统家国情怀的变迁轨迹,进而说明传统家国情怀如何才能成为我们的文化资源,以及有哪些需要超越的内容,是本书的核心内容。

儒家文化是传统家国情怀的主要支撑,传统家国情怀的构建与维系,也是儒学影响中国社会的主要方式。瞿同祖提出,经过了儒法合流之后,儒术独尊,儒家成为读书人的简称。② 我们以儒学为主来讨论传统家国情怀的内涵及其近代转型,既要关注先秦儒学的奠基左右,又要兼顾儒学在变迁中的关键内容。在家与国的两端进行道德说明和制度构建,并通过教化系统把两端关联起来,是传统家国情怀的整体模型。先秦时期,君王以治家的方式治国,"家"是道德构建的主要场域,齐家与治国同理同构,"国"是家的扩大。秦汉以后,大一统的国家正式形成,"国"则成为道德建设的枢纽,儒学通过对王权的解释来获得自身的正统地位,以国家的道德要求为中心,通过家庭道德支撑国家意识形态是其主要思路。有论者提出,儒学最有创意的部分是其对政治行为的理解、运用与诠释,其精华部分在于对政治的解读,儒者扮演的社会角色也多与政治有关。儒学研究的焦点应在儒学的政治性上,既不简单地把儒学归纳成一种赤裸裸的官家意识形态,也不简单地把儒学描述为儒家异议者的反抗资源,而是仔细地观察其如何为上层的政治运作与基层的社会治理提供了一套行之有效的道德基础。③ 从道德实践与政治影响如何互动的角度提出的基本问题,也是我们进行传统家国情怀研究的基本问题之一。

---

① 陈来认为,"礼"在儒家文化中至少有六种不同的含义:礼义(ethical Principle)、礼乐(culture)、礼仪(rite and ceremony)、礼俗(courtecy and ehiquette)、礼制(institution)、礼教(code)。陈来:《儒家"礼"的观念与现代世界》,《孔子研究》2001年第1期。

② 瞿同祖:《中国法律与中国社会》,中华书局2003年版,第329页。

③ 杨念群:《儒学地域化的近代形态——三大知识群体互动的比较研究》(增订本),生活·读书·新知三联书店2011年版,再版序言,第4—5页。

前　言

从历史和政治的角度看，"国"原意是城、邑，是一个部落或一个宗族的聚居地，与"家"有着天然的联系，是中国早期共同体的一个重要形态。当先民因农业的发展而定居下来以后，以部落首领的居住地为中心，逐渐形成了初期的居民点和城市，城里称为"国"，城外近处就称为"郊"。此时，"国"的政治意义开始凸显。西周时，周王被称为天子，作为"天之元子"来治理人间。由天子分封的区域称为诸侯。无论天子还是诸侯，他们居住的城邑都是"国"。天子所住的"国"处于中心、中枢地位，理所当然地被称为"中国"。[①] 在"国""中国"的历史演变中，地理因素、空间意识逐渐融入价值认同之中，并扮演着相当重要的角色。"天下"便成为"国"的逻辑前提，"天下之中"即中国。

整合上述几个层面的研究，我们可以发现，在传统中国文化的生态和脉络下，"家"不仅是血缘共同体、生活共同体，还是道德共同体、经济共同体、政治共同体。从中国文化的源头看，"家"与"国"在结构和功能上相似，纵向贯通。"家国情怀"即是在这种共同体生活中的个体所产生的对于家庭、家族以及国家的认同、热爱和维护。后来，"家""国"在人们的生活单位中逐渐分化开来，政治首领的威信转移到父、夫身上，这是一个威信、道德下移的过程。在这一过程中，"家国情怀"的内容也衍生出新的思考范式，既有政治首领、官僚集团家国合一式的家国情怀，也有基于百姓视角下的服从君王统治式的家国情怀。从观念建构上来看，家国情怀不仅要描述这种威信、道德下移的历史趋势，还构建出一条由父权、夫权理解君权的自下而上的认同和动员模式，集中反映社会意识的独特性。

中国社会的统一与分裂，受到复杂的社会历史规律影响。但是，追求统一、维持共同体稳定，却始终是中国人最基本的心态，家国情

[①] 葛剑雄：《统一与分裂：中国的启示》，商务印书馆2013年版，第19页。

怀即便在分裂时期依旧发挥着社会理想的作用。到了近代，随着民族国家意义上的"国家"观念的普及，传统家国情怀中逐渐增加了对于主权、法治、民主等内容的向往，成为对国家共同体的自觉认同、维护、热爱之情，并自觉承担责任。

在多角度分析的基础上，本书从七个方面展开研究。第一，说明家国情怀的内涵及其主要内容。第二，探究家国情怀的特质。第三，分析家国情怀的基本结构。第四，考察家国情怀的载体以及阶层整合的关键。第五，梳理家国情怀的维系模式。第六，提炼家国情怀自我发展的内在动力。第七，总结家国情怀在近代转型中的变与不变。

二 研究思路

从根本上说，"家国情怀"是价值观和文化理想的问题。因此，对"家国情怀"的总体性考察，就需要从文化观念、思维方式的连续性和变化规则上进行反思。同时，我们还要注重个体成员和集体之间的关系。具体而言，需要坚持从道德观念、国家制度、社会风俗三个层面分别研究，同时坚持文化研究中关于理想与生活、文化与历史不离的思路，重视道德观念、价值系统与生活方式相关联，并呈现近代以来这种关联方式的变化轨迹和影响，是本书最基本的研究思路。

从观念上说，传统家国情怀的特质在于，在亲亲、尊尊的宗法情感的基础上，通过类比思维，用拟伦理的方式沟通家与国，强化夫、父、君的权威，以"修身—齐家—治国—平天下"来激励个体向善向上，积极承担自己的责任，成就"大人之学"。从制度上说，中国传统的制度是以家国同构为基础的皇权一统体系，在政治上和伦理上均以等级关系为基础，以"维齐非齐"的方式维持共同体的稳定，既维护等级差异，也限制等级鸿沟，允许阶层流动。同时，强调执政者的责任意识、教化的力量，落实"王者爱及四夷"的理念，进而实现共同体的和谐发展。从社会风俗上说，婚礼、丧礼、祭礼等维系血缘亲情、家国认同的仪式、风俗的变迁，也是家国情怀传承发展的一条线索。

同时，"家"与"国"又可以从共同体的角度进行研究，"家国情怀"又涉及在社会生活如何通过感情维系、理性认同等加强共同体的凝聚力，并通过"礼"这一道德兼法度的体系来维护，通过德主刑辅、以刑辅礼的方式，把以情感人、以德服人、以礼治人统合在一起。援引"共同体"问题的相关研究来深化对"家国情怀"的结构、动力、转型等问题的分析，也成为本书的基本研究思路之一。"共同体"是一个非常复杂的问题，有多种讨论方式和结论。有论者从西方思想史进行了总结，指出共同体有"共同利益聚合体""契约精神载体""文化群体""基于想象的意识外显"和"自然整合体"五种阐释逻辑和结论。[①] 这种思路颇具启发性。我们认为，解读中国传统的共同体意识，需要把上述阐释逻辑和结论整合在一起才能完成。

儒家思想是中国传统文化的主干。[②] "仁"是中国传统文化中表达人与人、人与共同体关系的最为基本的价值理念，"爱人"是其主要内涵。我们以儒家思想为主来说明家国情怀的内涵时，需要坚持历史与逻辑相统一的思路，并从中国传统文化内部梳理传统家国情怀发展的动力和线索。

孔子在家与国直接贯通的模式下开启对于人与人、人与社会关系的思考。他在回答"子奚不为政"的问题时，提出"《书》云：'孝乎惟孝，友于兄弟，施于有政。'是亦为政，奚其为为政？"（《论

[①] 李艳平、王岩：《概念与本质：马克思在何种意义上使用"共同体"》，《广西社会科学》2021年第9期。

[②] 关于中国传统文化的主干是什么，学术界有不同理解。其中，"儒家主干"说侧重于社会政治影响；"儒道互补"说侧重于人生境界和进退出处；"儒法互补"说侧重于统治方略；"道家主干"说侧重于哲学框架的构建、哲学概念范畴的建立，以及西方人对中国哲学的认可。基于中国传统文化自身的伦理政治特性，以及本书所要讨论的主题，采取"儒家主干说"。

◈ 家国情怀的意蕴及其近代转型

语·为政》）孔子认为，修身、齐家即是为政，即是治国。此外，孔子用"克己复礼为仁"（《论语·颜渊》）更加直接地把修身与齐家、治国结合在一起，把"仁"的情感与理性嵌入"礼"的社会规范之中，开启"仁"的"人道"自觉，这体现了孔子对人们在人格道德上的平等要求和在社会政治上对等级的维护，形成了儒家在人际关系上的内在矛盾。[1] 传统家国情怀的演变，也在这一"仁礼一体"的框架内展开，呈现多元向度。

以孟子为代表的心性儒学更多地以"大丈夫"精神影响着中国的士大夫阶层，使得忧国忧民、天下为公的家国情怀成为他们的道义追求。士大夫阶层是这一家国情怀的主要载体，由此导致了传统家国情怀也具有道德精英的理想色彩。一方面，士人们希望进入官僚体系，通过获得君王的支持来实现自己经邦济世的理想，期待圣王治理、尊重当下君王是其必要的选择。另一方面，士人们希望可以设计出限制君主权力的制度，更好地维护民生，公平的社会理想成为人们批判现实的依据，引发诸多针对现实的社会批判。

以荀子、董仲舒等人为代表的儒家学者，则更多地通过与统治者的合作，强调君主的权威，弱化了孟子心性儒学中约束君主、文化批判的功能。这也埋下了士人阶层内部维护君主权威和批判君主专制相分化的矛盾性因素。这种思路下的儒家知识分子，构建贤臣辅政的文官制度，把道德建构与礼法制度、学校教育融合在一起，以"忠孝一体"为核心价值观，通过生活方式的塑造来推动儒家价值社会化。此外，董仲舒通过加强"天"的权威来强调"公"的价值统领，平衡君权与民意，通过彰显"君"的榜样示范作用、执政者的责任意识来强化共同体的凝聚力，通过"教化"来打通君、臣、民的价值认同，对于传统家国情怀的正向提炼具有积极的推动作用。中国传统社

---

[1] 李锦全：《儒家论人际关系的两重性》，载氏著《李锦全文集》（第四卷），中山大学出版社 2018 年版，第 9—20 页。

会的法律、乡规、民约、家训等，都是推动"忠孝一体"社会化的途径。但是，董仲舒思想中对于君权的神圣化、绝对化，对于执政者重义轻利的强调，在一定程度上导致君民之间的价值疏离，以及对个人利益的忽视，从而对传统家国情怀作用的发挥产生了抑制作用。

到了宋代，"民"通过科举考试而成为"士"的人数激增，"民"成为"士"之后，自然会发展出对国家的认同感和责任感，他们已自认为是政治主体，不仅是文化主体或道德主体而已。在这样的变化中，"大人小人"的身份意识、"重义轻利"的道德自觉，使得对于"道义"的强调更加明确。朱熹强调"学者须是革尽人欲，复尽天理"（《朱子语类》卷十三），强调人心之本善，容不下半点私欲，"天理"与"人性"都是"全善"才能支撑这样的道德体系。王阳明则以"良知"直接说明人心人性至善，以"致良知"来说明良知通过好善恶恶来呈现自己，以最真实的"好善""恶恶"的情感为人的行为提供直接动力，使得人对自身的责任、义务有了更加直观的理解，更加容易践行家国情怀中关于尽忠尽孝，睦邻安邦等具体要求。宋明儒学中重义轻利、重理想轻欲望的道德优先立场，通过人禽之辨、义利之辨深刻影响了传统的精英士大夫。

如何肯定人们合理欲望的满足、承认利益追求的合理性、正视商人的地位，在中国传统社会一直为人们关注。在春秋战国时期即形成了中国最早的商人群体，中国商品经济发展起来以后，这一问题更加突出，成为宋代以后家国情怀建构不得不面对的问题。明末清初中国的商品经济获得较大发展，商人阶层越来越活跃。商人群体普遍认为，忠孝传家之道，诚信不欺之理都是行商立世的基本原则。肯定私欲的满足，对于利益和富裕的向往，成为颇具影响力的观念。

王船山固守儒学立场，重新讨论"人禽之辨"，视庶民为"禽兽"，认为庶民普遍沦为禽兽的原因一方面在于沉溺于物欲生活不能自拔；另一方面在于人不善的"习气"替代了本有的"性气"。面对

"庶民禽兽化"的社会问题,他主张通过礼乐教化等方式拯救庶民,即从人文化成角度化解"人禽"之间的张力。① 王船山的"人禽之辨"意在凸显君子之于庶民的道德优越性,表现出中国传统家国情怀中的道德主导性,以及对于庶民的轻视。这也是近代家国情怀转型中需要克服的内容,提示我们对于中国传统文化的创新性发展的重要性。商品经济的发展提出了道德多元化的要求,成为传统家国情怀自我更新的内在动力。

三 研究方法

运用比较哲学的方法,厘清基本概念。"国家"一词,在先秦时期的文献中便已存在,近代以来,学者们用"国家"来翻译西方的"nation"和"state",前者则是指集领土、主权、人口于一体的国家共同体,后者是指集组织、权力、制度于一体的国家政权系统,并开启了以西方的政治国家理论来分析中国传统的国家。这种研究促进中国与西方世界的互动融通,一方面丰富了中国传统政治思想解释维度,另一方面也使得中国政治文化中一些迥异于西方政治文化、表现中国文化独特内涵的东西被忽略。

中国近代的国家观念建构,经历了一个从模仿西方到复归本身的过程。天下、国、家作为中国社会生活中的基本共同体,与中国独特的文化生态密切相关。从三代起,天下、国、家便是一个层级明确的共同体体系,"家"的精神贯穿其中,"家"的文化和道德意义也很深远。家庭对个体成员的评价较社会的评价更为充分和全面,家庭成员的血缘关系,具有超越功利的属性。家庭还是文化传承的重要单位。在"国家"观念的中西比较中,解读家国情怀的中国特色,是

---

① 钮则圳:《人文化成的家国情怀——王船山〈俟解〉中的"人禽之辨"》,《文化中国》(加拿大)2019年第3期。

本书的一个目标。

重点研究与整体研究相结合。家国同构是中国传统社会的基本结构，与之相适应，忠孝一体成为传统社会的核心道德要求。忠孝一体与仁爱思想密切相关，这也构成传统家国情怀的主要内容，其背后的价值预设、发展演变等问题成为本书的重点研究对象。此外，我们还发现，在中国传统社会中，"以友辅仁"是"仁"的一条重要维度。发挥"友"平等互助精神，是传统家国情怀发展的另外一条线索，可以从整体上拓宽家国情怀的研究视角。平等互助是明代后期中西文化交流重要的切入点；晚明以后，以顾炎武、黄宗羲等为代表的启蒙思想家们从讲学的社会团体、朋友关系引申出国家的原则、君臣关系，高扬平等意识，以对抗从家族制引申出的道德原则，成为家国情怀自我更新的重要组成部分。

深化唯物史观在家国情怀研究中的运用。一方面，家国情怀的内容、特质，与中国文化的"早熟"密不可分。氏族脐带完全斩断而进入文明社会的中国，在诸多方面都受到了血缘思维的深刻影响，这在儒家文化中表现最多。另一方面，以儒家思想为主干，儒道、儒法互补是家国情怀的整体构成。道家思想中的个性解放、社会批判的内容，与家国情怀中的批判思想具有相通之处。出儒入道或兼综儒道，成为很多传统知识分子最终的选择，体现出传统家国情怀在解决个体和共同体关系冲突时的张力。在乱世的儒家知识分子，往往会产生强烈的救世主张，又会因为理想难以实现而表现出逃避现实、放纵性情的方面，或者停留于改朝换代的层面解决眼前危机。这也说明，在传统社会内部，很难找到解决治乱循环的根本途径。只有通过生产力、生产方式变革，才能实现社会形态的真正发展。这也提示我们，深化唯物史观在家国情怀研究中的运用是从方法论上进行突破的必要途径。中华优秀传统文化要在当代中国发挥积极作用，必须经过创造性转化，与现代生产方式和生活方式相适应。

◇ 家国情怀的意蕴及其近代转型

坚持逻辑与历史相统一，说明家国传统下，国家实体的中西差异，以及中国认同的中国特色。"国家"作为一个国际政治的基本单位，基本含义是在固定领土行使主权的政治主体，是近代民族国家的简称。从渊源上讲，这样的国家实体源自古希腊的城邦，并经过了一系列的发展得以形成。西方文化中的国家实体，在中国古代并不具备。中国古代关于"国""家""国家"的用法中，都包含着可以指称最高政治共同体的部分，但在结构上是家国一体，与西方的城邦、政治共同体，是完全不同的。正如英国学者马丁·雅克在美国《洛杉矶时报》撰文指出的，"中国本质上是一个文明国家，其身份认同感源自作为文明国家的悠久历史。当然，世界上有许多种文明，比如西方文明，但中国属于惟一的文明国家。中国人视国家为监护者、管理者和文明的化身，其职责是保护统一。国家的合法性因而深藏于中国的历史中。这完全不同于西方人眼里的国家。"[①] 近代以来，中国人用民族国家标准来构建中国的国家实体，融入世界文明体系之中，是对传统家国实体的彻底改造。

运用文化哲学的方法说明中国传统家国情怀及其近代转型的独特性。基于中国特殊的文化生态，在国家认同层面也出现了特殊性：传统的个人—家族—国家的架构与现代的个人—国家的架构共同存在。这也是传统"家国"意识向现代的"祖国"观念的转化，是中国文化的家国情怀自我发展、自我转化的结果。这种国家认同既包含情感层面的对于以人口、土地为基础的文化—心理的归属感认同，又包含理性的对国家政权系统，即主权、制度的支持—赞同性认同。两种认同模式并存，造就了当下中国国家认同方面的某些特性，甚至可以说，文化—心理层面的认同起着更加重要的作用。这也是中国的国家认同不同于西方国家认同的重要特征。中国国家认同的这种特殊性，

---

① 转引自张维为《中国震撼》，上海人民出版社2011年版，第245页。

前 言

是解释中国许多问题的主要线索。在全球化背景下，强化中国的国家认同更加需要正视其中的中国特色，并更加积极地从传统的家国情怀中汲取有益资源，念乡爱祖、守望相助、团结和睦等观念在今天仍然具有积极意义，可以有效地转化为爱国主义的心理基础和社会责任的价值支撑。①

突出价值哲学研究对家国情怀研究的方法支撑。在中国传统社会，"善"是社会规范和共同体合法性的基础，与"善"相关的道德情感和道德理性都是传统家国情怀的具体内容，在经学体系中保持其稳定性。同时，价值哲学研究又有着不同于传统经学，尤其是古文经学的方式。在价值哲学的视野下，历史典籍不仅仅是单纯的过去的记载，而且还是以文化价值的传承来引领民族认同的媒介。这也与西方的价值论不同。近代西方的自由主义思想，将认同严格限定在公共制度设计的层面，而不主张向私人价值层面扩展，也排除人的情感。自由主义的国家观，在近代国家观念中影响较大。从价值哲学的层面来说明中国传统家国一体思想中道德情感的合理性及其限度，是反思近代自由主义国家观的重要内容，为确立文化自信提供更加深厚的支撑。

重视家国情怀创造性转化、创新性发展的综合性特点。家国情怀的重要内容在于文化认同。文化认同的重要特点在于，观念变化的节奏比较缓慢，并且时间跨度长，这需要运用长时段的观察法来进行研究，把变化的内容和方式总结出来。简单而言，"家国情怀"为主题的研究既涉及对中华优秀传统文化的创造性转化和创新性发展，又涉及当下的增强民族凝聚力和国家认同等焦点问题，综合性比较强。从价值观念、文化理想层面进行继承和转化，是各个时期的思想家们发展家国情怀的内容、更新家国情怀践行方式的基本途径。

---

① 张倩：《从家国情怀解读国家认同的中国特色》，《江淮论坛》2017年第3期。

◇ **家国情怀的意蕴及其近代转型**

概括而言，本书主要从三个层面进行了深化研究。第一，加强了现有家国情怀研究中对于文化根基的说明，深化对中华优秀传统文化的整体把握。第二，厘清道德修养在传统家国情怀中的主导意义、礼治与法治结合等对于传统家国情怀演进的内在支撑。第三，深入把握近代以来的国家理论、民族观念对家国情怀的改造。在近代文化发展中，家国情怀沿着既有的道德、情感、价值合一的方向发展，又吸纳了主权观念、民族意识、个体意识等内容。

第一章

共同体视域中的家、国、天下

《说文解字》把"共"的基本含义解释为"同也。二十人皆竦手是为同也"。有论者据此指出,"共"是多人共同塑造了一个共同的姿势,其背后预设了一个群体,但这个群体不是由原子式个体组成的集合,而是存在着一个统摄了其中所有组成部分的共同性因素。这个由千万个体组成的整体,被看作千万个体的共性的统一表达。[①]这种个体的共性表达,带有整体性、模糊性、利益与道德交融、情感与契约共存的特点,成为中国传统共同体的代表。个体在共同体中得到满足是认同的根源,共同体对个人认同的支持、赞同个体的行为则让个体有归属感。在中国人的生活中,家、国、天下都是最基本的共同体。其中,天下是最初级的共同体,自然、神灵、社会并存。中国进入文明社会以后,国与家成为最基本的共同体,天下、国、家形成一个内嵌式的共同体结构,通过公与私的价值转化、正当与否的价值评判,又成了无法截然分开的统一体。个体在家、国、天下共同体中确立其生存的意义和空间,是中国伦理型文化特质的重要体现。

[①] 皮迷迷:《"公"与"私"的道德化——对先秦时期"公""私"内涵转变的考察》,《现代哲学》2017年第3期。

第一节 家、国、天下的实体关联

古代中国是一个植根在农耕经济土壤中的宗法—政治社会，形成了家国同构的格局。家与国分别代表了该社会宗法系统与政治系统。所谓"家国同构"是指家与国在组织结构上的共通性：父为家之君，君为民之父。君父同伦与家国同构相辅相成。"天下"即是中国最早、最大的共同体的描述，建立在中国古人与万物并生的生存体验和想象的基础上，随着中国社会的发展而变化。"天下"包含着普天之下的空间意识，是对于人们最大活动范围的描述；从群体结合方式上讲，"天下"还包含着对于礼乐制度的认同；从象征意义上讲，"天下"还是共同体最高首领的活动范围。

在三代，一般是天子代表"天下"，诸侯称"国"，大夫称"家"，也有以国、家合成为"国家"，作为"国"的通称。《尚书·立政》称"其惟吉士，用劢相我国家"，《礼记·中庸》又称"国家将兴，必有祯祥；国家将亡，必有妖孽"。这些都是合称的代表。有论者指出，"家国同构"使得中国传统社会始终没有建立一套独立于血缘和宗法的社会结构，中国奴隶社会是宗法奴隶制度，周代封建社会是宗法封建社会，秦汉以后的帝制社会是宗法专制制度。中国历史上的国家，始终是父家长制延伸、扩大的变体。这是中国社会区别于印度、欧洲社会的根本点。[①] 其中，"家"由包含着个体小农家庭和世家大族两种基本形态。天下、国、家形成了一个清晰的序列，而"天下一体"是家国情怀的逻辑基础和理论预设。

[①] 冯天瑜、何晓明、周积明著：《中国文化史》（第2版）（上册），上海人民出版社2005年版，第165页。

第一章　共同体视域中的家、国、天下

一　家—国—天下构成稳定连续体

三代时期，部族社会格局一般均由一个强势部族占统治地位（如夏族、商族、周族），通过自上而下的分封而形成"天子建国，诸侯立家"的等级分封局面，形成家—国—天下的稳定连续体。由于资料不足，关于夏朝的制度和生活形态的研究难以清晰说明。学者们对于三代时期历史文化的研究，往往从商代开始。有论者认为，商代建立了中国古代的真正霸权，建构了复杂的国家组织，殷商的中原地区，中心是大邑商，周围是子姓分族的居地，再往外是由殷商控制的四方，更外面是各种方国，其中有友好的人方，和战不定的周国，以及敌对的鬼方。[①] 尽管商朝在国家政权和统治结构上比较清晰，但商代王位的继承并没有确立严格的标准，父子相传与兄终弟及的情况并存。宗法制度的最终确立，是在西周时期完成的，家—国—天下的连续体也随着宗法分封制度的完成而完备。

《左传·桓公二年》记载了西周时期"三级分封制"的社会政治格局，即"天子建国，诸侯立家，卿置侧室，大夫有贰宗，士有隶弟子，庶人、工商，各有分亲，皆有等衰。是以民服事其上，而下无觊觎"。在三级分封制的基础上，形成了三级政治实体："天下"（周王室）、诸侯之"国"（公室）、卿大夫之家（私家）。在三级政治实体之间，上下级均为君臣关系，天子为诸侯之君，诸侯为天子之臣，同时也是卿大夫之君。公与私的理念也在这一政治格局之下形成，天下相对于国与家为公，国相对于家为公，相对于天下为私，家相对于天下与国均为私。

其中，"天子建国"即周天子在"天下"范围内分封诸侯，建立大大小小的诸侯国。随着被征服区域的不断扩大，分封的诸侯国便不

[①] 许倬云：《我者与他者：中国历史上的内外分际》，生活·读书·新知三联书店2010年版，第9—10页。

断增加，诸侯国的统治者便成了新的家族。以诸侯为基础的家族，多为周王的血亲，是周朝势力最为庞大的家族，也是维持周朝统治的中间力量。周朝的大举分封主要有两次。第一次是西周初年的事情，武王克商之后，即行分封，追思先王。根据《左传》的记载，武王分封的结果为"其兄弟之国者十有五人，姬姓之国者四十人，皆举亲也"（《左传·昭公二十八年》），只占数百封国中的小部分，异姓封国的比例更高。司马迁记载，"武王、成、康所封数百，而同姓五十五"（《史记·汉兴以来诸侯王年表》）。其中，武王把商地封给纣王的儿子武庚，让自己的三个兄弟监督武庚。武王去世后，武庚便联合了负责监督自己的两人进行了反叛。周公辅政称王，在平叛之后，进行了第二次分封，大封同姓诸侯，结果为"立七十一国，姬姓独居五十三人焉。周之子孙，苟不狂惑者莫不为天下之显诸侯"（《荀子·儒效》）。

经历了周初的两次分封之后，周天子用家族组织代替地方政权，巩固新占领的区域，通过血缘亲疏来巩固周王统治的思路越发明确。从家族的发展来看，这即是"致邑立宗"（《左传·哀公四年》），被分封的人带着自己的亲属到分封的地方去，成为该地区的统治者，并建立家族，成为新的族长。与"天子立国"同步，周天子的血亲家族快速向地方政权延伸。

"诸侯立家"即诸侯在自己的分封内再次分封大夫。这种方式是诸侯王把封地划分为若干个更小的区域，然后选派自己的子弟、同姓、姻亲去进行治理。这也是一个家族的再次分化，并向着下一级政权延伸。这种方式在周初亦有，但大兴起来要到西周晚期，诸侯国逐渐壮大之后。从共同体的视域看，家、国、天下都是共同体的基本形态，各自具有不同的政治职能。大夫（家）要为上一级的诸侯（国）提供财富和徭役，诸侯（国）也需要向天子（天下）提供生活物资、劳役服务和军事护卫。

第一章 共同体视域中的家、国、天下

"天子建国，诸侯立家"的过程中，天子、诸侯、大夫成为天下、国、家的人格化象征，分别代表了各自所在级别的共同体。在三级分封之后，又衍生出"卿置侧室"的进一步分封。"卿置侧室"即卿大夫在自己的采邑内分封士或家臣。这应当是更晚出的情况，要在卿大夫和家臣势力壮大之后才能发生。除了在统治阶层内部实行以家族为单位进行管理之外，广大的被统治阶层也是以家族的方式存在，以各个族长为代表，与统治集团发生联系。《左传·昭公十七年》记载了三级分封制普遍化以后，人的等级划分也更加复杂和多元的情况："天有十日，人有十等。下所以事上，上所以共神也。故王臣公，公臣大夫，大夫臣士，士臣皂，皂臣舆，舆臣隶，隶臣僚，僚臣仆，仆臣台。"其中，王、公、大夫均为贵族，士介于贵族与庶人之间，士以下皆为庶人，等级之间的界限非常严格。

西周强化了血缘宗法制度，用血缘维持封建网络，宗统与君统更好地叠加在一起。人间社会的最高统治者称"天子"，即上天的长子。就宗法系统而言，"天子"是天下的大宗；就政治系统而言，"天子"是天下的共主，这也是以宗族大家长的身份来行使政治权力。在君父合一的脉络下，天下、国、家形成了一个清晰的序列。王室子弟、功臣因分封而确认等级，同时也因各安其等级而拱卫王室，以血缘为纽带来达到认同家、国、天下的目的。基于血缘而有的"亲亲"和基于等级而有的"尊尊"成为传统家国情怀的重要支撑，并在"礼治"的维护下获得很强的生命力。在这种格局下，传统家国情怀中基于血缘的情感认同、基于理性的责任义务，主要由"有国有家"者来承担，普通民众被排除在传统家国情怀的载体之外，仅仅承担着"服事其上"的功能。

就血缘系统而言，周代的分封制是血缘政治的舞台，国家组织主要是血缘组织的分化。这种形式导致传统国家学说、政治学说有别于

⊗ 家国情怀的意蕴及其近代转型

以阶级和地缘为依据的政治理论，而具有强烈的血缘色彩。[①] 在血缘政治中，家是国的模型，国是家的延伸，血缘认同是国家认同的基础。

三代时期，家国情怀以王、公、大夫为载体而构建的系统观念则非常稳定，有效地维持着家—国—天下连续体的稳定。家国情怀最初、最直接的代表者是君主：君主由治家而及于治国，用治理家族的方式来管理国家。"始于家邦，终于四海"（《尚书·商书》）即是这种意识的集中表达，而"罪在朕躬"（《尚书·汤诰》）也就逻辑地成为君王行为的有力约束。基于这种文化基因，在国家统一的时代，君主逐渐成为"朝廷""国"的代表。"忠君"即"爱国"就是这种文化基因的产物。而君主拥有这种治身、治家、治国的根据，则在于"天命"："天命縻常，惟德是辅"即是王权统治的来源。

宗法分封制是这种连续体的制度保证，进而形成以天命观为基础的道德维护。以爱民、勤谨来维系天命的眷顾，成为君主道德的核心内容；以礼乐系统来表征君王与天命的合一，成为礼乐的基本诉求。有论者指出，殷周礼乐制度体现了氏族、部落等以巫文化为中心形成的血缘共同体与早期国家之间的历史联系：国家制度及其礼仪是从氏族社会的组织、信仰和仪式的基础上发展起来的；礼乐与制度合一是宗法封建制的代表，而皇帝官僚制度则是郡县制的代表。[②] 从经济层面而言，宗法分封制以血缘为中心的确定名分、地位的原则，在土地和劳动力关系上表现为井田制，兼顾了义与利，成为儒学传统中所津津乐道的生产方式和分配方式。

形成于三代时期家国天下等级序列格局下的家国情怀，成为中国传统家国情怀的根基，包含着家国情怀的基本内容和致思路向。

[①] 刘泽华主编：《中国政治思想通史·综论卷》，中国人民大学出版社2014年版，第220页。

[②] 汪晖：《中国现代思想的兴起》（上卷·第一部），生活·读书·新知三联书店2008年版，第157、245页。

第一章 共同体视域中的家、国、天下

从天下、国、家关系的表达来看，孟子以"天下之本在国，国之本在家，家之本在身"（《孟子·离娄上》）的判断，把个人在现实生活中的基础地位凸显出来。这里的"本"，主要是根本、发端之义；这里所讲到的个人，依旧是有特定政治身份的人，是有家有国者，而并不是现实生活中的每个人。随着家庭（家族）制度和国家制度的变化，家国情怀的维护方式会因时而异，但其中以血缘认同促进政治认同，以礼乐制度维护等级差异的基本模式，精英伦理的品质一直贯穿在传统家国情怀之中，成为家国情怀近代转型的文化基因和突破方向。

二 家国合一及其扩展

家国合一是中国传统国家的典型形态。在中国历史上，无论是统一时期，还是割据时代，"家国"都是"国"的基本形态。到了近代，在西方民主国家的冲击下，中国开启了向民族国家的转型。西周所建立的天下—国—家一体相连的社会组织结构，具备很强的整体稳定性，同时也具有灵活的内部调整的可能性。萧公权指出，"周之封建天下，本为不完全之统一。稍弛则为列国之分割，再进则为一王之专制。其政治基础，实至不稳定"。[1]

在分封制中，天子、诸侯、大夫以治家的方式来治国，"国"最早是指周天子"封建诸侯"的领地，所谓"天子建国，诸侯立家"是也。由于诸侯间存在着远近不同的血缘、婚姻关系，这就在中国人心里形成了一种事实上的"家国"意识，再加上王权的统治，形成了"始于家邦，终于四海"观念。《尚书·尧典》总结出了基本模式："克明俊德，以亲九族。九族既睦，平章百姓。百姓昭明，协和万邦。"这是家国合一的最早构建方式，也是家国合一

---

[1] 萧公权：《中国政治思想史》（上册），商务印书馆2016年版，第25页。

的直接形态。

在秦统一中国以后,皇帝以人民之父、兄的身份类比来维持自身权威,是对三代时期直接的家国合一基本精神的继承;同时,中央政府依靠"家"的力量来维持基层治理,皇帝依旧以治家的方式管理国家,并依托官僚制度,把对人民的治理权分给家(家族或家庭),使得家(家族或家庭)成为政权的延伸,承担基层治理的职能。这是家国合一的另外一种方式,也是传统家国合一的扩展。在中国历史上,只有秦朝能够彻底执行郡县制。后来的历朝历代,都有郡县与分封混用的情形。这也导致家国合一的形式比较复杂。

春秋战国时期,各个诸侯国通过战争来不断合并的趋势进一步发展,侯国内大夫取代国君的典型事件频发。顾炎武在《日知录》中描述了这段历史:"传称禹会诸侯,执玉帛者万国。至周武王仅千八百国。春秋时见于经传者百四十余国。又并而为十二诸侯,又并而为七国。此固其势所必至。"(《日知录·郡县》)

与之相应的,则是"天下"实体不断弱化,三代所形成的规范失效,霸道武功成为核心竞争力,诸侯国的国君往往以巧取豪夺为能事,权术盛行。随着诸侯国之间的兼并不断发生,各个宗族也就被不断消灭,宗族势力不断减少。再加上商品经济的发展所造成的人口频繁流动和族众的分化离散、秦国奖励耕战和奖励分居的政策,使得宗族的影响力逐渐减弱。

到了战国时期,数口之家的小家庭成为最重要的家庭形态。这种家庭形态,在战国以后成为中国家庭的主要形态,并一直持续到隋唐。徐扬杰认为,秦汉时期的家庭形态是对战国家庭形态的延续。数口之家的小个体家庭,是战国与秦汉时占绝对统治地位的家庭形态。[①] 李卿研究指出,魏晋南北朝乃至隋唐,家庭结构始终是以五口之家的

---

① 徐扬杰:《中国家族制度史》,人民出版社1992年版,第154—156页。

第一章 共同体视域中的家、国、天下

核心小家庭为主。在整个中国中古历史上，这种家庭结构和规模始终无太大变化。① 这种家庭形态之下，家国合一的构建，则主要围绕着小家庭与国家的关系来展开。国家把对基层百姓的治理权分给家庭，使得家族成为政权的延伸，承担基层治理的职能，成为国家主要的构建方式。

《汉书·百官公卿表》记载，西汉的地方治理结构是"大率十里一亭，亭有长。十亭一乡，乡有三老、有秩、啬夫、游徼。三老掌教化；啬夫职听讼，收赋税；游徼徼循禁贼盗。县大率方百里，其民稠则减，稀则旷，乡、亭亦如之。皆秦制也"。从区域和户籍上看，一乡要有百里，千户人口。在司法、财税、教化三个领域各设一名主管人员，其行政压力非常大。依靠家庭自治来维持社会稳定，是多种因素综合的结果。瞿同祖对中国古代社会的"家庭"有一个整体的说明，认为家应是同居的、共同生活的亲属团体，范围较小，通常只包括两个或三个世代的人口。一般人家，尤其是耕作的人家，因农地亩数的限制，大概一个家庭只包括祖父母，及其已婚的儿子和未婚的孙儿女。祖父母逝世则同辈兄弟分居，家庭之包括父母及其子女，在子女婚嫁以前很少超过五六口以上的。②

宋以后，平民家族兴起，家族成为家国合一的基本单位。随着世家大族式的家族解体，个体小家庭再一次普遍化，成为家庭的主导形态。随着中央集权的强化，所有农户都编入了国家的户籍，防止地方政权割据。同时，由于这一时期租佃关系的普遍化，农业生产和经营更加个体化、细致化，再加上商业和手工业的发展，中央机构想要直接管理和控制个体，就变得更加困难。国家既需要找到辅助治理的组织，又要控制辅助治理组织的规模，使其不能与中央集权相抗衡。平

---

① 李卿：《秦汉魏晋南北朝时期的家族、宗族关系研究》，上海人民出版社2005年版，第68、74页。
② 瞿同祖：《中国法律与中国社会》，第3页。

民家族便是在这种时代背景下发展出来的。宋代形成的家族制度，能够把一部分家族成员长期束缚在土地上，通过族长、族规来进行统治，用血缘温情来化解农民与地主的矛盾。同时，平民家族组织能够用族产收入来帮助贫困的族人，降低国家行政管理的成本，减少因贫穷而导致的农民反抗，维持国家稳定。

家国合一的另外一条线索，便是国家对家族的支持，传递出家族与国家在精神理念上的一致性。国家对家族的扶持通过多种渠道表现出来，最为典型的是对于大家族的精神表彰和物质奖励。在宋代以后的正史记载中，"孝义传"和"地方志"里关于旌表累世同居的"义门"在亲族团聚、同居共财、止讼息诤方面，号召人们向他们学习的内容不可胜数。对能够强化伦理纲常、有影响力的大家族，政府还会有粮食和布帛的奖励，以及免除徭役的待遇。在家国合一不断扩展的过程中，家国情怀的载体不断扩大，内容也不断丰富。

从中国的治理模式上来看，分封制和郡县制是中国传统社会的基本模式。无论是分封制还是郡县制，都不能脱离中国传统宗法社会的基本格局，宗法精神渗透在分封、郡县之中。

三 天下隐身于国家之中

在诸侯争霸的过程中，家—国—天下的连续性共同体被打破，"国"的政治共同体地位被凸显出来，以天子为代表的天下实体弱化，逐渐与"国"合一，"天下"成为礼乐文明和王道理想的观念，成为"国"的合法性支撑。梁漱溟用"天下而兼国家"来概括中国社会的最根本、最特殊的构造，进而分析中国文化的基本精神。"中国文化以周孔种其因，至秦汉收其果，几于有一成不变之观。周孔种其因，是种封建解体之因，是种国家融化在社会里之因。秦汉收其果，是一面收融解融化之果，还一面在种种问题上收融合统一之果。所谓一成不变之观，即从此中国便是天下（社会）而兼国家的，从

第一章 共同体视域中的家、国、天下

此便是以儒家为治道之本而摄取发夹在内的。……分则角力，而国家显露；合则政治乃可消极，而国家隐没也。自这民族融合国家统一的大社会来说，合则为治世，为天下太平，分亦是乱世了。"[1] 这种观点对于我们把握"天下"与"国家"的关系提供了基本的思路。

东周末期，周王室衰弱，诸侯争霸，以血缘为基础的身份秩序在现实中难以维系。春秋战国时期，是中国从宗法社会向君主社会转型的时代，家—国—天下这种稳定的连续体被打破。这一时期的诸侯争霸，强化了"国"的政治实体意义，武力成为重要的内容。诸侯国主导的征战杀伐中，原有的以血缘为纽带的共同体结合模式被打破，"天下"从实体与观念的统一，向观念一级退守，成为王道理想的表达。到了战国时期，王道理想除了保留血缘共同体中任德不任刑的内容之外，还新增了人们对美好生活的诸多想象。

由于诸侯争霸过程中出现了更加频繁的社会流动，有才能的庶人跃升为士大夫，促进了平民阶层中对于社会地位和权益的要求；商人和商品经济也获得了一定的发展。这些现实使得人们重新认识人间的力量。天、神、天下也逐渐隐身于人民、国家之后。诸侯国的武力扩张肢解了周代的天下，天下在实体上与国合一。天下与国家的实体合一与天下成为国家的价值支撑，共同开启了天下隐身于国家的进程。在战国时代，"家国"与"天下"实体的断裂更加明显。

从中国政治思想史的角度来看，百家争鸣是血缘共同体解体所引发的必然结果，是人们追求新秩序的表现。在这一过程中兴起的法家思想，成为进一步促进国家强大、解构传统天下实体的推动者。在解构传统天下观念的同时，法家代表还赋予了天下观念新的内涵，用天下来指称君主独尊下的新型国家。在法家代表韩非那里，国家意义上的天下更加常见。"能独断者可以王天下"（《韩非子·外储说右

---

[1] 梁漱溟：《中国文化要义》，载刘梦溪主编《中国现代学术经典·梁漱溟卷》，河北教育出版社1996年版，第439页。

⊗　**家国情怀的意蕴及其近代转型**

上》),"明主者,使天下不得不为己视,天下不得不为己听"(《韩非子·奸劫弑臣》),都颇具代表性。

有论者指出,法家彻底的政治实用主义,是对氏族血缘原理最为激进的反对。法家彻底否定了民众作为自律结合的共同体存在的可能,认为人人都是单一的个体存在,最后接受君主的统治。① 以君主为国家的代表,并强调君主的绝对权威,是法家思想的核心理念。法家对于民众与君主的关系的认知,对于政权合法性的说明,成为秦汉新型国家的根据,依托官僚制与郡县制来实现。

天下与国家的实体合一,即是在经历了天下与国家的实体断裂之后,天下与国家成为同等的存在,代表君主权力所及的全部空间。这是天下直接隐身于国家之中。荀子的"天下为一"(《荀子·成相》)即是在国家的意义上的天下;"家人,女正位乎内,男正位乎外。男女正,天地之大义也。家人有严君焉,父母之谓也。父父、子子、兄兄、弟弟、夫夫、妇妇,而家道正。正家,而天下定矣"(《易·家人·象传》)更把个人、家庭与国家完全打通,并获得了终极依据。

天下成为政权合法性和王道理想的代称,成为国家的价值支撑是天下隐身于国家的更加重要的形式。这种形式,是天下间接隐身于国家之中。在很多历史时空,天下需要独立出来,为国家寻求个体认同。在这种路径中,国的实体与"天下"理想经过了一个先分后合的过程,战国晚期的荀子对这一过程做出了经典概括:"国小具也,可以小人有也,可以小道得也,可以小力持也;天下者,大具也,不可以小人有也,不可以小道得也,不可以小力持也。国也者,小人可以有之,然而未必不亡也。天下者,至大也,非圣人莫之能有也。"(《荀子·正论》)民本、尚贤是考量一个国家是否符合天下的价值要求的核心。而"国"与"天下"的弥合,又可以通过"正统""继天

---

① [日]谷川道雄:《中国中世社会与共同体》,马彪译,上海古籍出版社2016年版,第54页。

第一章 共同体视域中的家、国、天下

立极""奉天承运"的意识形态构建来完成。儒家思想在其中发挥了重要的作用。

秦的统一，是军事、政治以及经济的统一，并未真正实现思想上的统一，这也成为秦能成为"大一统"帝国的原因。尽管如此，我们也要看到，追求以王朝认同为中心的国家认同，自秦统一即开始，最终则是通过儒法互补来完成的。尽管秦朝通过"以法为教，以吏为师"的方式来进行思想管控，甚至采用了"焚书""坑儒"极端手段，却始终没能完全消除各家思想的影响。人们在思想观念上的巨大差异，也成为秦王朝难以有效维持其统治的一个重要原因。确立王权的合法性及其治理的有效性，是王朝成立的前提；减弱武力军功的暴力色彩，祛除军事帝国的身份，是秦汉时期中国共同体构建的主要内容。这也是中国文化中的国家观念，偏重于文化、道德意义而暴力武功色彩较弱的重要原因。

新兴的政权取得统治地位之后，总是不遗余力地进行自身的合法性建设，回归到天命王道、民心向背来支撑"国"的正当性。这也造成了中国历史上"国"的实体不断变迁，文化意义却能延续下来，尤其是儒家文化所沉淀下来的王道、礼乐等。对于礼的强调，一方面是把礼作为维持等级秩序、辅助法律制度的手段来参与现实政治，另一方面则是把礼作为实现仁义道德的途径。直到儒法互补格局真正形成，汉代君王成为国家的首领，也是全体人民的宗主，王朝代国家的格局正式形成。"汉家制度"的形成，成为王朝代国家的标志。以儒家礼乐文明为核心的天下共同体，在现实生活中以王朝共同体的方式具体存在。

另外，以"天下"观念为支撑，国家得到了更多士人的支撑。宋儒心性之学的完善，突出的是个体由心性人格而直接承担"天下"理想的面向。"以天下为己任""先天下之忧而忧，后天下之乐而乐"的使命感，把个人与国家直接关联起来。

四 近代民族国家的中西差异

民族国家是近代社会的国家形态。列文森说，"近代中国思想史的大部分时期，是一个使'天下'成为'国家'的过程"①。这个过程，也是在西方列强入侵、西方文化冲击下完成的。从家国的结构看，中国是传统的宗法社会，国家是家族、宗族的翻版，国家与社会的分离在传统中国并不存在。宗族在传统社会虽然具有一定的自治功能，但并不能成为有共同权力主张和利益要求的民间社会。以天下为一家、以国君为家长的治理模式，虽然形成了以皇帝为核心的统治集团来掌控全体国民，但这种掌控又不是很严密，"一盘散沙"是近代中国知识分子经常用来形容社会状况的词汇。

从民族的角度看，中华民族是一个多元一体的民族，不同于西方单一民族国家的基础。盖尔纳指出，民族国家是西方现代性的产物，是主权国家为适应工业社会的同质性和规范化的世俗文化而构建的，在西方现代性脉络中，民族主义是与自由民主同等的政治正当性原则。② 西方主流的国家理论是自由主义的国家论，强调国家是建立在个人权利基础上的，具有自然权利、自立自足的个体是国家的根本，国家的任务即是保护个人的权利。有论者指出，民族国家是一种关于身份建构、地缘政治、民族认同及其文化单元的普遍主义的法律结构。在此语境下，近代中国的百年奋斗旨在"救国、建国"，即将传统帝制中国拨转为现代民族国家，决定了现代中国必定是一个法律共同体，表现为关于中国与中国人的身份建构、地缘政治、民族认同和文化单元的抽象一体性法权安排。③ 在西方近代民族国家的构架下，

---

① [美]约瑟夫·列文森：《儒教中国及其现代命运》，郑大华、任菁译，中国社会科学出版社2000年版，第87页。
② [英]厄尔斯特·盖尔纳：《国族主义》，载《民族与民族主义》，李梅译，中央编译出版社2002年版。
③ 许章润：《论现代民族国家是一个法律共同体》，《政法论坛》2008年第3期。

第一章 共同体视域中的家、国、天下

民族成为公共文化和政治象征,民族认同最终成为动员公民热爱国家,遵守法律和保卫祖国的政治和大众文化。

如何理解国家的合理性,是近代中国政治社会发展中的一个非常重要的问题。中国近代知识分子所关心的问题是,如何团结国人,抵御外辱。近代中国思想史的一个重要特点,就是将国家的主权、独立、振兴和富强看做民族复兴的基本保障,将国家主权和国家认同看做民族认同的中心问题,而将民族认同作为取得国家独立、主权的必要手段。① 国家在社会共同体的建设中起着主导作用,这是中国近代共同体建构中不同于西方的重要特点。② 从清末变革和辛亥革命开始,国家集权主义理论成功地推动了对中国传统社会现实生活的全面改造。这种变化的后果,就是建立一个强大的政府,摧毁家族社会的网络系统,从而将政府权力向下延伸到每一个乡村。③

辛亥革命推翻帝制,建立中华民国,就是中华民族在内忧外患中的一次自救。这也是中国近代国家的开端,中国人以此成为争取独立的主体,进而在国际秩序中确立自己的合法性。1912年元旦,孙中山在《中华民国临时大总统宣言书》中郑重宣告:"国家之本,在于人民。合汉、满、蒙、回、藏诸地为一国,即合汉、满、蒙、回、藏诸族为一人。——是曰民族之统一。"④ 此后,随着五四运动与国民革命运动的推进,"中华民族""中国"和"国民"等概念逐步深入人心。这一具体的历史过程,即中国近代民族认同与国家认同思想的发展主流,是将近代西方民主政治的国家思想和传统的中国民族认同思想结合,并且将国家认同与民族认同的问题联系在一起。

---

① 李禹阶:《华夏民族与国家认同意识的演变》,《历史研究》2011年第3期。
② 袁年兴:《元身份的政治寓意与共同体建设——近代中国共同的解构与重构的过程逻辑》,《文史哲》2019年第4期。
③ [美]杜赞奇:《文化、权力与国家——1900—1942年的华北农村》,王福明译,江苏人民出版社1995年版,第51—58页。
④ 孙中山:《孙中山选集》,人民出版社2011年版,第95页。

◈ 家国情怀的意蕴及其近代转型

　　帝国主义的入侵使西方民族国家观念传入中国，近代民族国家观开始代替传统的"天下观"，中国的民族国家观念就是在应对民族危机的过程中形成的，民族观念成为现代国家观念发轫的先行者与手段。这是中国区别于欧洲的民族国家构建历程。[①] 费孝通指出，中华人民共和国是中华民族的民族国家。中华民族是具有多元一体结构的民族，与西方的民族国家有巨大反差。"伴随着世界资本主义的萌芽、发展和资本主义制度将取代封建制度而形成的一些民族，到了1871年欧洲资产阶级革命结束时，已经形成一系列的单一民族国家，从而也产生了民族（Nation）与国家（State Nation）一致的观念。这种在先有近代民族而后才形成近代民族国家的历史条件下所出现的民族与国家同一的观念传到中国时，中国已经是一个有两千年发展历史的统一的多民族国家了。在巩固的统一多民族国家的历史条件下，接受西方传来的'民族'观念，存在历史与文化背景的巨大反差。"[②] 这种反差，需要我们在梳理家国情怀的历史内涵时予以关注。

　　我们今天常用"中华民族大家庭"的说法，来论述中国的民族关系。这具有深厚的中国优秀传统文化的基因，并不是一种简单的政治隐喻，它在根源上与家国同构、家国一体、家国情怀中的思维模式相一致，是一种以血缘和地缘为基础的共同体的类比思维的生动表达。

第二节　家、国、天下的观念扭结

　　从观念研究的角度考察家、国、天下的各自演变，以及三者的关联，是说明家国情怀的基础。从家、家国、天下的实体义衍生出价值义，是诸侯争霸、百家争鸣的结果，是中国哲学的"轴心期"突破

[①] ［英］安东尼·吉登斯：《民族——国家与暴力》，胡宗泽等译，生活·读书·新知三联书店1998年版，第210页。

[②] 费孝通主编：《中华民族多元一体格局》，中央民族大学出版社1999年版，第347—348页。

第一章 共同体视域中的家、国、天下

的表现。随着国家统一和思想统一,家国情怀成为传统中国的价值顶层,"天下为公"是核心价值,贯穿在家、国观念之中,并通过仁、义、礼、忠、孝等道德要求和道德行为落实于人们的日常生活。义利之辨、公私之辨等理论问题,则成为家、国、天下观念扭结的反映。

一 天下观念的多元交织

"天"字古文写作"🕴",是一个惟妙惟肖的人形,说明它最初是一个拟人化的神灵,被理解为有意志有人格的造物主和主宰者,所以古人有"天生万物""神主万事"的观念。同时,由于圣贤又为神性之天注入理性的内涵,把"天"解读为最高正义、最高道德的象征。[1] 陈梦家在《殷墟卜辞综述》中指出:"卜辞的天没有作上天之义的,天之观念是周人提出来的。"[2] 西周时,"天"取代"帝"成为最高的主宰,具有最终源头的意义。"天"不仅是一个自然概念,还具有神灵属性。

第一,"天"是万化之源,是一切生命的源头。"天生丞民,有物有则。民之秉彝,好是懿德"(《诗·大雅·文王》)作了生动的说明。万物同源于天,人与自然是一个整体。人与自然的依存关系,与生俱来。第二,"天"是一切秩序、意义的源头。《诗·大雅·文王》中即有"上帝既命,侯于周服;侯服于周,天命靡常"的表述。而"德"成为天与人相沟通的关键,是生命之源与终极秩序在人间实现的保证。"天命有德""以德配天"逐渐成为颇具影响的观念。"敬德""保民"是周初统治者一再强调的原则,也成为统治者家国情怀的重要内容。"天"也是礼的重要来源。《礼记·丧服四制》即言:"凡礼之大体,体天地,法四时,则阴阳,顺人情,故谓之礼。訾之

---

[1] 王四达、董成雄:《从"文以载道"看中国传统文化的价值凝练与体系展开》,《哲学研究》2016 年第 3 期。

[2] 陈梦家:《殷墟卜辞综述》,科学出版社 1965 年版,第 581 页。

家国情怀的意蕴及其近代转型

者,是不知礼之所由生也。"第三,"天"是为民做主的主体。《尚书·皋陶谟》有言:"天聪明自我民聪明,天明威自我民明威"。天子要通过自己的言行、威仪展现天的神圣与威严,也要通过自己的德行获得民众的认同,由此来获得天的眷顾和庇佑。天、民、君(王)之间形成了一种微妙的关系。

"天下"在中国文化中,内涵非常丰富,有空间意义上的"天之下"含义,有社会意义上的"共同体"含义,还有文化意义上的"礼乐教化"。[①] 从人们对"天下"的使用上看,则可以概括为三种方式。第一种表达中国人对世界的认知与理想,"天下"即是"普天之下"的地理空间,没有界限。第二种用以处理中国内部的政治管理,指天子统治的实际范围,"天下"即"中国"。第三种则体现了中国人关于世界结构秩序的想象,"天下"也用来指以中国为中心的同心圆世界与其结构体系。[②] 其中,第一种含义和第三种含义是观念层面的讨论,天下一体、天下为公也是在这两个层面上而言的。

从天下观念的发生与演变而言,"天下"观念建立在中国古人与万物并生的生存体验和想象的基础上,随着中国社会的发展而变化:商周之际及其后的社会与思想变革,德性天命观等确立了它的外在形态和文化内涵;战国时期"以类行"的帝王学为它赋予系统化、条理化的有机秩序;秦汉大一统专制王朝的建立,使它最终成为一个意义完备且充实的概念;隋唐以后,随着东亚世界体系的形成,它在实践上获得其现实的形态;晚清以后,随着天朝的倾覆和民族国家的兴起,"天下观"开始崩蚀和消解。[③] 整体而言,在"天下"基础上形成的天下一体、天下为公,是与家国情怀关联最紧密的观念。

"天下一体"是最初级的共同体观念。其基本内容是:人类与自

---

① 牟发松:《天下论——以天下的社会含义为中心》,《江汉论坛》2011年第6期。
② [日]渡边信一郎:《中国古代的王权与天下秩序》,徐冲译,中华书局2008年版,第2—9页。
③ 李宪堂:《"天下观"的逻辑起点和历史内涵》,《学术月刊》2012年第10期。

第一章 共同体视域中的家、国、天下

然界作为天的创生物,平等地共存,互相影响,互相成就;人在社会生活中应遵循"礼",通过分工合作、等级划分来维持共同体稳定,以欣赏的态度对待万物。在这种观念下,人们形成以血缘为纽带的伦理观念,以"礼"祭祀神灵祖先,节制自己的行为;自然事物除了以其实用性受到关注外,还通过人的拟伦理思维,成为人们感情、道德的对象而与人共存。"天"与"人"相连接的关节点是"德"。侯外庐指出,"周人'以天为宗,以德为本',在宗教观念上的敬天,在伦理观念上就延长为敬德。同样地,在宗教观念上的尊祖,在伦理观念上也就延长为宗孝,也可以说,'以祖为宗,以孝为本'。先祖克配上帝,是宗教的天人合一,而敬德与孝思,是使'先天的'天人合一,延长而为'后天的'天人合一"①。

"天下"还蕴含着百姓之公的含义。"公"最早是对于共同体首领的称呼,后来衍化为对先祖、国君、大臣的称谓,兼指高等爵位。在荀子思想中,"公"具有了"公正无私"这一超越私利的价值导向,"公正无私,见谓纵横;志爱公利,重楼疏堂"(《荀子·赋》)。《白虎通义》中把爵位的名称与价值含义更加紧密地结合起来,提出"所以名公侯者何?公者,通也。公正无私之意也"(《白虎通义·爵》)。

在明末清初,"公"主要是指追求公平、正义、正道。到了清末,"公"除了追求公平、正义与正道之外,又增加了国民对于现代国家认同的内容。这一变迁,也即是列文森所提出的从天下到国家的转变。其中,包含着一个重要的突变,即知识分子对于现代国家的想象,通过传统文化的内容表达出来,在中国文化内部引发了新的变化。到了清末,随着中国知识分子对西方思想的学习和解释,"天下为公"作为士人们的社会理想,成为知识分子们理解"民主"的重

---

① 侯外庐、赵纪彬、杜国庠:《中国思想通史》(第一卷),人民出版社1957年版,第94页。

◇ **家国情怀的意蕴及其近代转型**

要文化基因。梁启超曾言:"国之强弱悉推原于民主,民主斯固然矣,君主者何?私而已矣;民主者何?公而已矣。"[①]知识分子们一方面以"民主"来批判专制,延续着对"天下为公"的批判思路,另一方面把"民主"理想化为最美好的制度,认为"民主"是国家强大的根本原因,强调民主制度具有整合社会、凝聚共识的功能。这种理解方式,使得中国人对民主观念的理解不同于西方传统,形成了对民主的新诠释,赋予"天下为公"时代生命力。"天下为公"在"民主"理念的支撑下,获得了新的生命力;"民主"这一近代价值也在"天下为公"观念的支撑下,获得了新的生长点。

"大公无私"与中国的"国家"观念相伴,在中国近代社会被强化,形成了不同于西方民主、国家思想的理解。至此,我们发现,西方民主思想中限制国家权力、扩充民间社会、保障个体自由的内容,在近代中国发展成了牺牲个体自由、追求国家富强的手段。这也为传统家国情怀的近代转型奠定了底色和基调。"天下为公"作为家国情怀的价值支撑,是仁、义、礼、忠、敬等道德内容的根据,也是具有普遍性的思想,代表着全体国人的普遍诉求。在知识精英阶层,天下为公成为限制古代王权、对接西方民主的思想资源;在农民阶层,天下为公则成为平均分配社会财物、打破官僚统治的思想号召。天下为公在中西文化交流、中国文化自我更新的过程中,一直是最为核心的内容,与现在文明的根源性内容直接对接,并不断进行自我调适,通过哲学诠释进一步成为文化传承的价值指向。

综合而言,"天下"包含着中国传统文化中共同体的基本内容,各种形态的共同体都是由这一母体孕育出来的。由于"普天之下,莫非王土;率土之滨,莫非王臣",所谓"天下"便包括了从天地之中的"王畿"到"五服""九服"等最边远蛮荒的四夷之地。在古人的

---

① 梁启超:《与严幼陵先生书》,载氏著《饮冰室合集》(第1卷),中华书局2015年版,第109页。

第一章　共同体视域中的家、国、天下

观念中，"中国"与"天下"是一个归属于、臣属于"王"的统一体。以"王化"，即礼乐教化的程度为标准，中原（华夏）与四夷之间既形成了一种文化差异；同时又以"王化"的传播为纽带，夷夏之间产生一种伦理认同模式，形成一个更大的区域共同体，并在历史发展的进程中演变出民族、中华民族等。

二　国家观念的古今变迁

中国的国家观念变迁，经历了从"家国"到"祖国"的变迁。在春秋战国时期，"国"所指称的对象开始复杂，由分封制所延续的"国"，依旧称为"国"，诸侯以治家的范式治国；由一家一姓通过武力新建构的政权，也可以被称为"国"。无论哪种形式的"国"，从结构上讲，依旧是"家国"。《墨子·尚同》中"国君"与"家君"同义，便是这一国家形态的典型说明。"家国"也是早期中国的国家观念的表达。有论者提出，国家产生的必要条件有两个：一是以地域关系取代血缘关系，其表现形式是统治者有了领土主权，其社会成员的居住基于职业分工而非基于血缘或姻缘关系，自此有了集权的中央政府。二是要有合法的武力，其表现形式是国家独占武力，有了法律，在原始社会由被侵犯者及其亲属以复仇方式掌握的罪行惩罚权转移到了国家手里。概括而言，即是有了凌驾于社会之上的统治集团，有了自己的疆域。就此而言，中国古代的夏商周三代，大体上就是中国历史上的早期国家时期。[①]

秦汉天下大一统后，统一的政权亦可被称为"国"；在三国南北朝、五代十国、宋辽金夏等国家分裂时期，所建立的政权，如魏、蜀、吴，均可以称之为"国"；蒙元、满清等少数民族入主中原所建立的中央政权，也被称为"国"。"国"的复杂性，非常直观地说明

[①] 刘文瑞：《中国古代政治制度（上）：皇帝制度与中央政府》，中国书籍出版社2018年版，第57—58页。

◈ 家国情怀的意蕴及其近代转型

了中国历史上的统一、集权的国家,是从战国时代的"国"发展而来的,其两端所关联的"家"与"天下",是"国"的有力支撑。具体而言,"家"的军事、生产、治理、教育功能的有效展开,维持着"国"的稳定与发展;"天下"所蕴含的正当性、统一性、稳定性,是国家合法性的根据。

君主即国家,民族国家、文化国家,都可以成为解读中国的"国家"观念的一个方面。"大一统"则呈现出一个复合性、稳定性较强的视角。"大一统"的多层叠加,造成了"中国"观念自身的多元性,以及人们对于"中国"认同上的丰富性。

秦建立统一的帝国,开启了中国的一元正统王朝统治。这时的"正统"主要是从占据中原地区、获得上天授权的角度来立论的。甚至可以说,"正统"的核心要素,是"天下之中"的空间想象,以及与之相适应的复杂的制度安排和观念体系。短命的秦朝虽然以正统自居,却没有完成构建新的国家意识形态的工作。直到汉武帝时期,才开始构建统一王朝的国家观念。从"天命"延续来看,地理空间意义上的"天下之中"与王道理想下的"圣王所居"会产生不同的理解维度。这也为掌握儒家经典解释权的儒家知识分子提供了解释的空间。概括而言,儒学所倡扬的"大一统",包含着统一空间疆域、统一思想观念、统一礼仪制度几个层面。董仲舒提出,"王者必改正朔,易服色,制礼乐,一统于天下"(《春秋繁露·三代改制质文》)。从更加严格的意义上讲,"一统"还要求王者居于中国,内诸夏而外夷狄,实现"王者爱及四夷"(《春秋繁露·仁义法》)。这些也是王权合法性的根据,是儒学"正统"意识的核心。从历史上看,最为人们所熟知的二十四史都是正统的王朝国家的历史,而曾与汉朝并列的匈奴、鲜卑政权,与两宋并列的辽、夏、金政权等,往往被忽视。其中一个关键的原因,则在于对"中原"的占领和控制权。

整体而言,"正统"观念以《春秋》为基础确立下来,在各个历

第一章 共同体视域中的家、国、天下

史时期的解释多有不同。汉唐时代，人们对于"诸夏"与"夷狄"的区分相对宽松，以文化为区分标准。到了宋代，宋儒以"尊王攘夷"为《春秋》主旨，但北宋以"尊王"为核心，南宋以"攘夷"为旗帜①，种族与文化共同构成区分夏与夷的标准。清朝统治者利用儒学巩固自身统治，一个重要的内容就是把自己界定为"中国王朝"，同时，清朝为了在边疆地区维持有效统治，采取了一系列的地区自治政策。地域、血缘、王道理想作为支撑"正统"观念的内容，经过历史的沉淀，构成影响中国人的国家观念的重要组成部分，但并没有改变传统中国的"家国"结构。

马克思说过："理论在一个国家的实现程度，总是取决于理论满足这个国家的需要的程度。"②"家国"作为中国传统国家观的表达，其逻辑基础在于以家的方式来构建国体，具体表现主要有三个方面，一是家与国结构相通，二是家长与君主在权威上相同，三是治家与治国在方式上相似。"孝"作为家庭道德的根本，在家国一体的社会格局中，通过与"忠"的合流与互构，也成为国家道德的根本。源自家庭关系的理念，在社会治理中发展出了用调均来防止社会分配严重不均的基本思路，还体现在养老、救济弱者、赈灾与社会保障等方面的制度设计中，由此来解决传统社会最基本的民生问题。顾准在比较中国古代的政治与希腊的城邦政治时，曾提出，中国古代的政治制度下"不许可社会的各阶层组成为政治上的各个阶级，那里没有以其政纲体现为代表不同阶级的利益的政党或政派"，"自以为以'抚民如扶赤子'，一切阶级无论其利害如何不同，均被视为皇帝的子民，皇帝自命为一视同仁地照顾他们的利益"③，这种治理方式，也是建立在家国合一的治理逻辑之上。这是西方文化中的国家观念所不能涵括

---

① 饶宗颐：《中国史学上之正统论》，上海远东出版社1996年版，第75页。
② 《马克思恩格斯文集》（第1卷），人民出版社2009年版，第12页。
③ 顾准：《希腊城邦制度》，中国社会科学出版社1982年版，第142页。

的部分。

西方古代国家产生的基础在于不同利益集团之间的斗争。为了使得社会不因激烈冲突而解体，产生了国家这一新的组织。恩格斯做出了明确的说明："国家是承认：这个社会陷入了不可解决的自相矛盾，分裂为不可调和的对立面而又无力摆脱这些对立面。而为了使这些对立面，这些经济利益互相冲突的阶级，不致在无谓的斗争中把自己和社会消灭，就需要一种表面上凌驾于社会之上的力量，这种力量应当缓和冲突，把冲突保持在'秩序'的范围以内；这种从社会中产生但又自居于社会之上并且日益同社会相异化的力量，就是国家。"① 而国家的产生有两个最基本的前提，一是"生产工具、生产手段的变化所引起的质变。这主要是指金属器的出现，金属与生产工具的结合"；二是"地缘的团体取代亲缘的团体。即在人与人的关系中，亲属关系愈加不重要，而地缘关系则愈加重要，最后导致国家产生"。中国古代国家，在家国合一中不断发展，最终并未能实现从亲缘（血缘）为主向地缘为主转变。

到了近代，"祖国"作为一个共同体来对抗外来侵略的组织而为人们所认可和接受的，历史文化在共同体凝聚中发挥了重要作用。"家国"观念在中国人抵抗外辱、保国保种的过程中逐步解体，但"天下为公"的观念、血缘亲情的认同则成为"祖国"观念的核心。中国近代国家观念的形成，也是中国传统的家国情怀自我发展、自我转化的结果。这种转化，主要是从血缘纽带、情感维系、观念传承等维度来完成的，与从社会与国家二分的角度来理解家庭与国家的关系，进而从公私领域划分、权利与义务对等的角度来讨论国家的合理性有着根本上的不同。正如许纪霖指出的，"中国的国家观念不是一个抽象的'国家'，只能放在'家国天下'的谱系之中来理解，而且

---

① ［德］恩格斯：《家庭、私有制和国家起源》，人民出版社2018年版，第189页。

第一章 共同体视域中的家、国、天下

它与什么是'中国'、什么是'中华民族'又有密切的关系"①。

基于中国特殊的社会结构和文化生态，中国传统文化中的家、国有着独特的内涵和结构，成为讨论传统家国情怀的内涵的基础。在此基础上形成的家国情怀在历史发展中不断沉淀和升华，逐渐演变成中华民族的心灵家园。就此而言，传统家国情怀虽然不能直接等同于今天讲的爱国主义，但家国情怀中包含的爱家、爱国、家国一体的内容，作为一种潜存的集体意识，可以成为爱国主义的心理基础。今天，以家庭为起点，沿着血缘认同向国家认同的拟伦理式认同感推展的家国情怀，仍然是我们提升个体生命境界、陶养社会责任意识、提升国家认同的有益资源。

---

① 许纪霖：《国家认同与家国天下》，《华东师范大学学报》2014年第4期。

第二章

家国情怀的内涵

在中国社会发展的历程中,"家""国"的形态不断变迁,个人、家庭、社会、国家之间既有融合、一致的内容,又有疏离、冲突的方面。"家国情怀"着重凸显个人对共同体的认同、热爱和维护,并力图呈现如何沟通、化解其中的疏离与冲突的思考,最终实现天下为公、社会和谐的理想。从理论上讲,认同的理想高度抽象时,需要通过其他的核心观念将理想与现实的文化与社会活动计划联系起来。仁、义便是可以承担此功能的观念。在共同体中,"仁"是连接人与人之间关系的价值观和精神纽带,"爱人"是其主要内涵,可以从多个维度具体讨论。"义"则是基于个体身份而有的恰当行为,是仁的具体化。仁与义共同构成传统家国情怀的主要内容。

第一节 仁爱是传统家国情怀的主要内容

"仁"是中国传统文化中表达人与人关系较早的、基本的理念,《国语·周语》中就有"言仁必及人"的表述。"爱人"是"仁"的主要内涵,由"爱亲"引申而来。就中国文化史而言,孔子继承并转化了周代的人文思想,提出自己的仁论。"仁"的主要内容,可以概括为孝悌之仁、不忍人之仁、友道之仁和安人之仁四个维度。

这四个维度的仁爱思想，有互相渗透、互补的内容，又各自对应着不同的交往对象，支撑起传统家国情怀的立体结构。"孝悌之仁"承载亲人间的责任与义务，在此基础上形成了"忠孝一体"这一传统社会核心价值观，深刻影响了人们的行为方式与价值取向，构成传统家国情怀的主体；"不忍之仁"和"安人之仁"从执政者的责任意识和人普遍性的角度彰显人性之善，并表达对陌生人与弱者的情感认同，在延伸血亲之爱的同时，以同情心筑牢传统家国情怀的价值底线；"友道之仁"呈现拥有共同兴趣的人之间的欣赏、互助与共勉，丰富传统家国情怀的价值选择。从仁爱思想的多重维度分析传统家国情怀的具体内容，可以进一步拓展对"仁者爱人"的理解，并以此为基础，把握传统家国情怀的特质，发扬传统家国情怀中的合理因素。

一　孝悌之仁凝练传统家国情怀的主体

"孝"是宗法社会最为核心的道德要求。在《礼记·祭义》中，对三代的"养老"制度有记载："凡养老，有虞氏以燕礼，夏后氏以飨礼，殷人以食礼，周人修而兼用之。五十养于乡，六十养于国，七十养于学，达于诸侯。"三代以后，儒家成为"孝弟"文化的倡扬者。

"孝悌之仁"指以"孝悌"为基础来阐发"仁"的内容，以孔子所作的"弟子入则孝，出则弟，谨而信，泛爱众而亲仁"（《论语·学而》）为最主要的表达。孝悌是为仁之本，是宗法血缘关系的观念反映，在中国传统社会居于主导地位。在儒学系统中，"爱人"最直接的表现即是"爱亲"。从这种最自然的情感出发，通过类比外推来构建一个温馨、和谐、稳定的社会秩序，是孔子、孟子所奠定的儒学

◈ 家国情怀的意蕴及其近代转型

基调。张载以"天地"类比"父母",发展出"民胞物与"的思想①,成为儒学史上颇为经典的境界说明,把仁爱思想的宇宙论根据、天地物我一体的共同体思路表达得淋漓尽致。

从家族内部来培养人们的孝悌之德,是孔子仁论的重要内容,孟子也非常注意从血缘亲情的角度来说明"仁"与"义","仁之实,事亲是也;义之实,从兄是也;智之实,知斯二者弗去是也"(《孟子·离娄上》)是颇具代表性的说法。在孟子看来,以"孝悌"为主要内容的"仁义"是人与生俱来的良知良能,他用"人之不学而能者,其良能也。人之所不虑而知者,其良知也。孩提之童无不知爱其亲者,及其长也,无不知敬其兄也"(《孟子·尽心上》)的论述,将孝悌之仁上升到本能的高度。在孟子看来,尧舜这样的圣人,其核心品质正是"孝悌","孝悌之道"也是圣王之治的核心品质,即"尧舜之道,孝弟而已矣"(《孟子·告子下》)。在类比外推的思维方式下,以"孝悌"为起点,亲亲—仁民—爱物,形成了传统家国情怀的基本内容。这种思路,一方面把"仁爱"观念内具的差异之爱展现出来,另一方面也凸显了"仁爱"的现实修养起点。

从人的情感联系来看,"亲"是人与人关系的最早、最直接的发生处,是各种人际关系的生发点,个体与亲人一起,构成一个最基本的生存场域。《礼记·哀公问》记载孔子之言:"三代明王之政,必敬其妻子也有道。妻也者,亲之主也,敢不敬欤?子也者,亲之后也,敢不敬欤?君子无不敬也,敬身为大。身也者,亲之枝也,敢不敬欤?"这说明对亲的爱与敬,是人最自然、最真实的情感,是人之为人不可或缺的内容,诚如有论者所说,在古代中国,家庭既是一个生活的场所,也是一个学习的场所,同时还是一个工作的场所,是一

---

① "乾称父,坤称母;予兹藐焉,乃混然中处。故天地之塞,吾其体;天地之帅,吾其性。民吾同胞,物吾与也。大君者,吾父母宗子;其大臣,宗子之家相也。尊年高,所以长其长;慈孤弱,所以幼其幼。"(宋)张载著,章锡琛点校:《张载集》,中华书局1978年版,第62页。

第二章 家国情怀的内涵

个精神得以寄托的场所。它同时具有生活、学习、工作、宗教四方面的功能。[①] 家庭功能的多样性，使得"家"支撑起个人生活的各个方面，"孝悌"也足以成为传统社会中最为基本的道德。

孔子生活在"礼崩乐坏"的时代，以建构时代秩序为毕生的追求，试图从"礼"的制度规范与"仁"的道德教化两个方面入手来建构自己的学说体系，以化民成俗。后世的儒者通过对"仁"和"礼"的不同侧重和结合对儒学的发展各有贡献，曾子的特色就在于以"孝"作为核心范畴，通过对"孝"的扩充来实现"仁""孝""礼"三者的圆融。其基本方法就是扩大"孝"的普遍性使之与"仁"的德性一致，同时保留"仁"之境界的高远性，并且提升"礼"中的情感因素，使之与忠、敬、爱更好地统一在"孝"的范畴之内。

在孔子那里，"孝"不仅是实践"仁"的一个方面，还是个人修身和家庭伦理的内容，是为人子弟者必须具备的道德素质，也是通向"仁"的入手处。经过战国时期至汉代前中期的发展，"孝"被上升为"天下之大经"的地位："夫孝，置之而塞于天地，衡之而衡于四海，施诸后世，而无朝夕，推而放诸东海而准，推而放诸西海而准，推而放诸南海而准，推而放诸北海而准。"（《大戴礼记·曾子大孝》）从空间上讲，孝道树立起来就可以充塞天地，泽被四海；从时间上讲，孝又是穿行万世，朝夕不离的准则，把孝的范围推向极致。"孝"不仅是个人的道德，社会的准则，亦是宇宙的原则。这典型地体现了孝的泛化，实质上是通过人心中最天然、最有力的道德情感来引发人们的道德行为。

真正的"孝"，必须包含内在情感和外在行为规范的结合，道德行为也必须有"礼"的节制才能趋于合理，这些都要在"孝"的实

[①] 罗安宪：《论中国文化学意义上的"家"》，《中国人民大学学报》2017年第3期。

◎ 家国情怀的意蕴及其近代转型

践中一点一滴地积累、涵养才能真正实现。"夫孝，天之经也；地之义也；民之行也。"（《孝经·三才章》）把"孝"的根据和要求凝练地表达出来。发自内心的爱敬之情外化为具体的行为，并且使这种行为符合礼的要求，达到内外一致，便是孝的极致。这种思路在宋儒思想中，以程伊川所作的《明道先生行状》中提出的"知尽性至命，必本于孝弟。穷神知化，由通于礼乐"最为精准。

在儒家思想中，孝弟被置于诸行之先，而爱亲可以产生仁爱之心，并辐射于他人。"仁者，人也，亲亲为大"（《礼记·中庸》）、"爱亲者，不敢恶于人，敬亲者，不敢慢于人"（《孝经·天子章》）都强调，只要把"爱亲""敬亲"之心扩展开来，"爱人"就在其中了。以这种"爱人"精神为桥梁，通过社会伦理和国家教化，"孝"成为社会治理的有效依凭。这也就是《礼记·祭义》所指出的："立爱自亲始，教民睦也；立敬自长始，教民顺也。教以慈睦，而民贵有亲；教以敬长，而民贵用命。孝以事亲，顺以听命，错诸天下，无所不行。"以孝弟为"仁"的根本点和生发处，在宋明儒学中获得更加深刻的论证。朱熹说"论性，则以仁为孝弟之本；论行仁，则孝孝弟为仁之本。如亲亲，仁民，爱物，皆是行仁底事，但须先从孝弟做起"（《朱子语类》卷二十一）。王阳明更以"木之生发"的比喻来说明仁的生长和养成。"仁是造化生生不息之理，虽弥漫周遍，无处不是，然其流行发生，亦只是个渐，所以生生不息。……譬之木，其始抽芽，便是木之生意发端处；抽芽然后发干，发干然后生枝叶，然后是生生不息。……父子兄弟之爱，便是人心生意发端处，如木抽芽；自此而仁民，而爱物，便是发干生枝叶。"（《传习录上》）

仁从家庭向外扩展，便指向一种普遍之爱。从传统家国情怀的观念构建来看，孝悌之仁是根本所在。中国传统文化中的家庭，作为人们进入社会的初级共同体的意义，是被充分重视的；以"学而优则仕""移孝作忠"的方式来自觉寻求、完成对于家庭的空间限制，也是士人君子们努力的目标之一。孝悌之仁建立在血缘基础上，一方面具有纵向提升家国情怀的积极意义，即经过伦理生活、礼乐教化的陶养，把个体人格的完善和社会历史责任结合在一起，成为引导人们生活方式、行为规范的主要依据。另一方面，以家为基础的共同体，为个体情感表达、行为构建提供一个宽容和试错的场域。正如有论者所说，"家庭之所以值得重视，并不是因为家庭是个体生存的全部场域或最终境界，而恰恰是因为它只是个体获得其生存之最初的、必不可免的群体或'共同体'。在这一最初的群体之中，由于血缘关系所提供的特殊'便利'，能使个体在不断的'试错'行为之中涵养起合适的、恰当的个体与他者、个体与群体的边界意识，并培养起恰当表达这种边界意识的实际能力或恰当的边界行为方式。"① 由修身齐家而走向治国平天下，是内圣外王相贯通的最直接表达，也是传统家国情怀的基本轮廓。

二　不忍之仁筑牢传统家国情怀的底线

"不忍之仁"是基于"不忍人之心"来进行的讨论，说明同情心对于共同体的意义。"人皆有不忍人之心。先王有不忍人之心，斯有不忍人之政矣。以不忍人之心，行不忍人之政，治天下可运之掌上。所以谓人皆有不忍人之心者，今人乍见孺子将入于井，皆有怵惕恻隐之心"（《孟子·公孙丑上》），是孟子论述"仁"的一条思路。循着这条思路，向外推出"不忍人之政"的王道政治，向内可以追溯至"恻隐之心"的良知运行，对于中国的社会治理模式、心学的理论建构都产生了深远的影响。"孝悌之仁"作为孟子申论的"良知良能"，已如上文所论，更多是"本善"意义上的说明，给"心"的世界播下善良之种；"不忍之仁"则更多是从"向善"的角度做出的说明，

---

① 董平：《天人之际：中国传统文化的"边界"意识》，《衡水学院学报》2020年第3期。

◇ 家国情怀的意蕴及其近代转型

强调人所共有的成善能力，进而说明不断涵养、扩充善端的道德修养的意义，是为反身而诚、存心养性成为大丈夫的教化论开辟空间。相较而言，"不忍之仁"是孟子从人性向善的预设来申论、拓展孔子仁论的主要向度；进而，"不忍之仁"从更加广泛和基础的角度，为传统家国情怀奠定价值底线。

在孟子看来，人之为人的善与仁，不能从与生俱来的本能处立论，而只能从人心上来讲。他用"命"来指称"生之谓性"中自然而然的内容，而只把由"心"来彰显的内容称为"性"。孟子有言："口之于味也，目之于色也，耳之于声也，鼻之于臭也，四肢之于安佚也，性也。有命焉，君子不谓性也。仁之于父子也，义之于君臣也，礼之于宾主也，知之于贤者也，圣人之于天道也，命也。有性焉，君子不谓命也。"（《孟子·尽心下》）在"命"与"性"的区分中，孟子进一步彰显君子与小人之别；在修身、齐家、治国、平天下的"大人之学"中，诚意、正心是不可或缺的内容。恻隐之心、羞恶之心、辞让之心、是非之心的涵养和扩充，也是在此基础上展开的讨论。孟子构想的"劳心者治人，劳力者治于人"（《孟子·滕文公上》）的分工方式，是要通过"劳心者"的自我修养、道德成就，以及"劳心者"与"劳力者"的等级差异来保证社会安定有序。

孟子做出"无恻隐之心，非人也"（《孟子·公孙丑上》）的判断，赋予了"恻隐"这一情感的根本性地位。朱熹对于这段话的注解，颇为经典："恻，伤之切也。隐，痛之深也。此即所谓不忍人之心。"[1]（《孟子集注·公孙丑上》）在孟子思想里，以不忍人之心行不忍人之政，所得到的效果应当是"民亲其上，死其长矣"（《孟子·梁惠王下》）。通过君主的道德人格和德治，保证百姓基本的物质生活，就可以实现"保民而王，莫之能御也"（《孟子·梁惠王

---

[1] （宋）朱熹：《四书章句集注》，中华书局1983年版，第237页。

第二章 家国情怀的内涵

上》)的效果。荀子虽然较少直接讲到不忍之仁,但是他构建社会制度的基本准则却依旧是不忍之仁,强调不忍之仁要通过"礼"的秩序构建来表达,做到"上莫不致爱其下而制之礼,上之于下,如保赤子。政令制度,所以接下之人百姓,有不理者如毫末,则虽孤独鳏寡必不加焉"(《荀子·王霸》),才是真正实现了先王制礼、以"养人之欲、给人之求;使欲必不穷乎物,物必不屈于欲,两者相持而长"(《荀子·礼论》)的真正目的。在此基础上,通过相对细化的社会分工,即"农分田而耕,贾分货而贩,百工分事而劝,士大夫分职而听,建国诸侯之君分土而守,三公总方而议,则天子共己而止矣"(《荀子·王霸》),来实现社会协调、安定有序。

明代以后,君主专制更加强化,士人与百姓深受诏狱廷杖等刑罚和苛政之苦。王阳明在发挥孟子的不忍人之仁的时候,与《大学》的"亲民"思想做了很好地结合,提出"大人者以天地万物为一体者也。其视天下犹一家,中国犹一人焉"(《大学问》)的境界判断,用亲民、养民、教民来实现社会的整合。从社会治理的实践来说,儒家所设计的施政方案都强调等级差异原则。"不忍之仁"在一定程度上可以缓解等级差异造成的紧张与冲突,是君主善待百姓,以德治国的起点。君主的"不忍之仁"越深厚,越能维持社会稳定,社会共同体的凝聚力越强。

除了从君王行"仁政"的层面来维持共同体的稳定之外,"不忍之仁"还包含着所有人对于弱者的怜悯,与"恻隐之心"相通。孟子设计"乍见孺子将入于井"这一情境,去论证"恻隐之心"人皆有之,关键之处就是在于唤起人们对于弱者的同情心,进而引发人的施救行为。恻隐之心具备自发性、原初性和主体超越性三个特点。[①] 恻隐是内心自然生发的情感,不经过任何理性思索,主体可以直接、

---

① 李春颖:《孟子恻隐之心中的情感与德性》,《中国哲学史》2018年第3期。

◇ 家国情怀的意蕴及其近代转型

强烈地感受到;同时,恻隐也是个体对于他人苦难的感知,是主体超越自身的一种情感。

孟子强调"不忍人之心"在面向万物时所自然具有的感受能力,是构建个体责任意识更为基础、更为普遍的思路,"仁""恻隐之心"是一种最基础的生命活动,构成人们生存之立体结构的基石。陈立胜指出,正是在"恻隐之心"的基调下,他人的生命、天地万物的生命进入"我"的生命关怀之中,他人、天地万物作为一个生命主体呈现给"我","我"成了与这个生命主体相关的共同体之中的一员。没有恻隐所敞开的一体相关的共同体意识与感受,羞恶、辞让、是非便无从发生。① 从这个层面看,"不忍之仁"在生存论层面把人的共同体意识引向更为本质的层面,进一步彰显不忍之仁在家国情怀中的价值底线意义。在"不忍人之心"中涵养这种一体相关的共同体意识,在"大丈夫精神"中保持个体的独立品格和责任意识、担当精神,是孟子思想最为可贵之处。

从中国传统共同体的理论构建来看,"不忍之仁"包含着对于执政者的责任强调,也有从人之为人的普遍性进行的说明,彰显了人们面对陌生人和弱势人群的情感基础和价值底线。与"孝悌之仁"相较,"不忍之仁"更能体现个体与他者之间的普遍关系,更能超越血缘、身份的限制,更能体现"仁是个体通向共同体的交往方式和规范,人在与他人的交往过程中成为共同生活的整体。仁对共同体的意义是,每个人都应该通过关爱他者来构建一个团结的、和谐的共同体,在这个共同体中,一切需要帮助的人能够得到帮助和关心。共同体中的人不是为了自己而生活,而是与他人和共同体分享他的命运"② 这一深意。

---

① 陈立胜:《恻隐之心:"同感"、"同情"与"在世基调"》,《哲学研究》2011年第12期。
② 陈来:《仁学本体论》,生活·读书·新知三联书店2014年版,第84页。

第二章　家国情怀的内涵

三　安人之仁彰显传统家国情怀的取向

"仁以安人"是董仲舒对先秦儒学的直接继承,强调"仁"是个体对于他人的爱与亲近,包含着人与人之间的互相成就。"仁"也是对君主最重要的道德要求。董仲舒把孟子和荀子的思路整合在一起,并借助"天"赋予君主至高无上的人间地位的同时,也要求君主必须以爱民、治民来完成自己的使命,展现"天"的意志。在法天行仁的思路中,董仲舒把无为、不私、爱民、任贤作为君主之"仁"的基本内容,整合在一起,成为维持君、臣、民共同体的道德和行为的基础。

"君"是家、国、天下的核心,在传统家国情怀中发挥着"凝聚核心"的功能。"君人者,国之元,发言动作,万物之枢机"(《春秋繁露·立元神》)就是在这个意义上来立论的。"民"不仅仅是被治理的对象,也是君主证明自己能力、展示权力合法性的必要依凭。同时,董仲舒用"屈民以伸君,屈君以伸天"(《春秋繁露·玉杯》)表达了在"君—民"共同体中,君的优先性和主导性。董仲舒高扬"尊君"来寻求君主的支持与合作,并用"屈天地而伸义"(《春秋繁露·精华》)强调儒家"任德不任刑"的王道理想,兼顾"任贤"和"养民",是对传统家国情怀的整体说明,强调传统家国情怀的君主主体和责任导向。[1]

首先,董仲舒把"仁"的依据上溯到"天",以此强调君主推行"仁"是法天而行。董仲舒强调:"天常以爱利为意,以养长为事,春秋冬夏皆其用也。王者亦常以爱利天下为意,以安乐一世为事,好恶喜怒而备用也。"君主在人间的地位也由此确定。"天高其位而下其施,藏其形而见其光。高其位,所以为尊也;下其施,所以为仁

---

[1] 张倩:《董仲舒思想中的传统家国情怀》,《兰州学刊》2020年第1期。

也;藏其形,所以为神;见其光,所以为明。故位尊而施仁,藏神而见光者,天之行也。故为人主者,法天之行,是故内深藏,所以为神;外博观,所以为明也;任群贤,所以为受成;乃不自劳于事,所以为尊也;泛爱群生,不以喜怒赏罚,所以为仁也。故为人主者,以无为为道,以不私为宝。"(《春秋繁露·天地之行》)在法天行仁的思路中,董仲舒把无为、不私、爱民、任贤作为君主之"仁"的基本内容,整合在一起,成为维持君、臣、民共同体的道德和行为的基础。

其次,董仲舒把《春秋》的主旨归结为"仁"。他说:"《春秋》之道,大得之则以王,小得之则以霸。故曾子、子石盛美齐侯安诸侯,尊天子。霸王之道,皆本于仁。仁,天心,故次以天心。爱人之大者,莫大于思患而预防之。"(《春秋繁露·俞序》)董仲舒用"思患而预防"把"爱人之大者"和"教化"联系起来,为政也以教化百姓、以身作则为重要内容。"政有三端:父子不亲,则致其爱慈;大臣不和,则敬顺其礼;百姓不安,则力其孝弟。孝弟者,所以安百姓。力者,勉行之身以化之。"(《春秋繁露·为人者天》)这在君主的政治身份之外,又增加了一层文化权威的色彩,进一步提高君主的现实地位,加强了传统家国情怀中君主的主导地位,臣、民的被动性则进一步增强。同时,家庭政治化与政治家庭化也联系在一起,深化了传统家国情怀中一体混融的方面。

最后,董仲舒把"义"作为"仁"的逻辑前提。在董仲舒的思想里,"正我"是对"义"的具体内容的说明,"宜"则是对如何"正我"的进一步解释。除了被动地遵从天命、因循天时之外,董仲舒还强调人的创造性,要根据具体情境准确把握"适宜感"。他指出:"义者,谓宜在我者。宜在我者,而后可以称义。故言义者,合我与宜,以为一言。以此操之,义之为言我也。故曰有为而得义者,谓之自得;有为而失义者,谓之自失。人好义者,谓之自好;人不好义者,谓之不自好。以此参之,义,我也,明矣。"(《春秋繁露·仁义法》)这种思路,特别要求个人结合自己的处境、身份,恰当地完成自己的责任。以"正我"为前提的"宜也",具体到君主身上,则要求君主对于根源于天的"仁爱"有深刻的体会,不断培养自己的责任意识,并根据这种责任恰当地行使自己的权力,完成自己的责任。

在董仲舒看来,"仁"也就是君主在"正我"的基础上,进一步来完成其治理社会的使命。君王深厚的道德修养是伦理政治的创生点,以"义"引导伦理的外化、恩惠的推扩,是"仁"与"义"之间的基本关联。而以"义"排斥"利"所形成的非功利化的取向是董仲舒思想对于家国情怀特质影响中最为引人注目者。在董仲舒看来,"凡人之性,莫不善义,然而不能义者,利败之也。故君子终日言不及利,欲以勿言愧之而已,愧之以塞其源也。夫处位动风化者,徒言利之名尔,犹恶之,况求利乎?"(《春秋繁露·玉英》)对于执政者而言,对"利"的绝对排斥也产生了很多弊端。如何真正做到"义利并举",依旧是今天个人和社会价值观建设的一项艰深课题。

整体而言,董仲舒在论证君主"仁以安人"的责任时,除了基于天道、政事的考量之外,还有因于"民情"的安排。董仲舒认为,"命者天之令也,性者生之质也,情者民之欲也。或夭或寿,或仁或鄙,陶冶而成之,不能粹美,有治乱之所生,故不齐也。"(《汉书·董仲舒传》)董仲舒用"圣人之制民,使之有欲,不得过节;使之敦厚,不得无欲"(《春秋繁露·保位权》)道出了制民之道的平衡法则,用"调均"展开具体描述。他说:"圣人则于众人之情,见乱之所从生。故其制人道而差上下也,使富者足以示贵而不至于骄,贫者足以养生而不至于忧。以此为度而调均之,是以财不匮而上下相安,故易治也。"(《春秋繁露·度制》)

◇ 家国情怀的意蕴及其近代转型

与"调均"相适应的道德要求，则是自我节制。在董仲舒的教化思想里，"教人以让"是一个的重要内容。通过"治民"而实现"爱民"的思路，在董仲舒这里获得了更加坚实的基础和更加深刻的阐释。董仲舒努力在正人与正己之间寻求平衡，也反映了社会分化，专门官僚集团形成之后的道德要求。"无为而治"的君主治国术，对于官员职位设置、官员功绩的考评等客观计算的内容，一直存在于官僚政治的架构之中。如何维持道德理想与功利计算的张力，成为传统家国情怀中的另一个问题。

"安人之仁"的整体构建，着眼于君主治民，是从安人利民、维持共同体稳定的伦理政治视角展开的。他说："仁者憯怛爱人，谨翕不争，好恶敦伦，无伤恶之心，无隐忌之志，无嫉妒之气，无感愁之欲，无险诐之事，无辟违之行。故其心舒，其志平，其气和，其事易，其行道，故能平易和理而无争也。"（《春秋繁露·必仁且智》）这也是对孔子"克己复礼为仁"思想的发展。陈来指出："汉代的仁说思想，以仁者爱人为出发点，而更重视仁的政治实践意义；强调仁是对他人的爱，突出了他者的重要性；以恻隐不忍论仁，确认仁的内在情感是恻隐，而不仅仅把仁作为德行；汉儒已经在仁的观念下肯定、容纳了兼爱、泛爱、博爱作为仁的表达，以仁包容了所有中国文化内的爱的表达，使得仁爱包容了以往各家所提出的普世之爱；最后，与汉儒的宇宙论相联系，仁被视作天心、天意，仁被作为气的一种形态，使得仁深深介入到儒家的宇宙论建构，已经具有了形而上的意义。"[1]

董仲舒构建的"安人之仁"，已然具备了上述特征，并把维持共同体的基本情感"仁"更加体系化、广博化，在强调君主权力的同时凸显了君主的责任，通过君主的顺天、应人、不争、平和的自我节

---

[1] 陈来：《仁学本体论》，第161页。

制来实现"天下太平",奠定了传统家国情怀中执政者的义务取向。

四 友道之仁丰富传统家国情怀的选择

"友道之仁"主要是基于"君子以文会友,以友辅仁"(《论语·颜渊》)而进行的"友"与"仁"的讨论,其基本含义是有共同兴趣和志向的人们,通过互相学习来成就"仁"。朱熹把"以友辅仁"解释为"讲学以会友,则道益明;取善以辅仁,则德日进"①,彰显朋友之间相互学习,共同成就个人道德境界的意义,并形成志趣相投、亲密互助、互相学习的"友道"。这使人们获得一种超越血缘和身份的共同体体验,享受共同兴趣带来的快乐,丰富人们的价值选择,并为共同的行为追求提供支撑。

"克己复礼为仁"(《论语·颜渊》)是孔子对仁—礼关系最为直接的说明。"礼"意味着基于人的身份差异而有的规范差异,修身的目的即在于守礼。"克己复礼"作为儒学修身立德的根本思想,为社会全体成员提供了共同的要求,以"仁"来褒扬这种认同,就表现出对于自觉认同规范的理性赞许。以"辅仁"为核心追求的"友道"思想,需要在仁礼一体的框架下完成自己的使命。以"辅仁"为核心追求的"友道"定位,就决定了朋友在个人生活中的地位是无法超越亲亲、尊尊的原则的,其社会功能只是成就修身齐家治国平天下的"大人之学"的辅助。以"辅仁"为核心追求的思想中,既包含着人们在人格道德上的平等预设,鼓励自愿选择的交往方式,又要维护社会政治上的等级差异和身份认同,具有非常强的内在张力,丰富了传统家国情怀的价值选择。

滕尼斯指出了共同体发展的类型和阶段。他说:"血缘共同体作为行为的统一体发展为和分离为地缘共同体,地缘共同体直接表现为

---

① (宋)朱熹:《四书章句集注》,第140页。

居住在一起，而地缘共同体又发展为精神共同体，作为在相同的方向上和相同的意向上的纯粹的相互作用和支配。地缘共同体可以被理解为动物的生活的相互关系，犹如精神共同体可以被理解为心灵的生活的相互关系一样。因此，精神共同体在同从前的各种共同体的结合中，可以被理解为真正的人的和最高形式的共同体。"[1] "友道之仁"更能体现"精神共同体"的发展思路，对于传统家国情怀的丰富，主要体现在几个方面：一是辅助血缘亲情、孝悌之仁的外推，二是丰富不忍之心的体验，接纳并推动底层群体的自我发展，三是对于平等自由等观念有限度的接纳与涵养。

从"友道之仁"辅助血缘亲情、孝悌之仁外推来看，"友"集中体现了中国传统思想中以兴趣聚合人群的思路，是成就个体仁德的"辅助"，是兄弟之爱的推扩。《尔雅》中有"善兄弟为友"的说法，《说文解字》则指出"同志为友，又从二相交"。"仁"是个体对于他人的爱与亲近，"友"是这种意义的集中反映。"无友不如己者"（《论语·学而》）是孔子概括的"友道"基本态度，强调人与人之间的互相欣赏、互相成就。孟子用"友也者，友其德也，不可以有挟也"（《孟子·万章下》），道出了人们处理血缘关系之外的人际关系的道德支撑。在"友"的关系建构中，个体以自愿为基础进行交往选择，更能获得"富贵不能淫，贫贱不能移，威武不能屈"（《孟子·滕文公下》）的精神体验和道德自信。在"友道之仁"中，个体可以获得突破血缘亲情的交往体验，个体对于自身的独立性有了基本的反思和把握。"君子矜而不争，群而不党"（《论语·卫灵公》）、"君子周而不比，小人比而不周"（《论语·为政》）都是对个人信念和操守的强调。"德不孤，必有邻"（《论语·里仁》）的独立人格与道德坚守在这里得到充分彰显，这对于形成士人阶层的品性有

---

[1] [德]滕尼斯：《共同体与社会》，林荣远译，商务印书馆1999年版，第65页。

重要意义。

"自天子以至于庶人，一是皆以修身为本"（《礼记·大学》）把基于道德人性而有的人格平等、修身要求的平等性普及到每一个个体。每个以修身自持的人，都可以成为我之"友"；与有德者为友，是"为仁"的重要途径。这在孔子思想中就是非常明确的，在回答子贡如何"为仁"的问题时，孔子就提出"事其大夫之贤者，友其士之仁者"（《论语·卫灵公》）的思路。全体社会成员以"礼"为标准，不断陶养自身的道德品质，就能够超越血缘限制，获得文化身份，扩大共同体的范围。荀子对于"积礼义"的说明，也正是基于此来立论的。"虽王公士大夫之子孙，不能属于礼义，则归之庶人。虽庶人之子孙也，积文学，正身行，能属于礼义，则归之卿相士大夫。"（《荀子·王制》）这对于从精神共同体的角度来理解礼乐的文化意义，是颇为典型的说明。

通过道德理性的向外推扩来拓展个体的生存空间，也是现代新儒学反思、超越宋明理学的基本向度。唐君毅指出："宋明理学家，恒不免陷反求诸己之义，于个人自己往行为之反省，与内心中之涵养省察。此中鞭辟近里之功夫，固为我们所不当忽。然他们或不免忽略之向自然、向他人、向社会之一切外求之活动，各种社会文化活动之重要。……其反求诸己之教，亦足致一般人之心灵生活，陷于枯萎与局促，而僵化于与'外'相对的'己之内'。"[1] 用仁心丰富多样的向外展开来说明各种文化活动的意义，强调各种文化活动发展的内在统一，说明道德主体在整个文化构成中的地位和作用，成为现代新儒学中非常重要的问题。[2]

就丰富不忍之心的体验，保证并接纳底层群体的自我发展而言，

---

[1] 唐君毅：《精神上的合内外之道》，载氏著《中国人文精神之发展》，台北：学生书局1989年版，第310页。

[2] 张倩：《唐君毅哲学的中心观念及其发展》，《哲学研究》2014年第5期。

◇ 家国情怀的意蕴及其近代转型

"友道之仁"一方面形成君臣以"义"合的政治传统，另一方面也为朝堂之外的思想家批判暴君苛政的信念支撑。以此为基础，在儒家思想中，理想的君臣关系中，除了强调尊君之外，还有一定的对等思想，为限制君权、批判君主私天下提供了观念基础。这也是友道原则的逻辑引申。孔子强调，朋友间有劝导的义务，但要做到"忠告而善道之，不可则止，无自辱焉"（《论语·颜渊》）。孔子对待君主的原则，就是"友道"的具体运用。"以道事君，不可则止"（《论语·先进》），"隐居以求其志，行义以达其道"（《论语·季氏》），都强调了个体是否与君主合作，取决于是否与君主志同道合；君臣合作的目的，是保证国泰民安，对民众的庶之、富之、教之是君王和官员们的共同责任。

宋代大儒张载提出的"为天地立心，为生民立命，为往圣继绝学，为万世开太平"的信念追求，也是不忍之仁发挥到极致开出的境界。朝堂之外的一些进步思想家，往往在"保民而王"的理念下针砭时弊，批判暴君苛政。黄宗羲指出："我之出仕也，为天下，非为君也；为万民，非为一姓也"，"天下之治乱，不在一姓之兴亡，而在万民之忧乐"（《明夷待访录·原臣》），既是对君主专制的不满，也是对百姓利益的强调。

发挥"友"的个体独立、兴趣导向、平等互助、利己利他的精神，是明代后期中西文化交流重要的切入点。平等意识作为更新中国文化传统的重要内容，发挥了不可低估的作用。谭嗣同在《仁学界说》中提出"仁以通为第一义"[①]，引申出变革以"爱有差等"为基础、以"亲亲尊尊"为要求的传统儒学的思路。在中国社会、中国文化的近代转型中，"礼"所维持的等级秩序逐渐被打破，个体性得到张扬，人们道德修养的目标也逐渐转变为利己利他相结合的新型道

[①] 《谭嗣同集》整理组：《谭嗣同集》（下），浙江古籍出版社2018年版，第309页。

德观。针对中国传统旧道德压制个性，以及近代西方道德中极端个人主义的弊端，新文化运动努力建构一种利己利他相结合的新型道德观，认为有理想、追求，为美好未来而奋斗乃是人类的天性；感性欲望的快乐是低级快乐，理性快乐、意志满足才是高级快乐；个人追求自己快乐的满足，同时也必须追求社会合作的满足。[①] 这种新型的道德观，通过青年群体和知识分子群体的广泛传播，以振聋发聩之势冲击了传统的家族伦理观，对传统家国情怀的自我更新具有积极的促进作用。

第二节　义是传统家国情怀的具体原则

在儒学内部，孟子开启对"义"的讨论，并以"仁者，人之安宅也；义者，人之正路也"（《孟子·告子上》）说明仁与义的关系。其中，"仁"是人安身立命之处，是人之为人的根据，"义"则是具体的行为方式。《礼记·中庸》用"义者，宜也"来说明"义"的具体内容。从理论上讲，普遍的道德情感、伦理原则如何成为人们共同遵守的行为方式，是必须要讨论和解决的问题。"义"的核心问题便在于，如何在具有最广泛的合理性的同时，也能容纳对于变化的追问。从实践上讲，普遍原则成为个体行为的具体原则，需要个体结合具体情境进行选择。"义"的现实导向即是凸显适宜感的意义。因此，"义"在讨论普遍与具体、永恒与变化、理论与现实等问题时，具有纽带作用。在中国思想史上，先秦时期就形成了关于"义"的多元讨论，儒、墨、法都形成了自己的成果，并持续影响中国社会。从家国情怀的内容上审视，"义"是如何践行仁，如何维持个体与共同体和谐的具体原则。

---

① 张锡勤：《论"五四"新文化运动所提倡的新道德》，《哲学研究》2002年第8期。

一　强化仁道的应然原则

无论是孔子的"仁政",还是孟子的"保民而王",都缺乏制度建设的内容,只能靠"义"这一儒学的价值标准来促进君主的价值自觉。孟子和荀子把"仁义""礼义"合言,强调人的具体行为要符合行为规范,还要符合价值理想,即是明证。王道理想即是从仁政爱民、以礼治民的角度展开的总结。董仲舒以儒家思想为主,吸收各家思想中对于"义"的讨论,提出"义以正我"的主张,并在制度层面推进礼制成为汉代的基本治理模式,把"义"的原则与"礼"的落实更好地结合起来;以"义"为中介,"仁"与"礼"的结合也更加顺畅。

在孟子思想中,"义"首先是对于"孝弟"的说明。孟子直接以从兄、敬长来说明"义"的核心,孟子有言"仁之实,事亲是也。义之实,从兄是也。智之实,知斯二者弗去是也。礼之实,节文斯二者是也"(《孟子·离娄上》),"亲亲,仁也。敬长,义也"(《孟子·尽心下》)。其次,孟子提出事亲敬长要兼顾社会公正,以社会公义劝谏父母的不义之处、衡量父母之命是否可行。孟子也说过,"亲之过大而不怨,是愈疏也。亲之过小而怨,是不可矶也。愈疏,不孝也;不可矶,亦不孝也。"(《孟子·告子上》)在孟子看来,父母有大过而为子者不提出抱怨,是对父母的疏远,是不孝;父母有小错,但儿子却抱怨愤怒,这也是不孝。这其实是比较隐晦地提出,为子者应当依据社会公义来选择恰当的方式引导父母的行为。

以"义"来强化"仁"的正当性与合理性,在儒学系统中比较常见。荀子也提出了从"义"的角度考量子是否从父命的思路:"可以从命而不从,是不子也;未可以从而从,是不衷也;明于从不从之义,而能至恭敬、忠信、端悫、以慎行之,则可谓大孝矣。"(《荀子·子道》)以"义"来保证"孝"的正当性与超越性,在《大戴礼记·曾子本孝》中做出了概括性的说明:"故孝之于亲也,生则有义以辅之。"张载提出"义,仁之动也,流于义者于仁或伤;仁,体之常也,过于仁者于义或害"①,强调仁与义兼顾的重要性。

"义"作为个体行为具体原则的根据,既要符合个体的身份和行为的情境,又要保持超越个体之私的维度,从人之所以为人的角度来确立其适宜感。"人禽之辨"成为这种超越性的说明。孟子说:"人之所以异于禽兽者几希,庶民去之,君子存之。舜明于庶物,察于人伦,由仁义行,非行仁义也。"(《孟子·离娄下》)朱熹在辨析舜"由仁义行""非行仁义"之区别时注曰:"仁义已根于心,而所行皆从此出,非以仁义为美而后勉强行之。"②荀子同样把"义"看作是人禽之别,他说:"水火有气而无生,草木有生而无知,禽兽有知而无义,人有气有生有知亦有义,故最为天下贵也。"(《荀子·王制》)

孟子关于仁义礼智"四端"的讨论最为人们所熟知。四端之心是孟子讨论人禽之别的结论。孟子说,"恻隐之心,人皆有之;羞恶之心,人皆有之;恭敬之心,人皆有之;是非之心,人皆有之。恻隐之心,仁也;羞恶之心,义也;恭敬之心,礼也;是非之心,智也。仁义礼智,非由外铄我也,我固有之也。"(《孟子·告子上》)"仁义礼智"都是人与禽兽的区别,"羞恶"作为"义"之端,尤其强调人不甘于沦为禽兽,并通过一系列的自制、自守来展现人之为人的尊严。从抽象的意义上说,"羞恶"所表达的不甘,是个体自我成长的能力和潜质,是道德最坚实的基础,具有自然而然的性质。孟子把"义"理解为人的共同价值标准,"心之所同然者何也?谓理也,义也"(《孟子·告子上》),是正当与不正当的界限。

荀子提出"善言天者必有征于人"(《荀子·性恶》)的观念,强调了对于天道的说明,必须与人事相符,也即是说,真正懂得天道的

---

① (宋)张载著,章锡琛点校:《张载集》,第34页。
② (宋)朱熹:《四书章句集注》,第293—294页。

人，一定是懂得天道是为人道服务的。荀子说得非常明白："道者，非天之道，非地之道，人之所以道也。"（《荀子·儒效》）从逻辑上看，义是天道下降到人间的规范，是人道效法天道的必然。从现实上看，义则是人类社会和谐稳定的需要。

"义"的超越性根源，也是通过"天道"来确立的。这也是在汉代完成的理论构建。据《史记·五帝本纪》记载，颛顼"依鬼神以制义，治气以教化"，帝喾又"顺天之义，知民之急"，"义"便成为圣王根据天、神来制定，实施教化、治民的原则。把"天道"中的形上根据落实为现实存在之"义"，才能把善恶的价值属性转化为规范，成为情感、行为的现实依据。

"义"首先是天道的化身，是"义"的独立性的根本保证。李明辉指出，"大凡专制统治者往往假集体利益之名，要求个人牺牲其福祉，乃至权利。如果我们不承认'义'有独立于'利'以外的标准，纵然我们坚持以公利为标准，亦无法使个人的福祉与权利免受侵犯。因为我们只要将一切都看成'利'的问题，统治者便可在集体利益之名义下要求个人牺牲其利益与权利。义利之辨是防止集权主义的最后防线；这道防线一旦撤除，统治者便可凭任何藉口将其私欲合理化。"[①] 同时，"义"的"天道"根据也是"义"不能等同于各种具体规范的原因，避免从特殊领域去把握义所造成的各是其所是而导致的偏见。"义者比于人心，合于众适者也"（《淮南子·缪称训》）从社会和谐的角度来把握义与天道，说明义的应然性，具有较强的伦理意义和历史理性。

义作为道德、伦理、历史原则的整体把握，集中体现了人的个体性和社会性、历史性的统一。这种统一，包含着伦理规则统一与道德选择多元的张力。从家国情怀的维护来看，维持共同体和谐这一方向

---

① 李明辉：《从康德的"幸福"概念论儒家的义利之辨》，载氏著《儒家与康德》，台北：联经出版事业公司，第151页。

性原则即是"义"的应然指向，成为评判共同体规范与制度的标准。而现实生活中，人们活动的各种差异，则需要在"义"的标准下来引导，以完成"仁"的目标。

二 专注个体行为的合宜

"义"作为抽象原则与具体行为相统一的内容，是判定人们各种行为正当与否的直接依据。"义者，宜也"，是解释"义"时最为通行的方式，而"宜"又与"谊"相通。董仲舒"正其谊不谋其利，明其道不计其功"（《汉书·董仲舒传》）就是明证。有论者指出，"义通宜，宜通谊，但多少有所区别。谊指美好的感情，如亲情、爱情、友情、慈爱、恻隐等；宜，意为适宜，合适、正当，即出于友好的感情，付出合适的行为；义，是友好感情的升华，如以力助人，以财帮人，以道教人，舍己为人等等。"[①]

人在思考问题的过程中，必须对普遍性的思想观念加以改造，以适应他自己的独特境遇。这也是展现自我创造的过程。《论语·阳货》中提出的"君子义以为上"，除了表达君子理想中道德高于功利的价值取向之外，还体现着为仁由己的自觉和行为，与志于道、安于仁、立于礼共同构成君子的基本品质。根据社会的状况决定自己的行动，自觉承担社会责任，寻求个体行为与社会发展动态的平衡，是对君子行为的最高要求，也是士君子家国情怀的直接表现。孟子甚至说"大人者，言不必信，行不必果，惟义所在"（《孟子·离娄下》）。

安乐哲指出，"通观中国哲学和语言文献，'义'都是根据他的同音字'宜'来定义的。然而，由于'义'尽管表示'宜我'，它还指涉'宜境'，所以这两个字仍有区别。'义'是我主动地、有贡献地与环境融为一体，其中，'我'创造独特的行动，并就此以一种创

[①] 张宝琴、何志虎：《从〈〈大略〉篇看荀子的义利观》，《宝鸡文理学院学报》2009年第5期。

◈ 家国情怀的意蕴及其近代转型

造性的方式诠释自我。它是'我'对'机体'这一概念的表达和贡献。而另一方面,'义'还表示自我为'宜'语境或环境意义的让步或放弃。'义'在关注'我'(即,语境中的人)的同时也关注境(即,语境中的人);它根本上是自我维护和意义的赋予者,又是自我牺牲和意义的派生者。"[1]

董仲舒用"义者,谓宜在我者"表达"义"是人对于自身的约束。孟子最早说明了这一问题:"士穷不失义,达不离道。穷不失义,故士得己焉;达不离道,故民不失望焉。"(《孟子·尽心上》)。"宜在我者,而后可以称义。故言义者,合我与宜,以为一言。以此操之,义之为言我也。故曰有为而得义者,谓之自得;有为而失义者,谓之自失。人好义者,谓之自好;人不好义者,谓之不自好。以此参之,义,我也,明矣。"(《春秋繁露·仁义法》)从天人关系的终极预设来看,人自己端正"天"所赋予的本性,是人之为人的第一要务。故而,董仲舒有"正也者,正于天之为人性命也"(《春秋繁露·竹林》)的判断。

从社会治理、君王责任的落实来看,正己是正人的前提。董仲舒指出:"我不自正,虽能正人,弗予为义。"(《春秋繁露·仁义法》)这正是对孔子"其身正,不令而行;其不正,虽令不从"以及"苟正其身矣,于从政乎何有?不能正其身,如正人何?"(《论语·子路》)思想的进一步深化,也是董仲舒"以义正我"思想的重要内容。"君为臣纲"也正是强调了君主的一言一行都要为臣下所遵奉,君主应当自觉为臣下做出好的榜样。[2] 通过人的自律来维持社会的稳定是儒学的基本主张,传统家国情怀正是以责任为基础来构建的。这与强调个体权利为基础,建构社会认同的契约论传统有根本性差异。

---

[1] [美]郝大维、安乐哲:《通过孔子而思》,何金俐译,北京大学出版社2005年版,第114—115页。

[2] 李锦全:《"三纲"与孔孟之道无关吗?》,《李锦全文集》(第二卷),中山大学出版社2018年版,第49页。

第二章　家国情怀的内涵

这也是有论者所指出的,中国传统社会是典型的责任型政治,通过强调个体的责任来维护共同体。①

"义"仅仅作为个人的道德修养是不够的,它必须被推行到治国理政之中。孔子用"君子之仕,行其义也"(《论语·子罕》)道出了儒学对于出仕的基本态度。在儒学设计的治国图式中,君子在出仕过程中所要遵行的"义",即在于维持社会和谐,使所有人能够根据自己的才能、德性,从事恰当的工作,获得相应的报酬。被认为是儒学理想蓝图的纲领性文献《礼记·礼运》对此的描述是:"人不独亲其亲,不独子其子,使老有所终,壮有所用,幼有所长,矜、寡、孤、独、废、疾者皆有所养。男有分,女有归。"

既要维护等级秩序,又要保证阶层有序流动和日常生活稳定。这便是荀子所强调的,通过"礼义"实现"群居和一"。"夫贵为天子,富有天下,是人情之所同欲也。然则从人之欲,则势不能容,物不能赡也。故先王案为之制礼义以分之;使有贵贱之等,长幼之差,知贤愚、能不能之分;皆使人载其事,而各得其宜。然后使谷禄多少厚薄之称,是夫群居和一之道也。"(《荀子·王制》)《礼记·礼运》更加简洁地归纳出了"礼义"的基本要点:"礼义以为纪:以正君臣,以笃父子,以睦兄弟,以和夫妇。以设制度,以立田里,以贤勇知,以功为己。"

随着儒学逐渐成为服务于皇权的官方正统,"义"维护身份差异、等级秩序的一面被逐渐放大。"宜"中所包含的独特性和创造性失去了强调原则和具体境遇下所考虑的判断的相互调适,以达到抽象原则和当下判断的和谐的原始基调。在汉代兴起的礼制建设中,"大小不踰等,贵贱如其伦,义之正也"(《春秋繁露·精华》)成为主要原则,在"礼"的维护下,"忠义"的内容也逐渐向着尊

---

① 谢文郁:《自由与责任四论》,华东师范大学出版社2014年版,第72—106页。

君的方向发展。而"义"中所包含的"公正""不私"等抽象原则,"正己以正人"的执政者道德要求,逐渐被淡化。这也导致,我们研究中国优秀传统文化现代转化问题时,需要重新审视"义"所包含的思想资源。

从共同体的维持来看,每个人都能做到各适其义,社会分工得到有效的维持,是最基本的义务。每个人各守其道,各尽其责,是仁民爱物精神的落实;在家国情怀的建构中,则体现了在确立个人的为人根基、理想信念的基础上,人与人之间互相扶持、同步发展,这是人获得自我完善的重要方法。这种推己及人,既包含着以向善为理想共同前行,也包含着防止自己与他人之过失与罪恶的流行。这种理想追求和践行方式,已积淀为中国精英分子的普遍心理,规范、支配着人们未来的思想、行为。同时,我们还要看到,对于"利"的忽视,也容易造成空谈道义的弊端。"安贫乐道""君子固穷""何必曰利"的思想不重视物质价值,要求以平均化为特征的经济平等,也会成为中国发展的阻碍。

第三节 爱国主义是家国情怀的近代表达

鸦片战争的失败和太平天国运动的爆发,使清王朝面临着严重的内忧外患。在救亡图存的实践中,中国人的爱国激情被激发出来。在爱国主义的理论反思中,先进的知识分子认识到"现代国家"的重要性。严复在《天演论》中大力传播进化思想,深刻地影响了当时的中国人,使得进步、进化成为中国人广泛接受的社会心理。鸦片战争以后,西方列强不断入侵,把古老的中国推入一个全新的世界格局,面临着新的挑战。一方面,传统的以天下一体观为核心的世界秩序理念和儒家文化在西方思想文化的冲击下,在新的主权国家的国际体系中开始瓦解,在近代资本主义世界的感染和推动下，一大批具有近代思想的知识分子强烈要求开启中国近代化的进程；另一方面，在西方列强坚船利炮的攻击下，中国人强烈地意识到亡国灭种的危机，并认识到"国家"是民族、家庭、个人发展的有力后盾。爱国如爱家迅速成为这一时期家国情怀的主导模式，用仁、义道德来支撑民众对国家的认同感和责任感，成为近代家国情怀的主要表现；近代家国情怀经历了国家观念的改造，获得了爱国主义的表达。

一 仁与义唤醒民族救亡的道德自觉

鸦片战争以后，面对中国积贫积弱、民生困苦、内忧外患的现实，痛心疾首的知识分子们提出诸多主张来救国救民，既是"友道之仁"的近代发展，也是"恻隐之心"的一种具体表现。魏源提出"师夷长技以制夷"，洋务派高呼"自强""求富"，主张学习先进技术来富国强兵，都是在真实的哀痛情感上，用传统的经邦济世、治国安民的士人精神以求民族自救；甲午战争之后，士人们在"保国、保种、保教"的理念中，提出制度革新的要求，清政府被迫在军事、教育、工业政策等方面做出调整。随着新的知识分子、了解西方的官吏、新兴工业资本家群体的扩大，人们有了大量的对富强、进化、民主、自由等问题的思考，与传统家国情怀相较，增加了对于科学技术和民主制度的向往，具有更加鲜明的近代特征。"不忍之仁"中的情感因素为中华民族的近代发展提供了持久的动力支撑。

爱国主义是指国家和民族成员对于祖国和民族的热爱和忠诚，在此基础上形成了对国家民族利益的价值认同和对本民族命运的依恋和关怀。在中华民族的历史中，爱国主义具体表现为一种国家民族处于危难时深沉的忧患意识，一种以中华民族的兴盛为己任的高度责任感，一种为中华民族利益不惜牺牲个人的崇高奉献精神，一种作为中

◈ 家国情怀的意蕴及其近代转型

华儿女所应有的民族气节与民族自尊。[①] 中国近代以来的"爱国",其对象的含义有两种:一是"祖国"(Motherland),二是"国家"(National)。前者突出其文化意蕴,后者则突出其民族内涵;前者是后者的精神支撑,后者则是前者的现实依托。"爱国主义"本身既包含着对于文化意义上的祖国的热爱和维护,也包含着对中华民族意义上的国家的热爱。这种热爱,又建立在家庭血缘亲情外化的基础上,以大家庭的模式来理解中华民族共同体。中华民族共同体,又成为支撑中国近代以来"国家"观念的重要内容。

中国近代的文化转型,是从"个人""家""国"关系的讨论中开启的,是从民族、国家前途的"忧患"中产生的。从思想渊源上看,这与传统士大夫的家国情怀有着密切的关联。梁启超在《清代学术概论》中曾言:"晚清思想之解放,自珍确与功焉。光绪间所谓新学者,大率人人皆经过崇拜龚氏之一时期,初读《定庵文集》,若受电然。"[②] 由此可见龚自珍思想对于近代思想发展的影响。龚自珍作为传统士人中的先觉者,面对清王朝内政外交、民生官制的全面衰败,积极思考解救时弊的方案。他以"尊我"倡言个性解放,力主将个人从宗法关系中解放出来;以"尊任"倡导"以天下为己任"的士大夫精神,并强调通过统治集团自上而下的"自改革"来挽救当时的危局。龚自珍对个性解放及其社会责任的探讨,是传统士人忧患意识、家国情怀的鲜明表现。

在民族危机的背景下,国家自由、族群自由更加急迫。学习西方的先进技术、制度因素、思想观念来实现民族救亡、国家富强,成为鸦片战争以后中国先进知识分子面临的根本问题。在中、西文化的不同背景下,对"国家"的理解有不同的维度。西方主流的国家理论是自由主义的国家论,强调国家是建立在个人权利基础上的,具有自

[①] 李宗桂等:《中华民族精神概论》,广东人民出版社2007年版,第77页。
[②] 梁启超:《清代学术概论》,中国人民大学出版社2004年版,第197页。

然权利、自立自足的个体是国家的根本，国家的任务即是保护个人的权利。在中国，"国家"则是作为一个共同体来对抗外来侵略的组织而为人们所认可和接受的。梁启超在1900年的《少年中国说》中提出的"国也者，人民之公产"是当时新型"国家"观的典型，直接把"公"的含义引入"国"，号召通过启民智、新民德、兴民权，把个人、家庭的命运与国家、国民的命运结合在一起，真正形成一个命运共同体。

在国民革命到抗日战争时期，"爱国"理论特别突出对救国方略的讨论。孙中山提出"三民主义就是救国主义"，认为"三民主义"能够"促进中国之国际地位平等、政治地位平等、经济地位平等，使中国永久适存于世界"。[①] 毛泽东在土地革命时期就提出"建立广泛的民族革命统一战线"的"反对日本帝国主义的策略"；在抗日战争时期将"推翻帝国主义的民族革命"定为当时中国革命的最主要任务。从中国的历史发展中，我们可以更加深刻地理解中国人的家国情怀、爱国主义的复杂性、特殊性。

二　仁与义支撑国家认同的中国特色

中国现代"国家"观念的确立过程，是将近代西方民主政治的国家思想和传统的中国民族认同思想结合，并且将国家认同与民族认同的问题联系在一起的过程。近代思想史的一个重要特点，就是将国家的主权、独立、振兴和富强看做民族复兴的基本保障，将国家主权和国家认同看做民族认同的中心问题，而将民族认同作为取得国家独立、主权的必要手段。[②] 基于中国特殊的文化生态，在现阶段的中国，在国家认同中，既包含情感层面的对于人口、土地为基础的文化—心理的归属感认同，此即归属感认同；又包含理性地对国家政权系统，

[①] 《孙中山选集》，人民出版社，第639页。
[②] 李禹阶：《华夏民族与国家认同意识的演变》，《历史研究》2011年第3期。

◈ **家国情怀的意蕴及其近代转型**

即对主权、制度的支持，此即赞同性认同。[①] 在归属感认同中，"仁"的情感支撑是核心；在赞同性认同中，"义"的讨论则成为不可或缺的内容。两种认同模式并存，造就了当下中国国家认同方面的某些特性，甚至可以说，文化—心理层面的归属感认同起着更加重要的作用。这也是中国的国家认同不同于西方国家认同的重要特征。

中国国家认同的这种特殊性，是解释中国许多问题的主要线索。在全球化背景下，强化中国的国家认同更加需要正视其中的中国特色，并更加积极地从传统的家国情怀中汲取有益资源，念乡爱祖、守望相助、团结和睦等观念在今天仍然具有积极意义，可以有效地转化为爱国主义的心理基础和社会责任的价值支撑。随着"天下"观念的解构，其内蕴的道德文明的价值理念逐渐与现代"国家"观念结合在了一起。民权、民主等理念即是在这种解构与建构中彰显出来的。传统的天下观孕育出今天的国家观，一个非常典型的例子就是"天下"观为"民主"观的普及提供了文化土壤。唐君毅等几位学者提出："从儒家之肯定：天下非一人之天下，并一贯相信在道德上，人皆可以为尧舜为贤圣，及民之所好好之，民之所恶恶之等来看，此中天下为公，人格平等之思想，即为民主政治思想根源之所在，至少亦为民主政治思想之种子所在。"[②]

传统的个人—家族—国家架构发挥作用，能有效地激发家国情怀中自发的认同感与凝聚力。而建构个人—国家架构的国家认同，则需要提升人的法制意识与公民意识。聚族而居的宗法社会，其深层次结构对中国人的生活和观念产生了长期的、深远的影响，传统生活中的种种品性，至今仍有复杂的现实表现。有论者指出，中国的宗法社会，"即使经历了二十世纪二十年代至四十年代的内战和抗日战争，

[①] 肖滨：《两种公民身份和国家认同的双元结构》，《武汉大学学报》2010 年第 1 期。
[②] 唐君毅、牟宗三、徐复观、张君劢：《中国文化与世界宣言》，载《唐君毅全集》（卷四），台北：台湾学生书局 199 年版，第 34—35 页。

第二章　家国情怀的内涵

以及五十至七十年代频繁的政治运动亦变化不大。直至七十年代末的'改革开放'浪潮,尤其是一九九〇年以后的大批青壮年劳动力入城务工,方对聚族而居的生活方式产生较强劲的摇撼,百姓们有可能渐次脱出聚族而居的'宗法之民'谷辙。"[①] 在中国人的宗法意识、家族观念仍旧比较浓厚的今天,用传统的个人—家族—国家的认同模式来激发国人建设祖国、振兴中华的豪情,具有更加重要的现实意义。同时,通过民主、法制建设来促进传统的家国情怀向现代的国家认同转变,也是建设社会主义先进文化的应有之义。

　　就发挥传统家国情怀中自发的认同感而言,主要是彰显其情感原则,及其自我认同的集体取向。中国人的家国情怀强调,任何个人都只能在这一家国共同体中生存,个体依附于共同体,并通过为共同体服务来实现自己的价值。它具有鲜明的义务取向:个体将建立在天然血缘关系上的伦理亲情上升为爱、敬天下一切人的道德情感,并产生维护国家安全、共同体利益的行为。把这种责任意识进一步升华,就成为中华文明核心价值观中的义务优先于权力、集体高于个人的内容,造就了中国文化国家认同中最具独特性的部分。在集体交往中享受生活的乐趣并完成个体的责任,是家国情怀中安顿人的心灵,获得自我认同和家庭认同的主要内容,也是国家认同的起点。

　　就提升传统家国情怀的法制意识和公民意识而言,则是把西方现代国家理念的重要因素引入中国现代文化之中,促进中国传统文化的现代发展。在现代社会,人的生存空间,传统生活中靠私人感情和道德维系日常生活领域日益缩小,而非日常生活领域逐渐扩大。这需要通过社会组织建设把非日常生活领域中的血缘、宗法、经验等自然原则剔除出去,确立民主、法治等原则。这也是用现代国家认同来改造传统家国情怀的迫切要求。通过民主、法制的发展以及公民意识的培

---

① 冯天瑜:《"封建"考论》(修订本),中国社会科学出版社2010年版,第394—395页。

◇ 家国情怀的意蕴及其近代转型

育来增强个体对国家的赞同性认同,是传统家国情怀现代转化的关键所在。

改革开放至今,是中国人公民意识自觉的阶段,也是中国民主、法制制度建设高速发展的时期,同样是中国国家认同高速发展的时期。有论者指出,中国改革开放后,经济领域成效显著,社会开放,国家认同感迅速提升。此时,爱国主义的主题转向以经济建设与实现四个现代化为目标。20世纪90年代后,"中国威胁论"迅速扩散,也为国家认同提供了新的契机。近年来,"中国崛起"振奋人心,"中国"得到世界的关注反过来也强化了国家认同。与此同时,国家认同也面临诸如全球化的冲击,地方性认同的崛起以及因社会公平问题带来的合法性压力。[①] 从民主法制的角度强化国家认同,是提升国家凝聚力的必要途径。

在民族危难之际,家国情怀鼓舞中华儿女共赴国难,产生了一大批以救亡图存为己任的思想家、外交家、军事家,也发生了一系列保家卫国的群众运动。但是,家国情怀的这种凝聚和引领作用,较多地停留于自发层面,容易被各种负面情绪和离散力量所冲击、误导。民族主义、国家理论成为人们从理论探讨与救亡实践来更新传统的家国情怀的资源,[②] 并使之成为近代以来中国文化发展的主线。民族危机→民族救亡→民族复兴是近代以来家国情怀演变的逻辑线索,爱国主义成为家国情怀的近代表达。

家国情怀作为中国传统文化的重要组成部分,通过精神理念、生

---

① 贺东航、谢伟民:《中国国家认同的历程与制约因素》,《马克思主义与现实》2012年第4期。

② 美国学者费正清在《中国:传统与变革》中,指出:中国人对大同世界的向往、家国一体的社会结构是中国社会具有超强内聚力的原因,也是中国变革艰难的根源,而民族主义的缺失是近代中国衰落的原因。美国学者杜赞奇也从民族主义的形成与发展来讨论20世纪初期中国历史的发展。美国学者孔飞力在讨论中国现代国家的起源时,指出中国社会的长期发展,培养了一批关注政治生活、关心国家命运的文人,他们是中国现代国家起源的内在根源。

活方式、国家制度等形式对中国人产生巨大影响，融入中华民族血脉，在当今乃至未来社会都有表现。以此为基础，解读国家认同中的中国特色，有助于我们更好地总结和思考国家凝聚力、中国社会的发展等现实问题。

第三章

家国情怀的特质

"特质"是一个建立在比较基础上的结论。我们讨论家国情怀的特质,需要明确的首要问题是比较对象是什么,以及如何比较的问题。在这里,我们主要进行的是古今对比,即说明在中国文化的系统内部,传统家国情怀与当下的家国情怀差异何在,近代中西文化交流产生了怎样的影响。传统家国情怀在中国独特的文化生态中产生、演化,以血缘亲情为基础,通过拟伦理思维,以天人合一的初级共同体意识为基础,把自然世界和人文世界统合在一起,强调执政者的责任,具有鲜明义务取向,并以和谐为最高追求,呈现混融性特点。这与强调专业分工、工具理性的现代政治认同有着根本不同,个性、权利、自由在传统家国情怀的构建中并不是主要的内容。

第一节 拟伦理思维主导

家国情怀作为中国人在家国同构的社会生活中所形成的对于共同体的情感归属、理性认知和价值认同,内在地包含着一整套拟伦理思维方式的支撑。拟伦理思维,主要是指以伦理意识为核心,以伦理关系为框架,在类比思维的基础上,通过对外部世界的拟人化,把自然、社会都纳入一个伦理世界和伦理规范之中。从观念建构来看,家

第三章　家国情怀的特质

国情怀建立在自然情感的基础上,从爱亲敬长到忠于人民、报效国家,将天然血缘亲情上升为爱、敬天下一切人与物的伦理要求,拟伦理、泛伦理化是其中占主导地位的思维模式,血缘、地缘的关联成为传统家国情怀中情感认同的基础。"炎黄子孙""华夏儿女"等说法深入人心,即是血缘认同、地缘认同的表现,至今仍在发挥着凝聚人心的功能。

一　拟伦理思维中的类比与认同

简单而言,思维方式是思维主体按照自身的特定需要与目的,运用思维工具去接受、反映、理解、加工客体对象或客体信息的思维活动的样式或模式,本质上是反映思维主体、思维对象、思维工具三者关系的一种稳定的、定型化的思维结构。思维方式作为思维关系的凝结形式,在内容上大体可以概括为三个方面,一是关于对象性的认知结构模式,二是关于对象世界的价值结构模式,三是关于思维方式的模式。[1] 考察具体的思维方式,既包含着对于认识定式的分析,也包含着对于认识过程的讨论。认识定式,即主体先有的意识状态,如思维功能结构,认识图式,认识的心灵状态;认识运行模式,即认识运行中的方法、逻辑、线路、公式。[2]

思维方式,居于文化深层结构之中,为人所"日用而不知"。"中国思维"这个问题最早是由法国汉学家葛兰言在1934年出版的《中国思维》中提出而影响开来,他把"中国思维"概括为一种"关联性思维"。这种思考在一些国外汉学家(尤其是法国汉学家)的研究中产生广泛的影响。中国学者对中国传统思维方式的研究,是在20世纪80年代以来对各种文化现象有了比较广泛而深入的讨论之后

---

[1]　高晨阳:《中国传统思维方式研究》,山东大学出版社1994年版,第3—5页。
[2]　陈中立、杨楹、林振义、倪健民:《思维方式与社会发展》,社会科学文献出版社2001年版,第27页。

逐渐兴起的,对思维方式的研究和重视,显示着学者们对中国文化的研究领域转向到文化创造的主体。

分类是人们认知对象的基本方式。通过认知事物现象和属性的相似性,人们把万事万物划分成诸多类,使世界从无序走向有序。类比则是通过模拟的方式沟通事物之间的联系,把人和人的世界纳入一个总体关联中来把握。在拟伦理思维主导下,儒学认识论围绕人道、人伦、人性展开,而自然色彩淡化。孟子的"复性说"与荀子的"成性说"共同构成儒学人性论整体。孟子的复性说直接以复归本心为要务,其认识论的色彩比较淡薄,自不需多言。在荀子的成性说中,人需要通过认知来完善自身,但这种认知是价值认知、道德认知。

《荀子·解蔽》提出了"凡以知,人之性也;可以知,物之理也。以可以知人之性,求可以知物之理,而无所疑止之,则没世穷年不能遍也"的判断,说明人对于"物"的了解如何可能,以及人关于"物"的了解必须要有限度。在荀子看来,人有能知之性,物有可知之理,以人之能知之性,求物之可知之理,若无限定的目标以为研究之范围,则虽至老死也不可能遍知。因此,"知"需具有明确的目的或确定的目标来确定求知的边界。这个边界,则是对于"道"或"礼义"的把握。如何表达事物的本质属性、如何总结推理的原则等一些逻辑学的基本问题,并不是荀子正名思想的核心,始终不离"人通过清楚明白的认知,可以达到对'道''理''德'的体察,进而将之真切落实到现实的修身、治国、平天下"[1] 这一认知与行为关系的说明。

拟伦理思维的直接结果是价值论。任何事物在类化过程中获得了超越事实维度的意象,意义与价值比事实本身更重要。赵馥洁指出,

---

[1] 王正:《重思荀子之"大清明"》,《现代哲学》2019年第5期。

第三章 家国情怀的特质

中国传统哲学的核心旨归是价值论，中国传统价值思维具有融通性、综合性特征：价值至境与宇宙本体、价值追求与历史规律的融通，价值意识与认识活动、价值实现与生命历史的融通。其缺陷在于将价值泛化，用价值掩盖乃至取代客观事实，以价值评价制约事实认知乃至代替事实认知；其优势则是追求价值与事实、应然与实然的统一。[①]

中国人对于对象、时间、空间的体验和反思，通过现实的伦理关系、伦理秩序融入中国人的具体生活之中，产生了诸多特点。这种思维所依托的基本概念便是"阴阳"。从中国文化史上看，阴、阳最初是表示地理空间的观念。"阴"表达山的北面或水的南面，"阳"则表达山的南面或水的北面，阴阳构成地理空间上的对立统一表达。经过抽象思维的改造，阴阳脱离了自然空间的限制，成为表达宇宙本体的运动方式的概念，"一阴一阳之谓道"（《周易·系辞传》）是最经典的表达。通过与宇宙本体相类比，来说明人类社会应有的规则，在周易系统中广泛应用。"家人，女正位乎内，男正位乎外。男女正，天地之大义也。家人有严君焉，父母之谓也。父父、子子、兄兄、弟弟、夫夫、妇妇，而家道正。正家，而天下定矣"（《易·家人·彖传》），便是以家庭关系进行的类比。

以阴阳类比的方式来整合天、人、社会，形成最稳定、广大的共同体观念，主要通过董仲舒的思想构建完成。通过类比思维的运用，董仲舒以阴、阳为基本概念，把自然与人类社会统合为一。首先，董仲舒提出"天地之气，合二为一，分为阴阳，判为四时，裂为五行"（《春秋繁露·五行相生》），用阴阳整合自然系统，四时、五行都是阴阳共同作用的结果，并用"天有阴阳，人亦有阴阳"（《春秋繁露·同类相动》）把自然与人类社会进行类化关联，认为自然与社会皆因具有阴阳而为同类；其次，董仲舒用阴阳来解释人性人情，认为

[①] 赵馥洁：《论中国价值思维的融通性特征》，《人文杂志》1998年第2期。

◇ **家国情怀的意蕴及其近代转型**

"身之有性情也,若天之有阴阳也"(《春秋繁露·深查名号》);再次,董仲舒提出整个人类社会的基本原则也是阴阳关系。他说:"君臣父子夫妇之义,皆取诸阴阳之道。君为阳,臣为阴;父为阳,子为阴;夫为阳,妻为阴。"(《春秋繁露·基义》)在董仲舒看来,自然与社会构成的共同体中,阴阳作为两种不同的因素,无所不在;作为两种对立的力量,互为消长和补充;作为两种性状,有主次之分;作为两种属性,有善恶尊卑之别。[①]

拟伦理思维主导下的分类和认同,导致儒学具有鲜明的"价值优先"立场,以及缺乏为知识而知识的思路。荀子鄙斥名家的"坚白""同异"之辩,批评他们"是聪耳之所不能听也,明目之所不能见也,辩士之所不能言也,虽有圣人之知,未能偻指也。不知无害为君子,知之无损为小人。工匠不知,无害为巧;君子不知,无害为治"(《荀子·儒效》),代表了传统儒学不认可为了纯粹的"知"而思考的态度。这种逻辑层面的思考在传统儒家思想中,被认为是无意义的,甚至是妨碍社会秩序建构,危害社会稳定的。这种偏好,也导致了中国科学知识的缺失。因为缺乏科学思维,出现了诸多弊端,越到近现代,危害越大。其中,固守小农生产方式,忽视技术创新,拒斥社会变革,在近代以来成为中国走向工业文明的阻碍因素。

中国拟伦理思维中的认同,内在地具有尊崇权威、维护和谐的倾向。祖先崇拜、圣王观念是中国文化基因中最为根深蒂固的内容,在家国同构的背景下内化为每个人的思维定式。王文亮认为先秦儒学思维方式的基本特点是,把维护恒常不变的传统看作最为重要的,不得已时用"权"来达到对传统既定原则的把握。这种思考的过程中包含着变化与改造,却最终难以实现对传统的彻底批判和超越。这种思维方式与复古意识、过高的社会理想以及对异端的抨击有密切的关

[①] 李宗桂:《相似理论、协同学与董仲舒的哲学方法》,《哲学研究》1986年第9期。

系，而经学思维也是这种思维的变种。① 在拟伦理思维定式的影响下，传统家国情怀的整体性、秩序性、稳定性不断加强，同时也存在着不断固化的倾向。

二 以血缘认同强化政治认同

从家国情怀内在结构来看，个体对父母血亲的自然情感构成家国情怀最真实、最自然的基础。在宗法社会中，经济、政治、社会、伦理道德等都是以个体对血缘关系的尊重为根本。以血缘为基础的共同体，在西方的社会学研究中也多有涉及，主要指氏族社会、古代社会的共同体形式，马克思则以"人的依赖"来说明以血缘亲疏组织生产和生活的共同体形式。

血缘认同是人类共同体形成的最初依据。与西方社会相较，在中国传统社会，血缘认同具有更强的凝聚力。简单而言，古希腊、罗马是在使用了铁器生产工具，家庭生产代替了原始的集体协作生产，打破氏族制度之后，以家庭私有制的形式进入文明社会，开启农业的发展。而中国则是在加强和保持氏族制度的基础上，以血缘认同来凝聚集体的力量，通过治水来发展农业，从而进入农业社会。血缘认同在中国以氏族制的方式保留在文明社会之中，并成为宗法制度的基础。自然血缘的神圣化，是最具有中国特色的。在氏族社会中，人们按照血缘关系自然形成的社会组织，是以共同生活、利害相关、平等互助的原则为基础的，逐渐形成以父系家长制为核心的血缘认同模式。祖先崇拜、宗族观念、家国意识，都是血缘认同的表现。

但是，宗法社团往往强调宗族利益为上，在内部管理的基础上容易形成小社会，其自治性容易形成与国家的对抗。豪族与国家的对抗，在中国历史上也是屡见不鲜。充分运用伦理原则、亲情关系来提

---

① 王文亮：《论先秦儒学经权互悖的思维方式》，《哲学研究》1988年第8期。

◎ 家国情怀的意蕴及其近代转型

升人民对于国家的政治认同,把国家也看做是家庭共同体,则成为化解这一冲突的关键。有论者指出,"中国宗法家族组织已不是简单的血缘团体,而是以儒家伦理为组织原则建立起来的基础单位。儒家意识形态以伦理为本位,把国家看做是家庭的共同体,有效地消解了宗法家族组织与国家组织的对抗"[1]。政治认同是社会成员对特定政治体系的归属感,是政治体系和社会成员相连接的纽带。不同于血缘认同,政治认同的合法性支持并不是自然赋予或预先给定,具有多变性和不稳定性。拟伦理思维与血缘认同的叠加,是中国传统社会维持政治认同的基本手段。政治认同往往要通过意识形态的构建来体现。从内容上看,意识形态描绘并论证社会成员的共同愿景,引导和影响社会成员的政治认同感。

在中国文化系统中,最能表达以血缘凝聚人群的观念是"仁",以"仁者人也,亲亲为大"最为典型。"亲亲"与"尊尊"分别是宗法与政治的核心价值,"亲亲"为"宗统"的基础,强调血缘的重要性,通过嫡庶之别来表现,尤其重视祭祀祖先的礼仪。"尊尊"则是政治身份的确认,通过严格的等级制度来保证。"亲亲"与"尊尊"又交织在一起,成为宗法精神的核心,贯穿在中国传统社会之中。

以血缘认同强化政治认同,通过西周宗法制度的建立而完备。周代用"孝"来继承祖先崇拜的传统,以更好地维护分封制的有效性和稳定性,是三代时期家、国、天下连续体发展的最高形式。从共同体的构成来看,家、国、天下的一体化,是以血缘为纽带来凝聚和分层的,血缘的亲疏,决定了个体在共同体中的政治地位。经过宗法分封,形成以"亲亲"维护"尊尊"的格局,是周代道德另外一条线索。《尚书·周书·文侯之命》记载"父义和,汝克绍乃显祖。汝肇刑文武,用会绍乃辟,追孝于前文人",说明对共同祖先的祭祀与孝

---

[1] 金观涛、刘青峰:《开放中的变迁:再论中国社会的超稳定结构》,香港:香港中文大学出版社1993年版,第31页。

第三章 家国情怀的特质

行，是周王必要的德行。而宗法制度下的社会秩序，也需要孝悌来维护。

在周代分封制之下，天子分封同姓为诸侯，诸侯中强大者被天子任命为方伯，专任征伐，保卫王室。王室强大时，征伐听命于天子，则宗法封建制能够有效维持，上下相安，社会有序。当王室衰落时，征伐为诸侯所控制，成为霸道的最初形态。《尚书·康诰》记载了周公的一段话："元恶大憝，矧惟不孝不友，子弗祗服厥父事，大伤厥考心。于父不能字厥子，乃疾厥子。于弟弗念天显，乃克恭厥兄。兄亦不念鞠子哀，大不友于弟。惟吊兹，不于我政人得罪。天惟与我民彝大泯乱。曰，乃其速由文王作罚，刑兹无赦。"通过刑罚来维持孝悌，是宗法制度下自然而然的选择。

"以德受命"是王权合法性的基础。每个朝代的开国君主以"天命"确立其家天下的根基，其子孙则在天命和血统的双重维护下，延续其家族治理的合法性。这即是"受命之王曰太祖，嗣王继体者，继太祖也。不敢曰受之天，曰受之祖也"[①]。中国文化史上渊源甚早且被反复讨论的王霸之辩，就是关于政治认同的集中反映。在中国传统社会，君主专制下的各个王朝，都是家天下，即一个家族控制着国家的最高政权，并世世代代传承下去。与之相应的，中央政府和地方政府对如何孕育家族力量的具体方案虽然因时而异，但其与家族势力总是保持着千丝万缕的联系。有论者指出，在殷周时期，族权同中央和地方政权几乎是完全合而为一的。殷周宗法式家族制度崩溃以后，政权和族权虽然分离了，但魏晋以后，又出现了几姓大家族世代控制中央政权各个机构和州郡政权的局面。宋以后，由于世家大族式家族制度的瓦解，政权和族权进一步分离，由一姓或几姓大家族控制乡里都、保等基层政权的现象十分普遍，明清时期直到中华人民共和国成

---

① （清）陈立：《公羊义疏》（第一册），中华书局2017年版，第26页。

立以前，族长同时又是都约、保正的例子举不胜举。血缘在政治生活中的作用也是非常重要的。①

"国之大事，在祀与戎"（《左传·成公十三年》）说明了祭祀在宗法社会的重要性。通过血缘亲疏来确认个体的身份，以自然亲情来凝聚人心是祭祀的主要功能。徐复观在讨论儒学的等级秩序时，指出基于血缘纽带的"感情"的作用："儒家心目中的尊卑贵贱，乃是由'尊贤，使能，俊杰在位'所构成的。……礼从宗法中的伯叔兄弟甥舅的亲亲关系中所规定出来的，所以在周旋进退之间，还有一种感情流注于尊卑上下之间，以缓和政治中的压制关系。亲亲的精神消失了，但由亲亲精神所客观化出来的礼，其所定的君臣上下间的分位，远没有由法所定出来的悬隔而冷酷。"②

以"孝"为核心的家庭道德，在拟伦理思维的影响下，通过以儒学为主导的社会政治系统，影响全社会。从理论上来说，血亲之爱基础上的"推己及人"可以促成天下一体、民胞物与的观念、情怀与境界；而在日常生活层面，血亲之爱的推扩则容易导致人们的身—家观念偏重，社会—国家的意识淡薄。这也导致了人们在脱离血亲的家庭结构，进入陌生人的环境后，容易出现一些非道德情感的心理和行为，如对他者的冷漠，以及在突发情况下的看客心理，难以发展出真正的公共领域。公共生活的缺失，对中国现代社会的发展产生了重要影响。这也是家国情怀当代传承中需要补充的内容。另外，克服片面从统治集团家族关系中引申国家原则的思路，超越血缘、身份的局限，拓宽认同的基本维度，以期发展出公共领域，也是家国情怀自我创新的内在动力。

---

① 徐扬杰：《中国家族制度研究》，第8—9页。
② 徐复观：《两汉思想史》，载李维武编《徐复观文集》（第五卷），湖北人民出版社2009年版，第22页。

第三章 家国情怀的特质

第二节 以忧患为底蕴

从文化发生论的角度看，家国情怀是家国合一、家国同构的产物，从王者以治家的方式治国衍生出来。因此，王者的道德自觉，是家国情怀的根源。在中国文化史上，这种道德自觉最初体现在摆脱了鬼神崇拜的周初的王族身上。周文王与殷纣王之间微妙而困难的处境，是周人在思考自己的政权合理性的时候萌发的精神上的自觉。它来自周人对吉凶成败的深思熟虑而来的远见，进一步发现吉凶成败与自己行为的关系，以及自己在行为上的责任。徐复观把周初王族的这种自觉概括为"忧患意识"，认为"忧患意识"就是人类精神开始直接对事物发生责任感的表现。这种人的自觉就是周初"人文精神的跃动"。[1]

家国情怀经过从王族道德向大众道德的下移过程而最终定型，成为一种对生活共同体的情感认同和政治认同。这种认同从家庭情感上升到政治共同体认同，并产生价值依归和责任意识。它在日常生活中陶养而成，形成一种天地、万物、人我合而为一的生命感受，是一种历史意识与个体主动性相结合的体现。这种共同体意识首先表现为对于共同体命运的担忧，主要内容是个人对共同体的义务，以及在义务取向中所形成的个体快乐。这以曾子所言的"士不可以不弘毅，任重而道远，不亦重乎？死而后已，不亦远乎？"（《论语·泰伯》）最具代表性。儒家思想把弘毅的精神、对道义的担当落实到日常生活之中，表现出负重致远的特色，并通过系统的修身养性功夫、经邦济世的实践，把一丝不苟的精神贯彻到点滴小事之中，谨慎地对待任何事物，努力地在防患于未然的谨言慎行之中坚持自己的理想追求。

---

[1] 徐复观：《中国人性论史·先秦篇》，台湾商务印书馆1969年版，第20—24页。

◇ 家国情怀的意蕴及其近代转型

一 忧患意识中的敬慎担当

"忧患意识"是"以戒惧而沉毅的心情对待社会和人生的一种理智的、富于远见的精神状态","是一种社会责任感和历史使命感,是一种对潜在危机的洞见和预防"。[①] 具有"忧患意识"的个体,既是社会发展的观察者,又是社会发展的参与者。他一方面对于自己的生命有限性有充分认识,另一方面又超越自身的有限性去承担自己的使命,在两者的关联中产生真切的虔诚、敬畏之心。这种敬畏之心,不同于宗教中对外在于自身的主宰力量的敬畏,更多的是一种通过道德自律来真切把握的参与宇宙造化的使命感。

《周易·系辞下》有言:"古者伏羲氏之王天下也,仰则观象于天,俯则取法于地,观鸟兽之文,与地之宜,近取诸身,远取诸物,于是始作八卦,以通神明之德,以类万物之情。"这段话可以看作是人以观察者、参与者的身份领悟生命之源与万物变化。"忧""患"就是在这种思考中呈现出来的戒惧、勤勉的态度,以及强烈的社会责任感和历史使命感。徐复观在阐述周初人的"忧患意识"时,认为"德"在当时是指具体行为,"可能是直心而行的负责任的行为",后来演进为好的行为,进而引申为恩惠之德。[②] 仁、义、礼等,都是这种德性的产物。

《周易》《诗经》中有大量的"忧""患"表述,《易传·系辞下》对《易经》的基本精神做出了"作《易》者,其有忧患乎""其出入以度内外,使之惧,又明于忧患与故"的概括。《周易》中的"忧患意识",还表现出通过问占者的自我反思和警惕来摆脱困境的希冀和鼓励,这体现在卦爻辞中关于某卦的吉凶祸福断语中,有"悔""吝""咎""有悔""无咎"等劝诫之词。把天命与个人的德

---

① 冯天瑜:《中华元典精神》,上海人民出版社1994年版,第431、433页。
② 徐复观:《中国人性论史·先秦篇》,第23页。

第三章　家国情怀的特质

性、行为联系起来，逐渐形成了"天命靡常"（《诗·大雅·文王》）、"皇天无亲，惟德是辅"（《尚书·蔡仲之命》）的意识。天子要通过自己的言行、威仪展现天的神圣与威严，也要通过自己的德行获得民众的认同，由此来获得天的眷顾和庇佑。在"知天""敬德""保民"一体相连的观念下，"天视自我民视，天听自我民听。百姓有过，在予一人"（《尚书·泰誓》）的意识成为约束天子、王的行为的重要力量。忧患意识经过逐渐发展，从具体的天子对王位的忧患、臣民对君王的忧患，发展为对道义、德性、公理的忧患。

当忧患意识发展为对道义、德性、公理等抽象价值的忧患时，便发展出一种鲜明的批判意识。任何一种有生命力的理论，都必须内含相应的自我批判机制。通过对"王"的道德要求来提升王权的主宰性，强调王的核心地位，是"天下一体"中的统一性因素的现实表现。在西周，提升王权便已开始。冯天瑜指出："周初三次分封，可归为前、后两个不同形态：一为文王、武王分封，大体沿袭商代的方国部落联盟形态，天子'长'诸侯而未'君'诸侯。二为周公分封，天子正式成为诸侯的君主，王权得以提升。"[①] 在政权与民生的关系讨论中，忧患意识衍生出深刻的文化批判功能。"天下"观念的基调，在这一时期确定下来，成为中国文化史上颇具影响的文化基因。"天""天命"即是王道理想、社会统一的根据，也是现实王权、批判暴政的根据。此外，"人禽之辨"衍生出的德性要求，"大丈夫"精神内蕴的德性力量，为个体完善自身并坚持理想提供支持。忧患意识与天下为公，两者相互影响、互相渗透，是家国情怀自我更新的内在动力。

正是基于此，"忧道"成为君子的重要表现。顾红亮把君子之"忧"解读为忧患和忧虑，"一方面，成就君子不是一个纯粹的推理的过程，而是一个伴随着焦虑、担忧的内在修行过程，展开于日常生

[①] 冯天瑜：《"封建"考论》（修订本），第19页。

活之中，这体现了平庸性；另一方面，在成就君子的过程中，真正值得忧患和忧虑的是我的思想与行为是否偏离了人道，我的日常活动是否具有天命的终极意义，这体现了终极性"①。君子的平庸性与终极性，统一于日常生活之中；高明、神圣的道德本体与平庸、世俗的日常行为，直接统一。"君子忧道不忧贫"（《论语·卫灵公》），"德之不修，学之不讲，闻义不能徙，不善不能改，是吾忧也。"（《论语·述而》）

理想人格的建构可以表现一个学说的精髓所在，它展示了学说理论对现实生活的观照。"君子"是儒家理想人格中的枢纽，可以从地位高贵、品德高尚以及德位皆有几个角度理解，贯穿于个体道德与执政操守，兼涉才能、意志、知识、行为等各方面。与"圣人"相较，"君子"更接近人的日常生活，是"现实的理想人格"。② 孔子以"君子有三畏：畏天命，畏大人，畏圣人之言"（《论语·季氏》）的判断，在知与畏之间，撑开了一个必然性原则与人之主体能力的空间，君子通过学习、修养，"下学而上达"。"君子"人格对士人的影响比较具体，在中国思想史上呈现出比较强的连续性。士包含君子，有时又与君子相通。在《荀子》中，直接使用"士君子"的说法，彰显士与君子的品格的一致性。这种思路，为后世所沿用。

忧患意识蕴含着自强不息、谨小慎微的精神气质。具有深厚道德的君王、受过良好训练的士人在思考现实时，往往能够做出超前性的思考，预测到某种趋势以及发展方向。其防患于未然的意识，成为引领中国传统社会缓慢前行的重要力量。具有忧患意识的士人群体往往因其前瞻性，提出超越现实的批评性建议而付出生命的代价，但这种精神构成中华民族的脊梁。以执政者的责任感和使命感来维系社会的

---

① 顾红亮：《对话哲学与〈论语〉的关系性君子观》，《孔子研究》2009 年第 6 期。
② 蒋国保：《儒家君子人格的当代意义——以孔孟"君子"说为论域》，《道德与文明》2016 年第 6 期。

第三章　家国情怀的特质

凝聚力，以人的责任萌芽中国人文精神，奠定了责任高于权利的家国情怀主线，与自强不息、刚健有为一起，支撑着中华民族不断前行。

忧患意识促使中国的近代国家观念兴起。在内忧外患之中，民族主义、国家理论成为人们从理论探讨与救亡实践来更新传统的家国情怀的资源，并使之成为近代以来中国文化发展的主线。民族危机→民族救亡→民族复兴是近代以来家国情怀演变的逻辑线索，而忧患意识则始终贯穿其中。忧患意识引领家国情怀中的批判意识与建设思路的聚合。处在追赶型现代化的中国人，在面对传统与现代关系时会产生独特的矛盾与焦虑。洋务运动、维新变法、辛亥革命、新文化运动、新民主主义革命等等，都是在忧患意识推动下出现的具体行动，也是家国情怀的生动展现。在挽救民族危机，复兴中华文明的进程中，中华儿女逐渐形成了一个共识：用人类文化的全部文化成果丰富自己，使个人成为全面发展的现代人，使中国社会成为充分发展、有着完整意义的现代文明。

二　忧患意识衍生责任优先

忧患意识是人对自身责任的担当，是人努力把握自身命运的自觉，这也在中国文化的生命初期就奠定了重视人的主体性的基调。从人面对天地、历史与未来的忧患汇总，逻辑地引申出中国文化的人本思想，即在神、人、物三者的关系中，以人为根本，尊重人，强调人的价值，而淡化神，轻视物。这种人本思想，与中国古典文化的伦理特质联系在一起。有论者指出，在以人为本位的中国古代文化中，渗透了东方型的伦理内容，蕴含着父母之爱、手足之情、乡土之恋与爱国情怀，并在此基础上形成了一系列中国的优秀品质和情感，成为中国文化中所独有的"东方型伦理内容"。[①]

---

① 杨安崙：《关于中国传统文化的性质》，《求索》1988年第2期。

◇ **家国情怀的意蕴及其近代转型**

理想的家国情怀建构,需要私人情感与公共价值的高度和谐。提炼一个既符合国家利益,又符合民众利益的价值指向,这是中国各家思想的共同目标。如何实现这一目标,是引起各家思想争论的焦点。陈来指出,责任是相对权利而言,责任取向的德行不是声张个人的权利,而是努力实现对他人的义务、履行自己身上所负的责任。中国古代的道德概念"义"往往包含着责任的要求。由于在儒家思想看来个人与他人、与群体是一个连续的而不是断裂的关联,人在这种关系之中必须积极承担自己对对方的责任,以自觉承担对对方的责任为美德,以此来维护和巩固这种关系。责任之心是儒家文化养成的人的普遍心理意识。[①]

责任取向的思路在处理群体和个人关系时,往往强调群体优先,典型表现为儒家的因私向公和法家的以公制私。先秦时期的以"爱"释仁,不得不维护"爱有差等"的合理性,因私向公的思路受到墨家思想的批判。而在法家看来,"以公制私"是实现这一目标的根本途径。通过儒法互补,或者说阳儒阴法来实现两者结合,成为中国传统文化中处理公与私的冲突的主导思路,责任导向也在这种公私关系中表现出来。

曾子在每日的道德修养中,最重视的就是对"忠"的反思:"吾日三省吾身:为人谋而不忠乎?与朋友交而不信乎?传不习乎?"(《论语·学而》)这里的"忠",是对孔子论"与人忠"[②]之诚实无欺的继承,把"忠"作为每日必修的自我省察功课最重要的标准,也足见曾子对"忠"的强调。朱熹在注《论语》时将"忠"解释为"尽己",是内心诚敬,待人如己的品质,强调尽心竭力为他人。以"忠"为起点,各种社会伦理性的道德都以对他人、对社会的责任为

[①] 陈来:《中华文明的价值观与世界观》,《中华文化论坛》2013年第3期。
[②] 《论语·子路》:樊迟问仁。子曰:"居处恭,执事敬,与人忠。虽之夷狄,不可弃也。"

第三章　家国情怀的特质

优先。孝是突出对父母的责任，忠是突出尽己为人的责任，信是突出对朋友的责任等。以"忠恕"为"一贯之道"的儒学，以推己及人的思路把个体与他人、社会联系起来，通过真诚无欺来实现因私向公。个体道德修养是否足以支撑这种因私向公的选择，是忧患意识在儒学中的重要表现。

法家思想自始即从以公制私的角度来立论，其忧患意识集中表现在国家力量是否足够强大，是否有充分的法、制度来维持国家的强大。法家从天道中解读出"天公平而无私，故美恶莫不覆；地公平而无私，故小大莫不载"的自然理性，天地日月对天下万物皆一视同仁地覆盖、承载，这便是天道之"公"，它是排斥"私覆""私载"的。《管子·任法》提出了"任公而不任私，任大道而不任小物，然后身佚而天下治。……上以公正论，以法制断，故任天下而不重也。"慎到则进一步把"公"看作国家权力的来源和依据。《慎子·威德》明确指出："古者立天子而贵之者，非以利一人也。……立天子以为天下，非立天下以为天子也。立国君以为国，非立国以为君也。"可见"公"的价值取向乃"为天下"而非为天子或为君。

法家还认为，"天下之公"需通过制定法律、设计具体的制度与设施来落实。《慎子·逸文》认为"法者，所以齐天下之动，至公大定之制也"，由于法是"至公"之制，作为价值目标，它是用来统一天下的认识与行动的，通过制度化的安排，它可以成为合理秩序的价值内核；把它贯穿到社会生活的各个方面，又可以抑制破坏合理秩序的行为。《慎子·威德》又说"故蓍龟，所以立公识也；权衡，所以立公正也；书契，所以立公信也；度量，所以立公审也；法制礼籍，所以立公义也。凡立公，所以去私也。""立公"以"去私"的价值选择是非常明确的。

商鞅更进一步提出了"公私之交，存亡之本也"的思路，强调以公制私的重要性。他说："公私之分明，则小人不疾贤，而不肖者不妘功。故尧舜之位天下也，非私天下之利也，为天下位天下。论贤举能而传焉，非疏父子亲越人也，明于治乱之道也。故三王以义亲，五霸以法正诸侯，皆非私天下之利也，为天下治天下。是故擅其名而有其功，天下乐其政。……今乱世之君臣，区区然皆擅一国之利，而管一官之重，以便其私，此国之所以危也。"（《商君书·修权》）整体而言，法家思想中所说的"公"并不是指君主个人的利益，而是指国家的利益，因为它关系到社稷的利害和国家的安危。因此，韩非又强调君主"必明于公私之分，明法制，去私恩"（《韩非子·饰邪》）。只有法制才代表"公"，君主个人的喜好与恩惠仍然是"私"，公义行则国治，因为"公"是与国家利益联系在一起的。

法家在实现"强国利民"的政治目标上之所以能取得公认的成效，最关键的一点在于他们对人性有着较深刻的认识和有效的引导，并通过合理地驾驭人性来平衡公私关系，并最终达到"以公制私"的目的。《管子·禁藏》看到人性有趋利避害的天性，它指出："夫凡人之情，见利莫能勿就，见害莫能勿避。……故利之所在，虽千仞之山无所不上，深源之下无所不入。"对人性有这样的认识再因势利导，必定能收到良好的效果。"故善者势利之在，而民自美安；不推而往，不引而来，不烦不扰，而民自富。"（《管子·禁藏》）这就是利的驱动力，只有利用利的驱动力才能产生对民的吸引力。

儒家思想强调"因私向公"，通过人向善的道德本性，在"人同此心，心同此理"中推扩人的善端来实现个人利益、民众利益、国家利益的一致性。这种思路强调了立足于己：首先要严于律己，端正自身；然后尊重别人，待人如己，推己及人，每个个体都自觉承担其义务。这实际上对个人提出了更高的要求，不仅限于道德修养方面，更加侧重于这个向内自省的工夫所得到的精神上的丰富资源，既可以使人从事各种创造性的活动，也足以使人应付人生中的各种内在的危机和外在的挫折和困境。

第三章 家国情怀的特质

中国传统社会中儒法互补的政治思想，在因私向公与以公制私之间尽量保持平衡。对统治者来说，治国固然需要以公制私，但决不可以公灭私，应该允许合理的私利，只有公私兼顾，才能合人性得人心。开启儒法互补思路的荀子就提出，"义与利者，人之所两有也。虽尧、舜不能去民之欲利，然而能使其欲利不克其好义也。虽桀、纣不能去民之好义，然而能使其好义不胜其欲利也。故义胜利为治世，利克义为乱世。上重义则义克利，上重利则利克义。故天子不言多少，诸侯不言利害，大夫不言得丧，士不通货财。"（《荀子·大略》）

在现实生活层面，在维持共同体稳定的过程中，君王不与民争利是首要的原则。一方面，作为最高统治者，君王最大的"利"在于维持其高高在上的地位。"惠足以使民"，"因民之所利而利之"（《论语·尧曰》），给予百姓温饱，获得百姓认可，与暴力维持稳定相较，是更加有效的社会管理方式。董仲舒非常形象地指出："天不重与，有角不得有上齿。故已有大者，不得有小者，天数也。夫有大者又兼小者，天不能足之，况人乎？故明圣者象天所为，为制度，使诸有大俸禄亦不得兼小利，与民争利业，乃天理也。"（《春秋繁露·度制》）在这种思路下，"正其谊不谋其利"正是执政者不得不去承担的义务，尤其强调了执政者不得与民争利。从维护社会稳定，防止公共权力滥用的角度看，董仲舒希图通过人的道德自律来规范执政者的行为，有其合理性。但是这在一定程度上导致了对于规制执政者私欲膨胀的制度设计，也忽视了"利"在执政者私人生活中的重要性。

中国人的家国情怀强调，任何个人都只能在这一家国共同体中生存，个体依附于共同体，并通过为共同体服务来实现自己的价值。它具有鲜明的义务取向：个体将建立在天然血缘关系上的伦理亲情上升为爱、敬天下一切人的道德情感，并产生维护国家安全、共同体利益的行为。把这种责任意识进一步升华，就成为中华文明核心价值观中的义务优先于权力、集体高于个人的内容，造就了中国文化国家认同中最具独特性的部分。

儒学的价值形态在个体自由、权利方面的薄弱与缺失，成为新文化运动以磅礴之势发展开来的内在生长点。但是，在个体自由与权利确立之后，如何强化群体意识、合作精神、规范意识，以限制资本、市场所刺激的占有型个体主义，以及精致利己、价值虚无等问题，成为一个全世界都需要面对的问题。中国文化和西方文化在这一共同的时代课题面前，需要共同发挥作用。责任意识的培养与权利意识的培养应遵循不同的路径，不能以解构责任意识为代价来培养权利意识。这也是中国优秀传统文化在今天可以发挥作用的一个切入点。

忧患意识奠定了家国情怀的人文底蕴，并促进了家国情怀的近代转型。家国情怀在历史发展中不断沉淀和升华，从"天人合一"直觉式的初级共同体意识，到以自由、法治、平等和个人尊严等基本价值为基础的理性共同体意识，在传统的情感认同中加入了对现代国家强大、民族振兴的真诚向往，对于国家、主权、法制等国家认同的核心内容也有了逐渐清晰的认识。在利益格局多元化，社会阶层多极化，全球竞争白热化的今天，社会公平、地方性认同、资本的负面效应等问题对家国情怀、国家认同也产生了一定的冲击，这需要以更加深沉的忧患意识、清晰的责任意识与远见来凝聚共识，为国家进步、社会发展提供动力支撑。

第三节 以和谐为导向

和谐的基本内容是多样性统一，是中国人理解自然与社会的基本图式。春秋时期史伯提出"和实生物，同则不济"的命题，并申论说："以他平他谓之和，故能丰成而物生，若以同裨同，尽乃弃矣。故先王以土与金、木、水、火杂，以成百物。是以和五味以调口，刚四支以卫体，和六律以聪耳，正七体以役心，平八索以成人，建九纪以立纯德，合十数以训百体。……夫如是，和之至也。于是乎先王聘后于异性，求财于有方，择臣取谏工而讲以多物，务和同也。"（《国语·郑语》）春秋后期晏婴关于"和"的思想更强调差异性在事物发展中的作用。晏婴说："若以水济水，谁能食之？若琴瑟之专一，谁能听之？同之不可也如是。""和如羹焉，水火醯醢盐梅以烹鱼肉，燀之以薪。宰夫和之，齐之以味，济其不及，以泄其过。"（《左传·昭公二十年》）这里强调的是不同事物的调和、互补、融合才能促进事物的繁荣、发展，产生新事物。差别性、多样性、他性的存在是事物生长的前提，差别的多样性的调和才是生生的根本条件。和谐思想中崇尚多样性的思路，在政治和社会领域体现得非常明显。从家国情怀的内容出发，"人和"是更加直接的内容。

一 天下太平的社会理想

多样性的统一、差异性互补为根本的和谐思想，体现在社会理想上，便是天下太平。具体表现为政治清明、社会有序、生活安宁。儒家伦理主张人各安生理、各司其职。孔子用"有国有家者，不患寡而患不均，不患贫而患不安。盖均无贫，和无寡，安无倾"（《论语·季氏》）来表达自己对于如何使社会整体安定的观点，认为人与人之间、各阶层之间，只有上下相安，社会才能和谐发展。孟子也强调"人和"的重要性，甚至要高于天时和地利。"人和"的具体表现在于"家和"与"天下太平"。

"家和"是所有家庭、家族所努力维系的状态。孔子提炼出"君子和而不同，小人同而不和"（《论语·子路》）的命题，以接受不同、维持和谐作为君子与小人的根本差别。以"和而不同"的方式来治家，是君子为政的起点。在适当容忍差异性的基础上追求统一，在更高层次上追求家庭和家族的繁荣发展，是君子治家的基本思路。

从"家和"的理想中所衍生出的爱家、恋家，是爱国的情感基

◈ 家国情怀的意蕴及其近代转型

础,奠定了传统家国情怀的深厚基础。在"家和"的陶养中,个体开启了社会化的过程。同时,一团和气的"家",是传统社会的基本单位。在传统中国,家庭不仅是社会成员繁衍、生存、进行社会化的起点,也是组织社会生产、维持社会治理的基本单位,还承担着保存文化基因、延续社会风俗的功能。

家庭制度类属于社会制度,经长期积淀而成,融合了政治、经济、文化等因素。财产制度与成员管理方式一起,成为中国传统家庭具有强大稳定性的现实原因。在以宗法—血缘为基础的传统社会治理形态下,家庭是能够对接社会和国家的一个独特场域。经济领域,在地主土地所有制和自耕农土地所有制为基础的土地制度中,人们以家庭为单位组织生产、传承技艺;财产归家长统一支配。在政治领域,以"户"为单位的乡、里关组织模式,维持着县级以下单位的稳定;法律赋予了家长、族长管理和惩戒其内部成员的权力;在官僚系统内,家族势力的影响也成为政治因素中的重要组成部分。在文化领域内,以血缘为基础的孝悌、恭敬等道德、伦理观念长期占据中国人价值观的核心。

与家庭相较,家族或宗族的影响和发展则比较复杂。家族则是家的集合体,同姓的家可以居住在一起,也可以不居住在一起,但有一个族长来管理全族的人口,处理祭祖、族产等事务,并调整家庭之间的关系。族权是父权的延伸,族长具有管理和惩罚族人的权利,只有族长才能支配财产。族长可以安排族内子弟来分担。祭祀和解决纠纷是族长最为核心的事务。

在婚姻制度、宗族观念的影响下,血缘认同逐渐发展出地缘认同。战国、两汉时期,血缘关系松弛,聚族而居的农户之间的关系基本上属于以地域关系为主的非家族邻里关系,乡、里、亭是以地域为单位进行基层单位划分。尽管战国、两汉时期,在小农群体间并没有严格的家族制度,但在聚族而居的生活方式下,以血缘为基础的家族成员互助依旧存在。族人间在疾病死丧、赡养赈济上的互相扶持，作为一种习惯，始终保持着。作为一种交往方式以及地缘因素的不断发展，族人间的互相扶持也成为邻里之间的相处方式，甚至产生了"远亲不如近邻"的民间谚语。这也正如费孝通所指出的，在稳定的社会中，地域关系又是血缘关系的扩展与投影，"地域上的靠近可以看做是血缘上亲疏的一种反映"①。在血缘、地缘的作用下，和而不同的精神在家庭之间、地域之间传递，成为民众维持社会的理念，宽容、忍让等国民品性也逐渐形成。

"天下太平"则是君子在齐家、治国、平天下的基础上实现的。用稳定的制度来缓和社会矛盾，化解社会危机，是社会和谐的基本方式。礼治是中国传统社会实现和谐之治的途径。《礼记·乐记》说："乐者，天地之和也；礼者，天地之序也。和故百物皆化，序故群物皆别。"有子曰："礼之用，和为贵。先王之道，斯为美；小大由之。有所不行，知和而和，不以礼节之，亦不可行也。"（《论语·学而》）提出以礼义、制度调节人际关系，节制人的行为。这是以礼导和的正面意义。"圣王"是人们追问国家和制度起源的结果。《墨子·兼爱》中曰："圣王之法，天下之治道也。"礼乐制度是圣王治理的工具。《荀子·儒效》曰："道者，非天之道，非地之道，人之所以道也。"因为无论是天道、地道还是人道，一切皆归结于人的需要；更确切地说，归结于"治世"的需要。君王有德、治国有术是传统社会维持天下太平的基本方式。中国传统文化中对于圣王的歌颂和期盼，也是天下太平理想的一种反映。同时，主张用和平的方式来处理不同民族、国家之间的关系，也是"天下太平"理想的具体表现。

在传统社会的日常生活领域，民众的生活范围小，修己安人、追求人际关系和谐是这一文化生态下的基本理念。汤一介提出，普遍和

---

① 费孝通：《乡土中国》，北京出版社2005年版，第100—102、40页。

◈ 家国情怀的意蕴及其近代转型

谐的观念是天人合一的基本命题和体用一源思维模式的产物,包括了自然的和谐、人与自然的和谐、人与人的和谐以及人自身内外的身心和谐,是儒、释、道三家共同的思想旨趣。[1] 中和、和合都是对多样性统一的表达。中和更加强调以中致和,把"用中"作为实现和谐的手段,和合则强调多样性因素的相互作用和动态统一。这是和谐理想的积极作用。

传统家国情怀中,和谐是其追求的社会关系的最高境界。从这样的立场来看,争夺以及因争而起的冲突就成为一件绝对的坏事。因此在出现冲突的场合,重要的事情不是去协商冲突的双方,使其行为合于礼法,而是彻底地消弭冲突,使之无由发生。礼法的作用不是为人们满足私利提供合法的渠道,恰恰相反,它是要尽其所能抑制人们的私欲,最终达到使民不争的目的。"无讼"便是和谐的现实化。"无讼"思想一味地强调调解、和息,具有压制个人权利的嫌疑。

二 三纲六纪的关系整合

为了更好地实现天下太平,通过等级秩序来维持社会和谐,运用类化思维进行社会治理,中国传统社会逐渐形成了以"三纲六纪"来简化社会关系。"三纲"即是"君为臣纲,父为子纲,夫为妻纲","六纪"主要是指六种社会关系,包括诸父、兄弟、族人、诸舅、师长、朋友。

"三纲"形成于战国时期的荀子和韩非,指向尊君和一统。荀子把君臣、父子、兄弟、夫妇提升到天理的高度,"君臣、父子、兄弟、夫妇,始则终,终则始,与天地同理,与万世同久,夫是之谓大本"(《荀子·王制》),强调人伦之理的根本性。进而,荀子还提出,在

---

[1] 汤一介:《中国哲学中和谐观念的意义》,载《新轴心时代与中国文化的建构》,江西人民出版社2007年版,第91页。

第三章　家国情怀的特质

人伦的范围内，君、父是主导。"君者，国之隆也；父者，家之隆也。隆一而治，二则乱。"（《荀子·致士》）韩非从君主治国、驾驭臣子的角度，进一步强化君、父以及夫的绝对主导。"臣事君，子事父，妻事夫。三者顺则天下治，三者逆则天下乱。此天下之常道也。"（《韩非子·忠孝》）董仲舒则把荀子和韩非的上述思想整合在一起，提出"王道之三纲，可求于天"（《春秋繁露·基义》）。"三纲"成为王道的内容，并根源于天道，奠定了宗法等级社会下处理社会关系的基本准则。

此外，董仲舒还把"三纲"与"五常"结合在一起，成为君王治理国家、维持社会稳定的工具，逐步成为影响中国社会两千余年的观念。提出了"三纲"原理与"五常"之道在天道根本上的同一性，同时都是维持国家稳定的基本手段。贺麟在1940年发表的《五伦观念的新检讨》中，就已清晰地说明"三纲说要求臣、子、妇尽单方面的忠、孝、贞的绝对义务，以免陷入相对的循环报复，给价还价，不稳定的关系之中"[①]。这对于加强共同体的稳定，具有重要的作用。"尊君"是"尊尊"传统的内在要求，并经过秦帝国的政治文化而加深和强化。尽管汉初的学者们对于秦政的严酷进行了批判，但对于强调君主权威的一面则难以有效撼动，以"三纲"来强化"尊君"之后，"不以亲害尊，不以私防公"（《春秋繁露·精华》）又对人们处理家与国之间的关系提出了要求，强化了"尊尊"的一面而降低了"亲亲"的地位。

李宗桂指出："三纲与五常之间，是一个有机的整体。其中，三纲之间，君为臣纲居于主导地位，父为子纲与夫为妻纲同处于从属地位，在行为价值导向方面，前者是后者的表率，后者以前者为归依。五常之间，以仁义为核心，以礼智为辅翼。仁义的特定内涵以及二者

[①] 贺麟：《五伦观念的新检讨》，载贺麟《文化与人生》，商务印书馆2015年版，第62页。

◈ 家国情怀的意蕴及其近代转型

的交互为用,规范着礼智信的义蕴和运用范围。"① 礼在三纲五常构建的整体框架内运行,仁与义为主要内容的家国情怀也在三纲五常的范围内发生作用。一方面,"三纲五常"为形成新的文化凝聚力和向心力奠定了道德基础,树立起操作性强的情感归属标杆,使人们比较容易认同其中的伦理价值。另一方面,违反"三纲五常"会受到严厉的指责乃至惩罚,在客观上形成了社会压力,起到了社会控制的作用。② 在上述两方面的影响下,"三纲五常"不仅在汉代产生了重要作用,对汉代以后的中国传统社会都有深远影响。这也形成传统家国情怀发挥作用的方式。

在董仲舒"三纲五常"整合思想观念的基础上,东汉时期的《白虎通义》又提出了"三纲六纪"来整合社会关系,实行社会教化。"三纲六纪"推进"五常"的类化实施。"纲者,张也。纪者,理也。大者为纲,小者为纪。所以张理上下,整齐人道也。人皆怀五常之性,有亲爱之心,是以纲纪为化,若网罗之有纲纪而万目张也。"(《白虎通义·三纲六纪》)这里把全部社会关系比喻为一张网,纲与纪分别为网上的总绳与小结。通过纲纪把仁义礼智信具体化到社会关系之中,就可以使得社会整齐划一,容易治理。在类化的过程中,六纪以三纲为方向,把人的全部社会关系简化为政治关系和家族关系。"六纪者,为三纲之纪者也。师长,君臣之纪也,以其皆成己也。诸父、兄弟,父子之纪也,一起有亲恩连也。诸舅、朋友,夫妇之纪也,以其皆有同志为己助也。"(《白虎通义·三纲六纪》)在三纲统领下,君臣又是高于父子、夫妇的,整个宗法等级社会之下,君主独尊便成了社会关系系统中的核心。与之相应,绝对服从君主便是臣的基本道德。"人臣之义,当掩恶而扬美"(《白虎通义·谏诤》),"君

---

① 李宗桂:《论董仲舒的道德哲学》,载李宗桂《传统文化与人文精神》,广东人民出版社1997年版,第257页。
② 李宗桂:《董仲舒道德论的文化剖析》,《孔子研究》1991年第3期。

第三章　家国情怀的特质

之威命所加，莫敢不从"（《白虎通义·瑞贽》），君主的主宰地位可见一斑。中国在中央集权制社会的基本形态和治理模式、道德要求也因三纲六纪的整合而定型。

从社会关系的整合上看，由"三纲"发展到"三纲六纪"，反映出政治控制范围的扩大，以及宗族关系与国家治理的进一步融合。有论者指出，"三纲六纪"对于社会关系的整合，实现了"通过君权统领父权、父权统领族内成员，'以纲纪为化'，使整个国家秩序得以'张理'、'整齐'。"① 社会关系上的国家与宗族高度融合，为家国情怀的培养提供了场域。在平衡君主专制与重民的制度建构中，中国形成了"政治统治一直保持着高度中央集权，而社会管理一直高度分散，自行其是"的原则，形成既诅咒专制，又抱怨分散的观点。②

三　理一分殊的哲学辩护

从中国哲学史上看，"理"在战国时期成为一个流行概念，但并不是一个中心性的概念，只是对礼乐的说明。唐君毅提出，"在七十子后学所著之礼记中，则理字屡见，且甚重要。乐记中谓'礼也者，理之不可易者也'，及'天理灭矣'二节言理，盖为十三经中最早以理为一独立之抽象概念，并凭藉之说明礼乐之文者。"③《说文解字》中"理"的原初含义是指"治玉""顺玉之文而剖析之"。相较于"道"的总体性含义，"理"更多地表示"分别"。从区分人群的角度看，君王、贵族与民众的差异是其中非常重要的问题，"理"与"礼"有密切的关系；从思想演进的角度看，"理"所显出的"里"一面，表达"礼"因顺人情的意义，是对于民心、民情的重视，体现出关注人的内在精神差异的方面。有论者指出，从"治玉"的活

---

① 张造群：《礼治之道——汉代名教研究》，人民出版社2011年版，第113页。
② 刘文瑞：《中国古代政治制度：皇帝制度与中央政府》（上），中国书籍出版社2018年版，第17页。
③ 唐君毅：《中国哲学原论·导论篇》，台北：台湾学生书局1986年版，第25页。

◇ 家国情怀的意蕴及其近代转型

动来说明"理"时,"理"不仅指形式,还兼指物之内在实质。将兼含形式与实质的"理"作为使一物成为一物("成物")的条件,从而使"理"既区别于以形式为基本特征的"形",也区别于以质料为基本特征的"体"。[①]

在宋明理学中,"理"成为核心范畴,"理一分殊"这一命题最早由程颐提出,由朱熹继承并充分发展。从中国哲学史上看,"理一分殊"的提出,比较有力地说明了多元的万事万物如何统一于共同之"理"的本体论和生成论的问题。从政治思想史上看,"理一分殊"则能更好地维护宗法等级制度下,人与人的道德人格平等但社会地位不平等的问题。正因如此,朱熹思想成为科举考试的标准。宋代儒学更加强调以"公"释"仁"。"理一"即是在"公"的层面上,把"仁"与"理"结合起来。朱熹以"爱之理"解释"仁",又以理气关系来说明"理"如何"分殊",引起了很多讨论和批评。

程颐用"理一分殊"来回答其弟子杨时关于《西铭》"万物一体"的思想是否具有混同于墨家兼爱论的嫌疑。程颐认为,"《西铭》明理一分殊,墨氏则二本而无分。分殊之弊,私胜而失仁;无分之罪,兼爱而无义。"(《二程集·答杨时论西铭书》)其中的关键问题在于,《西铭》"万物一体"是否不能区分个人面对不同个体时所应承担的不同责任。程颐用"理一分殊"表达出普遍性的道德原理寓于具体道德规范之中,具体道德规范中内蕴着普遍道德原理的思想。

二程在与弟子的论学过程中,经常辨析仁与爱之间的关系,程颐认为将爱等同于仁是不对的,因为仁是本原性的,而爱则是仁的功用。他认为,既然孟子说恻隐之心是"仁之端",就不能将其等同为仁。为了避免将仁与爱等同,程颐还以"公"来解释仁,符合以理一分殊来解释天理和具体的德行之间的关系,虽然在本质上遵循人伦

---

① 贡华南:《理、天理与理会:论"理"在中国古代思想世界的演进》,《复旦学报》2014年第6期。

与天理之间的一致性,但是在儒家伦理的普遍性与一般的伦理规则之间做了符合体用论的解释,从而消弭人们基于宗法和国家之间的"差别"而导致的家国之间的"断裂"。以"公"来解释仁,可以避免仁爱的普遍性和血缘基础之间的冲突。① 这可以说是儒学公私观念的一种重要转变,以公制私的思路也由此确立下来。

朱熹继承了"理一分殊"的思想,并做出了更加具体的解释。朱熹提出,"天地之间,理一而已。然乾道成男,坤到成女,二气交感,化生万物,然则其大小之分、亲疏之等,至于十百千万而不能齐也。……盖以乾为父,以坤为母,有生之类无物不然,所谓理一也。而人物之生,血脉之属,各亲其亲,各子其子,则其分安得不殊哉。"(《西铭解义·张子全书卷一》)具体而言,"理一分殊"在社会伦理、政治生活中的运用,则在于维护三纲五常。"理只是这一个,道理则同,其分不同,君臣有君臣之理,父子有父子之理。"(《朱子语类》卷六)"所居之位不同,则其理之用不一。如为君须仁,为臣须敬,为子须孝,为父须慈,物物各具此理,而物物各异其用,然莫非一理之流行也。"(《朱子语类》卷十八)这也是对于周敦颐"阴阳理而后和,君君、臣臣、父父、子子、兄兄、弟弟、夫夫、妇妇,万物各得其理,然后和"(《通书·礼乐》)中基本精神的维持。

陈来指出:"宋代以来儒学强调克己复礼为仁,突出仁的道德修身的意义,把仁的爱人义淡化了,至少没有突出出来。尽管万物一体说是仁学的新发展,但他人优先、仁爱优先的立场没有被加以强调,仁的伦理性质没有被清楚刻画出来。"② 但是,在仁的伦理性质被淡化的宋明理学中,仁的公共意涵被阐发出来。尽管从思路上讲,以公释仁是抽象化的结果,却赋予仁以更加多元的解释空间。就宋明儒学自身而言,理一分殊与仁的结合,在伦理层面上始终是以维护宗法社

---

① 干春松:《多重维度中的儒家仁爱思想》,《中国社会科学》2019年第5期。
② 陈来:《仁学本体论》,第91页。

会、三纲五常为根本。在朱熹的"理一分殊"论证下,"三纲之要,五常之本"是天理的表现,宗法等级制具有了合理性和永恒性。这种以等级制为和谐、天理的思想,我们需要予以理性批判。

在中国传统社会生活中,经济、政治、社会、伦理道德等都是以个体对血缘关系的尊重为根本。在家国情怀的传统构建中,血缘是人们情感认同的根基,是规范的源头。"仁""孝"等核心内容都是在血缘认同基础上提出的道德要求,强调孝弟为诸行之先,爱亲可以产生仁爱之心,并辐射于他人。中国传统社会流传甚广的家训、治家格言,就是践行血缘认同的经验总结和行为要求,切实指导人们的生活。从物质表现上看,族谱、祠堂则成为血缘认同的器物形式,也蕴含着亲情和情感。在宋明理学的建构下,血缘宗法关系被本体化,上升为"天理",然后再通过伦理、政治实践回归人间,成为社会的最高价值标准,是人们在日常生活中不可逾越的行为方式。经过这种哲学辩护,家国情怀中的和谐追求、三纲五常与三纲六纪获得更加严密的理论支撑,个人生活也被纲常伦理束缚得更紧。

通过对家国情怀特质的分析,我们认为,家国情怀中的思维方式、人文底蕴以及现实追求,都是在中国传统文化生态中形成的,具有独特的中国特点。作为传统中国价值观的重要组成部分,家国情怀能够有效地维持社会稳定,适应国家治理中温情一面的需要,但也有其不合理的内容,需要我们理性审视。

第四章

家国情怀的基本结构

　　结构分析作为一种方法,在社会学研究中经常被使用。结构分析法运用在文化学中,最典型的表现就是强调构成文化整体的具体文化要素、文化现象之间具有多样的联系,而联系方式不同,文化整体的样态就不同。文化可以被分成若干要素,不同文化可以进行交流、融合;同时,各种文化要素之间的关联,又需要从全局、动态的角度来思考,才能形成对文化的整体把握。从文化结构的角度来看,一定时期的文化发展方向很大程度上是由文化环境、文化问题决定的,特定的文化问题也就成为一定时期文化发展的出发点。文化发展的出发点不同,文化的重心也可能不同,文化要素的先后关系、轻重关系也可能不同,从而产生文化差异,形成一定阶段的文化特征。[①]"家国情怀"的结构分析,即是从上述思路进行的考察。"家国情怀"作为中国传统价值观的顶层,把道德、伦理、政治贯通起来,以内圣外王的理想形态表达出来,通过忠孝一体的国家价值观向全社会传递。其中所涉及的道德情感、道德意志、道德行为诸要素如何统一,道德与伦理如何贯通,道德如何向政治渗透,家国情怀的整体表达等就需要从

---

　　① 杨少娟、叶金宝:《文化结构的若干概念探析——兼谈中西文化比较研究的若干问题》,《学术研究》2015年第8期。

◇ 家国情怀的意蕴及其近代转型

文化结构的角度进行分析，以进一步说明和彰显传统家国情怀的特质，找到其近代转型的基点与方向。

第一节 儒家道德的情感特性

人的道德行为需要道德知识、道德情感、道德意志的相互支撑来完成。儒家对道德的讨论，以道德情感为基础展开，认为人的道德情感具有天然的合理性，是道德修养的根据和动力，也是道德规范制定的基础。在儒家的道德论中，情感具有基础性、渗透性，感通、移情能力的培养，是修身养性的根本，道德行为贯穿在个体家庭、社会、政治生活的全部，形成了道德与伦理贯通的基本模式。现代新儒学援引西方道德哲学，尤其是康德哲学来说明儒学道德特性时，使用了"理性""道德理性"等话语，道德理性依旧包含着情感特性，不同于西方的理性主义道德哲学。以道德情感为基础，道德理性综合道德意志与道德情感，构成了儒家道德论的基本结构。

一 道德情感为首要

道德情感主要是指对于善、恶问题的好恶和态度，以及对道德良知的积极肯定。简单而言，这在儒家文献和儒学系统中，表现为"好善"与"恶恶"。"情"是儒学中比较复杂的内容。孔子虽然重视情感，但并未专门讨论"情"本身，而是以爱人、孝悌、安、悦、直等具体内容来说明对情感的态度，并把情感作为人最真实的属性。孔子曾言，"堂堂乎张也，难与并为仁矣"（《论语·子张》），认为仅仅具有外在的形式而没有情感内涵的注入，是不能够称之为"仁"的。这种讨论，本身就是道德情感的讨论。

李泽厚认为孔子"仁学"结构的四个构成要素是血缘基础、心理原则、人道主义、个体人格，其根本目标是维护或恢复以血缘为基

第四章　家国情怀的基本结构

础、以等级为特征的民族政治体系——"礼"。通过亲子之爱的情感生活和心理原则把"礼"的血缘实质归结为"孝悌",在实质上就使得"礼"从属于"仁","仁"获得了更加优越的地位。① 对于"仁"和"礼"的关系问题,千载以来一直争论颇多,难成定论,不过李泽厚的这种理解实际上是把孔子学说中"仁"和"礼"的关系统一到"孝悌"上来理解,突出情感生活和心理原则的重要性。

孟子虽然有关于"乃若其情"等专门使用"情"的文献记载,但这里的"情"往往被理解为"情形"或"情境",性是情的同义词。孟子关于"四端"(恻隐之心、是非之心、辞让之心、羞恶之心)、关于乐、悦的讨论,才是对情感的讨论。被认为是孔子与孟子之间的思孟学派经典文献《性自命出》,则从情感的角度讨论了情、性、心、道的关联。荀子用"性者,天之就也;情者,性之质也;欲者,情之应也"(《荀子·正名》)充分肯定性情欲一体,认为情感是人本性的根本,理性与情欲都是文化发生、发展的动力,以此来理解人的本质以及人的创造能力,重视道德修养对于成人的重要性。这一认识使得中国传统文化在价值系统上缺乏圣与凡的对立,在社会结构上缺乏严密的组织系统,使得中国文化在理想与表现形式上不同于西方文化。同时,儒学道德的情感特性,经过儒法互补后充分保留下来,情感联结成为巩固人际关系,缓和阶层矛盾的重要手段,满足了国家治理中对于温情一面的需要。

人的道德情感不能凭空出现,而是在具体的生活情境中,与他人共存共在,互相影响、契合而产生的。从日常交往中生发出的最自然、最真实的情感,是儒学讨论行为原则的基点。孔子与叶公讨论父亲偷羊,儿子去告发这一事件时,孔子的观点是"父为子隐,子为父隐,直在其中矣"(《论语·子路》)。朱熹在注释孔子的观点时,便

---

① 李泽厚:《中国古代思想史论》,天津社会科学院出版社2003年版,第10—24页。

◇ 家国情怀的意蕴及其近代转型

从人情的角度论说其合理性:"父子相隐,天理人情之至也。故不求为直,而直在其中"。这里的"直"即是强调父子之间的亲情是最真实的,这种情感通过父子互相隐瞒偷羊这件事来体现;而父子互相告发,则并不是人在应有的情感基础上的行为选择。冯友兰对此有明确的解释:"直者由中之谓,称心之谓。其父攘人之羊,在常情其子决不愿其事之外扬,是为人情。如我中心之情而出之,即直也。今乃证明其父之攘人羊。是其人非估名买直,即无情不仁,故不得为真直也"①,突出了孔子对自欺欺人的否定。

在先秦儒学中,"情"是确立人之为人的首要因素,是判断人与事的重要依凭。《郭店楚简·性自命出》特别提出了"情"的重要性:"凡人情为可悦也。苟以其情,虽过不恶;不以其情,虽难不贵。苟有其情,虽未之为,斯人信之矣。未言而信,有美情者也。"这里特别提出了,出自人的真情实感的行为,总是好的,即便行为有过错,也不为恶;没有真情实感的行为,即便是难得的也并不可贵。孟子用恻隐、是非、辞让、羞恶四种道德情感来表达人与动物的根本区别,用"悦理义""安于仁"来表达道德情感带给人的快乐,奠定了儒学对于道德情感的根本肯认。

人的德量扩大、摆脱各种习惯束缚和外力支配,本身就会带给人快乐的体验。"乐"内蕴于修德、成德全过程,并为人能够不间断地进行道德修养提供动力支持。从传统儒学的相关讨论中,我们可以发现,以"乐"来论证性善,为"善"提供情感支持,是从孟子开始就已经形成的思路。杨泽波指出,"重视成就道德的愉悦是孟子性善论体用紧密结合、相互无间的奥秘所在。"② 从周敦颐开始,"孔颜乐处"成为宋明理学重要的讨论内容,也是宋以来士人所追求的精神境界。孟子之外,王阳明也有"乐是心之本体"的论述:"乐是心之本

---

① 冯友兰:《中国哲学史》(上),华东师范大学出版社2000年版,第58—59页。
② 杨泽波:《孟子性善论研究》(再修订版),上海人民出版社2016年版,第74页。

第四章　家国情怀的基本结构

体。仁人之心，以天地万物为一体，訢合和畅，原无间隔。……良知即是乐之本体。"(《王阳明庠·文录二》)"乐"作为心之本体的重要内容，掩盖了道德修养活动中的强迫性。在成德这一善的目标之下，一切道德修养活动又统统可以称为"乐"。

通过最真实的情感来确立人在生活中的真实感，通过人与天、地、物的生命感通来提升人的生命意义，以礼俗来规范人们的行为，是儒学日常生活理论的特质之所在。孟子所提出的"大人者，不失其赤子之心者也"(《孟子·尽心上》)的判断，至今仍为人们所津津乐道，正是从最纯真的情感中确立人最可贵之处。"情"成为"恶"的源头，则往往与"欲"关联在一起。

人与人在日常交往中结成群体，按照礼义规范行事，人心人情就是行为规范的来源。"礼以顺人心为本。"(《荀子·大略》)人根据自己的情感与生活，来推度、把握他人的情感与生活，是儒学日常生活理论中的重要内容。"恕"是儒学推己及人的理论表达，也是实践"仁"的基本方法。在与子贡的对话中，孔子把"恕"作为可以指导人一生行为实践的准则。"子贡问曰：'有一言而可以终身行之者乎？'子曰：'其恕乎！己所不欲，勿施于人'。"(《论语·卫灵公》)唐君毅指出，"儒家忠恕之道，以直报怨，则可以使人人皆在世间有一立脚点，以阻碍自己与他人之过失与罪恶之流行。义愤以及与人为善之心，亦皆可以直接使善之在世间，得其自然生长之路"[①]。强调人与人之间互相扶持、同步发展是人获得自我完善的重要方法，也是阻止罪恶扩散的方法。

而在日常生活理论层面，"推己及人"的主要意义在于依此理念而展开的处世之道和生活结构。以自己为中心，根据他人与自我的亲疏远近而形成一个生活网络，依此来决定对他人的态度。这也就是所

[①] 唐君毅：《中国文化之精神价值》，台北：正中书局2000年版，第223页。

谓的"亲亲也,尊尊也,长长也,男女有别,此其不可得与民变革者也"(《礼记·大传》)。以礼节情、以乐养情,并通过个人的自我节制、人与人之间的情感纽结来实现社会和谐,是中国传统社会的治理方式。甚至可以说,维持社会稳定的基石不是法律而是情义。个体在集体交往中享受生活的乐趣并完成个体的责任,是家国情怀中安顿人的心灵,获的自我认同和家庭认同的主要内容,也是国家认同的起点。

以道德情感为基础的伦理生活,除了具有等级性特点以外,还有深厚的情义。但这种愉悦支撑的道德认同又具有局限性。周予同指出,"乐道安贫的方法只能劝导知识阶级中有修养者;那些因'无恒产则无恒心'的一般民众,决不能使他们也领悟'饭疏食饮水曲肱而枕之'的快乐。"[①] 情义维系下的传统家国情怀,往往又表现为精英伦理与大众伦理的断裂,仁、义、礼等传统道德的核心在不同阶层有着不同的内容和要求。

二 道德理性的综合

从概念上讲,一般意义上的"理性"是西方哲学的核心,具有非常浓厚的西方文化底蕴。用"理性"来解释中国哲学,是西学东渐的结果,是中西文化比较的产物。随着中国哲学、中国哲学史的不断构建和日趋成熟,中国的学者们尝试用"理性"来表达中国哲学自身的内容,并进一步融合中西文化,现代新儒学是典型代表。他们用"性理"来对接、转化传统儒学的"性理"。再向上追溯,"性理"又是以孟子为最早代表的心性儒学内容。把道德情感和道德意志综合在一起,称为"道德理性",彰显道德理想引领日常行为的力量。

"理性"一词,在现代新儒学中具有比较特殊的含义。梁漱溟在

---

① 周予同:《周予同经学史论著选集》,上海人民出版社1983年版,第578页。

第四章　家国情怀的基本结构

《东西文化及其哲学》中，用"直觉"来解释"仁"，到了1930年以后，用"理性"来解释"仁"，主要指人心中情感、意志方面的内容。"理智"则被梁漱溟用来表达计算、推理等知性内容。梁漱溟说："理智、理性为心思作用的两面：知的一面曰理智，情的一面曰理性，二者本来密切相联不离。譬如计算书目，计算之心是理智，而求正确之心便是理性。书目算错了，不容自昧，就是一极有力的感情，这一感情是无私的，不是为了什么生活问题。分析、计算、假计、推理，理智之用无穷，而独不作主张，作主张的是理性。理性之取舍不一，而要以无私的感情为中心。"[①] 这种解释，与一般意义的"理性"不同。人们一般把现代西方思想中的"理性"理解为人运用理智的认识能力。梁漱溟所开启的以"理性"释"仁"，并把儒学理解为"理性主义"，强调的依旧是人的道德能力和情感特性。这对于现代新儒学的发展具有深刻影响。[②] 即使在非常重视逻辑的冯友兰思想里，"理性"同样既包含着道德自觉，又涵括了理智推理，德性内容依旧是理性之中非常重要的部分。

唐君毅对于"理性"的使用，也是在延续这种传统。他在20世纪50年代出版的《文化意识与道德理性》和20世纪60年代出版的《中国哲学原论》中，认为"理性"主要是人的一种能力，人们通过这种能力来构建道德法则。因而，"理性"也就是宋明儒家所言的"性理"和"性即理"，是人心固有的能力。在这种思路中，"道德理性"表明"心"的本性在于其道德性，强调"心"具有了解道德规律、使道德规律普遍化的能力；"心"具有理性能力，是从成就人自身的道德价值而言的，本身就是道德的。这也就是唐君毅指出的，"吾人顺此性此理以活动，吾人即有得于心而有一内在之慊足，并觉

---

① 梁漱溟：《中国文化要义》，载刘梦溪主编《中国现代学术经典·梁漱溟卷》，河北教育出版社1996年版，第351—352页。
② 顾红亮：《"理性"与现代性的价值依托》，《人文杂志》2006年第6期。

◎ 家国情怀的意蕴及其近代转型

实现一成就我之人格之道德价值，故谓之道德的"①。

从"理性"即"性理"的角度讲，"道德理性"不离现象与事实，具有道德和艺术性的特点，在先秦时期即已形成。唐君毅论述说，"在易经及先秦儒道二家思想中，已具体形成一种以自然万物有律则，内在于其运行变化之中，而此律则有非只为一必然原则之思想。此中思想，初非由一纯理智的前提所推出。其验证，乃在直接经验中之现象与事实，而为儒道二家之道德精神、艺术精神所支持者。"② 理性综合各种理想，进而发生道德行为，即是理性的全体大用；而应然理想与实然现实能够相一贯的根据，即是人心本有的性情："此理想的原始的根，在人之生命存在与心灵，对有价值意义之事物之爱慕之情。此爱慕之情，柏拉图名之为 Eros，中国先哲谓之性情。依此性情，而人形成一理想时，此理想即先实现于此性情之内，而亦求通过其身体之行为，以表现于外，而实现此理想于其周遭世界。"③

以道德情感、个体体验的方式来说明天下一体的广阔性与切实性，可以成就人对于天人共同体的感性认同，但又难以通过理性证明来获得更加坚固的支撑和持久的动力。道德修养、道德意志的重要性便因此而凸显出来。道德理性所具有的综合性，成为人们道德行为的根本动力。它提出了向善的整体规划，承认道德情感的稳定性与本源性，可以消解道德原则的碎片化、道德权威的相对化、道德本身的功利化。而对道德意志的强调，则可以维持个体道德选择、道德行为的持久性。"人禽之辨"和"义利之辨"便是围绕道德理性展开的讨论。

"人禽之辨"中展开的人性问题讨论，是儒家哲学中非常重要的

---

① 唐君毅：《文化意识与道德理性》，台北：台湾学生书局1986年版，自序（二），第19页。
② 唐君毅：《中国文化之精神价值》，第84页。
③ 唐君毅：《生命存在与心灵境界》（下），台北：台湾学生书局1986年版，第488页。

第四章 家国情怀的基本结构

议题。孔子以"鸟兽不可与同群,吾非斯人之徒而谁与?"(《论语·微子》)的说法,从人禽有别的角度提出人之为人的独特性;这种独特性不仅指生物意义上的差别,还内蕴着道德层面的优越。道德属性是人可以结成"群"的前提。孟子继承并发展了孔子这一思想,提出了明确的"人禽异类"观念,并认为人禽之别极小,这种差别需要人的道德理性来体现。孟子在"几希"之别中所表达的,既有对于人的道德自觉的期许,又有对于人的道德堕落的忧患,更有对磨炼道德意志的强调。王阳明提出了通过"事上磨"来培养定力和毅力的观念,认为"人须在事上磨炼做功夫,乃有益。若只好静,遇事便乱,终无长进"(《传习录》)。

在现实生活中,人们非常容易受到物质利益的影响,而遮蔽自身的道德自觉,逐渐远离仁义之心,沦为禽兽。严守人禽之大防,即要求人们时刻保持道德理性不受感官欲望的影响,对于物质利益带来的快乐有清醒的认识,在道德选择中保持个体生命的充实与完善。这是个体成为君子、大人的前提。"君子喻于义,小人喻于利"(《论语·里仁》)所引起的广泛讨论,也可见人性论、义利之辨的重要性。孟子强化道德责任,提出了"舍生取义"的道德目标,要求人人都努力成就"富贵不能淫,贫贱不能移,威武不能屈"(《孟子·滕文公下》)的大丈夫的理想人格,鼓励了无数的志士仁人,对后代影响极大。荀子提出的"先义后利"(《荀子·荣辱》)是儒者们践行的方案,是儒学融入现实生活的原则。在朱熹等宋代道学家那里,"人禽之辨"又具体关联于"理欲之辨""道心""人心"之辨等问题,对于这些问题的探讨,在提升人的道德自觉、培养理想人格以及促使道德意识最大限度地支配人的行为方式等方面都发挥了积极作用。[1] 在道德生活不断扩充的过程中,家国情怀也

---

[1] 陈来:《宋明理学》,华东师范大学出版社2004年版,第142页。

◇ 家国情怀的意蕴及其近代转型

获得不断涵养。由此导致了传统家国情怀也具有了道德精英的理想色彩。

在中国传统社会，道德是伦理的基础，伦理是道德的实现。伦理，一般是指社会的基本人际关系规范及其相应的道德原则。伦理又被称为人伦。孟子之言"教以人伦：父子有亲，君臣有义，夫妇有别，长幼有序，朋友有信"（《孟子·滕文公上》）成为中国最基本的伦理原则，也是儒学道德的情感特性的直接表现。在中国传统社会，道德与伦理的贯通，以人与人交往中的情感为基础而展开，并非建立在利益计算之上。这种贯通，既是从传统社会文化的理想状态而言的，也是针对现代西方社会道德与伦理二分而言的。①

第二节 道德向政治渗透

政治是伦理的完成，是伦理的最后落实。在中国传统社会，道德与政治结合的方式是伦理概念与政治概念互通互构，伦理原则与政治原则高度合一，道德向政治渗透。道德向政治渗透的同时，政治道德化不断加深。仁爱思想作为传统家国情怀的主要内容，其不忍之仁和安人之仁成为君王以德治国的核心，孝悌之仁经过与忠的互构，成为臣民道德的核心。忠孝一体作为国家价值观，具有深厚的道德基础和国家意识形态功能。在道德向国家的渗透中，国家理性也具有道德色彩。这也说明，家国情怀作为一种个体对共同体的认同，也会影响到共同体的原则和构建。

---

① 黑格尔认为，道德本身"仅仅具有主观性的环节"，"缺乏现实性"，"道德的东西不能自为地实存，而必须以伦理的东西为其承担者和基础。"黑格尔实质上是把伦理看作个人实践的社会机制，强调伦理总是与现实的人际关联和利益关系密切相关。［德］黑格尔：《法哲学原理》，范扬、张企泰译，商务印书馆1961年版，第162页。

第四章 家国情怀的基本结构

一 以德治国的王道设计

以德治国的本意,首先应当是指君王、官僚阶层应当具备较高的道德水平,在自律的基础上制定国家制度、执行公共政策,并以道德感召来影响普通民众,形成各个阶层的良性互动。"礼义廉耻,国之四维。四维不张,国乃灭亡"(《管子·牧民》)即是就此立论。其次民众也应具备一定的道德素养,在自律的基础上遵守国家法度。

在中国传统思维中,"天命"之下,所有人形成一种等级性的互补关系,君、臣、民三者通过各自特定的功能联系在一起,并且因为各自的功能不同形成一种稳定的社会关系。因等级而具有差异性的存在和价值,本身就是社会秩序的正当性。这种基于等级互补关系而产生的社会分工,不仅仅是功能的分配,还具有内在的道德要求,并直接与"善"相关联。君民各安其分、各行其是而实现天下太平的现实设计。其中,君为天臣为地,"君臣相与高下之处也,如天之与地也"(《管子·明法解》)是君主地位的形象描述。围绕君权展开的王道设计,以君主正心修德为政治的重要内容,在中国文化中根深蒂固。孟子提出的"君仁莫不仁,君义莫不义,君正莫不正,一正君而国定矣"(《孟子·离娄上》),以及朱熹所总结的"天下事有大根本,有小根本,正君心是大本"(《朱子语类》卷一百八),都是这种思路的表达。

《尚书·皋陶谟》明确提出"天命有德,五服五章哉;天讨有罪,五刑五用哉"的主张,成为中国传统政治哲学解释王权来源的基本点,起源于三代时期。"天命"强调了王权的根源,"有德"则是王权获得的现实方式。《诗·大雅·荡》中的"荡荡上帝,小民之辟"清晰地传达出早期中国人对于"天"的权威的认同,认为上天才是人间的君王。《史记·五帝本纪》中记载了颛顼、帝喾、尧等人听命于鬼神、天命,依靠自己的道德获得了上天的认可,成为人间圣

◇ 家国情怀的意蕴及其近代转型

王的传说。在不同时代,人们对于"德"的具体内容有着不同的讨论。君王作为全社会的凝聚核心,应通过其道德影响力来实现社会大治,则是以儒学为主体的中国传统文化的主线。"皇极""垂拱而治"等都是表达君王应通过道德修养来治理社会的经典说法。

在中国传统哲学中,"皇极"即"皇建其有极",是洪范九畴中的第五畴,基本意思是君王治理社会的规范、法则。关于它的具体含义,自古以来聚讼颇多,汉代、宋代思想家的解释差异较大。概括而言,汉儒把"皇"解释为"大"或"君",把"极"解释为"中"。孔安国《洪范传》指出:"皇,大;极,中也。凡立事,当用大中之道。""大中之道"是汉儒对"皇极"较通用的解释,强调"大中至正"是王者治理社会的基本方略:君主应以中正之德,行宽容之政,使臣民皆能有中正的品德和行为。唐代孔颖达在《尚书正义》中,对"皇极"的疏解与汉儒一致。宋儒对"皇极"的解释则比较多元,王安石、曾巩、苏轼都有过讨论。唐君毅所关注的是朱熹与陆九渊在"无极与太极之辩"中关于皇极的论述,继承陆九渊的解释,并拓展其范围。

在宋代学者对《洪范》的政治哲学解读中,北宋重"五行",南宋重"皇极"。① 朱熹反对汉儒的"皇极"解,认为把"极"释为"中"不合理,"极"的含义应当是"准则"或"至极"。他训"皇"为"君",把"皇极"解释为"以其一身而立至极之标准于天下",意即君主以自身的言行为天下树立最高的标准。与汉儒相较,朱熹的解释使上下文的贯通更加顺畅,在方法上把汉儒强调的"中正"这一具体内容抽象为"至极之标准",强调王者正己以正天下的示范意义;在文献解释上,朱熹把《洪范》"皇极"与《大学》"正心诚意""壹是皆以修身为本"的主旨关联在一起,更加能够说明"皇

---

① 丁四新:《再论〈尚书·洪范〉的政治哲学——以五行畴和皇极畴为中心》,《中山大学学报》2017 年第 2 期。

极"是九畴的核心。这种解释颠覆故训,却也为后人所广泛遵从。①

陆九渊对"皇极"的解释则与朱熹不同,他延续了汉儒训"极"为"中"的思路,并进一步指出:"极""中""理"三者同一。陆九渊曾言:"此理乃宇宙间之所固有,……极亦此理也,中亦此理也,五居九畴之中而曰皇极,岂非以其中而命之乎?民受天地之中以生,而诗言'立我烝民,莫匪尔极',岂非以其中命之乎?……此理至矣,此外岂更复有太极哉?"② 在陆九渊看来,"极"是"理",是"中",是民得天地之受而生的根据,也是社会秩序的根据。这种解释把"皇极"的内在源头直接推原于"天",超越了借助"君"来解释"皇极"的思路,并用"天之所以与我者,即此心也。人皆有是心,心皆具是理,心即理也"③ 这个著名的心学命题,把"皇极"的主体从君王转化为每个人。这种解释,强化了个人对家、国、天下负责的经世精神。"皇极之建,彝伦之叙,反是则非,终古不易。是极是彝,根乎人心,而塞乎天地"④ 正是就此而有的判断。

徐复观称赞陆九渊把心学的基本精神注入皇极的解释路径为"内外兼管,恰到好处",进而认为"象山之心学,一面为个人国家社会之融合点,一面为人对国家社会事业负责之一种生命力的解放"⑤。在陆九渊的解释中,"皇极"能够把以德治国中的君王和百姓的道德要求一并表达出来。这也是我们选择"皇极"范畴来说明以德治国的道德要求的原因。同时,我们也要看到,专注于个体道德实践的心性之学、性善之论并不能成为复杂制度论的基础,也不能成为复杂道德实践的前提。在具体的制度建设和道德实践中,往往需要结合具体

---

① 丁四新:《论〈尚书·洪范〉的政治哲学意义及其在汉宋的诠释》,《广西大学学报》(哲学社会科学版)2015 年第 2 期。
② (宋)陆九渊:《陆九渊集》,钟哲点校,中华书局 1980 年版,第 28 页。
③ (宋)陆九渊:《陆九渊集》,第 149 页。
④ (宋)陆九渊:《陆九渊集》,第 269 页。
⑤ 徐复观:《象山学述》,载李维武编《徐复观文集》(第二卷),湖北人民出版社 2009 年版,第 223 页。

◇ **家国情怀的意蕴及其近代转型**

情况来具体裁断。同时，我们也要看到，对于执政者本人的道德能力的强调，在今天依旧具有积极意义。麦金太尔提出，"只有那些拥有正义美德的人才有可能知道如何运用法律"[①]。为政者本身的道德能力，在法治时代依旧是重要的能力。

另外，在传统中国，由于君王具有绝对的主导性，以德治国的理想容易被简化为从君主的道德情感来解释的问题。明末清初的大儒王船山把"皇极"理解为"会归之极"，并归结于君主的"好恶"，并强调"好恶者，初几也"，并有"好恶为万化之源，故曰极也"[②]的判断。王船山处在一个商业获得普遍发展的时代，逐利的普遍化成为当时的社会生态，他也发出了"庶民禽兽化"的悲呼来批判逐利风气对社会价值观的重塑。但他未能超越尊君崇经思想的传统，反映出其思想的时代局限性。我们今天在讨论以德治国的王道理想时，需要超越这种立场，跳出君子之于庶民的道德优越性的固化思维。这在家国情怀在近代转型中所突出的重视、团结全体国民来挽救民族危亡中得到了缓解。

二　内圣外王的理想模型

道德向政治渗透的逻辑结果，便是圣者同时应该是王者，即"内圣外王"。这也是类比、推扩思维的产物，在《大学》中系统表达出来。概括而言，"内圣外王"作为个体道德修养、伦理政治实践的结果，可以分为三个阶段。第一阶段，主要是修身以至内圣，偏重个体道德的完善；第二阶段，则在于推内圣以至外王，是个人德性与制度机制、社会环境互动的结果；第三阶段，则是前两个阶段的综合，以外王辅内圣，在伦理政治的实践中，仁爱、合宜等实践结果反馈到德

---

① [美] A. 麦金太尔：《追寻美德》，宋继杰译，译林出版社2003年版，第192页。
② （清）王夫之：《尚书引义》，载氏著《船山遗书》（第二册），中国书店2016年版，第398页。

第四章　家国情怀的基本结构

性修养的过程中，以更好地进行伦理政治实践。

徐复观认为《大学》有三个特点，其中的第一个就是《大学》不言天道、天命，也不言性，只言心。进一步而言，《大学》从"心"的落实而提出"意"，由诚意、正心始，极于治国、平天下，成就了道德的无限性。这也说明，由孔子所提出的"仁"的无限性，可以不向上伸向天命，而直接向外扩展于客观世界之中。[①]《大学》在系统阐述这一理想模型时，以"明明德"为根本，把个体自明其内具的道德理性作为目标，通过在生活实践中日新其德来达到至善。其中，明德、新（亲）民、止于至善又通过"八条目"来具体落实。《大学》以清晰的逻辑、结构性的语言以及纵向贯通、横向拓展的义理规模，成为解读儒学道德理想、理想人格的经典，呈现出整体性和简洁性特点，便于传播和落实。

王四达通过对于《大学》之"本"的分析，很好地说明了内圣外王的层次性：《大学》里的"本"是层次化的，既有分又有合："格物"是"修身"之本，"修身"是"治平"之本，而"明德"既是"至善"之本，又是贯通"三纲八目"的"大本"。《大学》对"本"的层次化设计导致了儒家政治思想的体系化和理论基础的落实化。[②]一方面，从内圣外王的整体看，《大学》用"大学之道，在明明德，在新民，在至于至善"的表述，简单明了地勾勒出"内圣外王"的整体性，提出了"明德"本身就是对天之所赋予人之自命的结合，即君子、大人通过自新来发展和实现与生俱来的道德本性，达到"至善"；个人能够"止于至善"，社会便能达到"无讼"的太平之治。另一方面，从三纲领与八条目的关系来看，《大学》又通过"八条目"来说明如何实现内圣外王。

[①] 徐复观：《中国人性论史·先秦篇》，第263—264页。
[②] 王四达：《略论〈大学〉之"本"的层次化及其对儒学的发展》，《学术研究》2001年第8期。

◈ **家国情怀的意蕴及其近代转型**

我们具体解读八条目之间的具体关联，着眼于展现作为道德实践的大人之学、家国情怀的层次性。在"八条目"中，人们修养的对象可以分为三个层次：物、身、社会。修身、齐家、治国、平天下所形成的逐步向外推扩的模式，涉及更加复杂的伦理关系，焦点也更加集中在"家国一体"层面。有论者指出，"推"和"及"的方式建立个人与他人、个人与社会的伦理关联，也建构社会的伦理实体。"推己及人""老吾老以及人之老"不只是一种道德，甚至不是一种道德，而是一种伦理，是一种伦理和伦理实体的建构方式，具体地说是由个体伦理、家庭伦理建构社会伦理的方式，因而是一种伦理观和伦理方式。它是"伦理"话语及其传统背景下与西方"市民社会"相对应的"伦理社会"的建构方式，也是家国一体文明形态下"由家及国"的伦理社会建构模式。①

在内圣外王的理想模型下，以诚意为起点，个体与家、国、天下紧密地结合在一起。个人的道德生活成为政治生活的起点，在八条目的细化与过程化中，完成道德与政治的合一。由此而来的传统家国情怀中，个人的情感、知识、意志，都主要围绕着政治活动展开，个体的政治属性被放大，义务取向也被强化。在这一理想模式下，家庭与社会的一致性被很好地维持下来。有论者指出，中国社会的构成，保持了家庭中的温情。中国的家庭与社会之间不存在那种沟壑万丈的撕裂，家庭成员向社会成员的过渡方式也不是黑格尔所说的"从家庭中揪出"，而是携带着家庭的伦理温度和伦理关怀走上社会，并在走上社会之后在向家庭的不断回归中巩固家庭的伦理地位，同时也提高了由家庭伦理建构社会伦理的文化能力。②

在孔子和孟子的思想里，理想的君主是道德榜样和政治权力的结合，内圣与外王的结合是他们津津乐道的话题。荀子也提出了"圣也

---

① 樊浩：《"伦理"话语的文明史意义》，《东南大学学报》2021年第1期。
② 樊浩：《"伦理"话语的文明史意义》，《东南大学学报》2021年第1期。

第四章　家国情怀的基本结构

者，尽伦也；王也者，尽制也；两者尽，足为天下极矣"（《荀子·解蔽》）的圣王合一理想。儒者们希望劝导各国国君以德和礼治国，实现来远安民的和谐盛世。荀子把这种理想模式描述为"仁人在上，则农以力尽田，贾以察尽财，百工以巧尽械器。士大夫以上至于公侯莫不以仁厚知能尽官职，夫是之谓至平"（《荀子·荣辱》）。维持至平之世的分工与差异，是圣王的责任。"夫贵为天子，富有天下，是人情之所同欲也，然则从人之欲，则势不能容，物不能赡也。故先王案为之制礼义以分之，使有贵贱之等，长幼之差，智愚、能不能之分，皆使人载其事而各得其宜，然后使谷禄多少厚薄之称，是夫群居合一之道也。"（《荀子·荣辱》）在荀子的计划中，"礼义"是维持内圣外王格局的根本方式，人类共同体在圣王（仁人）的领导、礼义的维持下，成为不同于禽兽世界的道德伦理共同体。

但在现实的政治实践中，道德权威和政治权力往往是分离的，现实中的富国强兵也不是通过仁义道德来完成的，冷静的利益计划和刑罚威慑发挥着不可低估的作用。孟子就此发出警示，强调道德力量不足会带来危险。"有天爵者，有人爵者。仁义忠信，乐善不疲，此天爵也。公卿大夫，此人爵也。古之人修其天爵，而人爵从之。今之人修其天爵，以要人爵，既得人爵，而弃其天爵，则惑之甚者也，终亦必亡而已矣。"（《孟子·告子上》）他试图加强君王个体的道德修养来克服这种危险，进一步把内圣与外王黏合在一起，君主正己以正天下的表达，也是孟子要求通过君王的道德感化来实现"人人亲其亲，长其长，而天下平"（《孟子·离娄上》）的社会治理目标。

在面对现实生活中圣与王往往难以合一的状态，儒家学者往往用"先王""圣王"指称自己理想中的君王。有论者就此指出，儒家"内圣外王"的人格形式可分为两种形式：一种是圣王，即集"圣"与"王"于一身的统治者；一种是圣人，即竭诚为"王"服务的人，是臣民中的佼佼者。① 前者主要指尧、舜、禹、汤、文王、武王、周公，后者则是三代以后的圣君贤相。在大一统时代，内圣外王则更多地以辅助君王治国来实现社会稳定和谐的贤臣为榜样。《颜氏家训》《曾文正公家训》等传世家训中，均以修身、齐家、治国、平天下为宗旨，从立志、养德、行为等层面进行引导，表达士大夫阶层的文化诉求。

"内圣外王"是儒学道德、伦理、政治一体相连的理想模型，真正发挥作用，需要一定的条件。任剑涛指出，以伦理感召的社会统治方式和政治治理之道，伦理感召要发挥功用，需要三个条件。"一是身负伦理榜样力量的感召者存在，二是认同伦理榜样而悉心效仿的被感召者的存在，三是感召者与被感召者能够良性互动，而最终形成人人洋溢其间的伦理之上的社会氛围，成就以伦理道德的感召达到社会政治治理的目的。"② 这也导致"内圣外王"的现实影响力有限。秦以后，随着大一统君主专制的不断发展，道德力量已经不足以成为对政治权力的限制，内圣与外王之间的断裂非常明显。以董仲舒为代表的思想家试图以"天"的权威、灾异遣告来限制王权，但在制度上缺乏必要的保证。同时，孝悌礼义等道德向民众日常生活各领域的渗透更加明显，道德榜样不断下移。与孟子不同，朱熹明确地承认了道德与政治分离的现实，认为"修天爵以要人爵，其心固已惑也"③，看到了仁与礼、道德与政治、内圣与外王之间的断裂，但是终究没能找到修复这种断裂的现实途径。

三 官僚制度的道德内核

中国传统的官僚制度，形成于秦朝，成熟于汉代。武帝时期是官

---

① 程潮：《儒家内圣外王之道通论》，湖南人民出版社2005年版，第78页。
② 任剑涛：《伦理政治研究——从早期儒学视角的理论透视》，吉林出版集团有限责任公司2007年版，第159页。
③ （宋）朱熹：《四书章句集注》，第336页。

第四章　家国情怀的基本结构

僚制度非常重要的发展阶段。秦朝专用文吏，建构了一套绝对服从君主权威、维持君主专制的官僚体系。从汉文帝起，汉代君主就开始消除汉初分封的诸侯国的独立性，逐步消除诸侯王的置吏权，要求诸侯国执行汉法是其中的核心措施。到了武帝元鼎五年，诸侯国被削除。君主直接任命官员，"君主—官僚"的政治结构使得官员的流动性增强，君主选择官员的范围更加广泛，官员们实质上只是君主治理民众的工具。在这种政治下，君主对臣、民是一种单向的宰制。君主治国术、对于官员选拔、官员职位设置、官员功绩的考评等内容，是官僚制度的主要内容。儒生群体通过对天命的解释、对王道教化的宣扬，逐渐进入官僚队伍，积极寻求与君主的合作又批评君王的施政措施，在君主独尊与道德理想之间寻求动态平衡。

汉代立国之初，"尚有干戈，平定四海，亦未皇庠序之事也。孝惠、高后时，公卿皆武力功臣"（《汉书·儒林传》），武力功臣是公卿的主要来源。汉文帝二年，因发生日食，文帝下诏要"举贤良方正能直言极谏者，以匡朕之不逮"（《汉书·文帝纪》），开始了察举选官的制度。文帝十三年时，文帝"诏诸侯王、公卿、郡守举贤良能直言极谏者，上亲策之"（《汉书·文帝纪》），又进行了一次察举。文帝时的两次察举，挑选的都是能够"直言极谏"之人，且都是在已经任职的官吏中进行，范围较小，未能成为一种广泛使用的制度。汉武帝把尊儒和察举结合在一起，加强了儒生群体与官僚制度的结合，提升儒生群体在官僚队伍中的地位和比重。

钱穆在《国史大纲》中讨论"文治政府"的形成时，把汉武帝时期的尊儒政策作为文治政府形成的重要原因。他认为，"罢黜百家，只立五经博士，从此博士一职，渐渐从方技神圣、旁门杂流中解放出来，纯化为专门研治历史和政治的学者。他们虽不参加实际政务，但常得预闻种种政务会议，因此他们对政治上渐渐会发生重大影响"；另外，"为博士设立弟子员，自此渐渐有文学入仕一正途，代替以前

◈ 家国情怀的意蕴及其近代转型

之阴任与赀选,士人政府由此造成"①。

重视对士人阶层的道德教育,是董仲舒设计学校制度、养士的目标,希望把儒家思想中注重爱民、诤谏、仁义等道德要求与人格操守,通过学校教育深入士人之心。在董仲舒"罢黜百家,独尊儒术"的影响下,汉武帝置《五经》博士,其他非五经博士都被罢黜,博士之职为儒家所专有。后来,汉武帝又设置太学,并从民间选拔优秀人才为博士的弟子员。这些措施使得儒学通过学校、教育制度逐渐影响全社会。周予同在《〈春秋〉与〈春秋〉学》中指出:"董仲舒主张尊奉孔学,罢黜百家,还只是表面的文章;最有关于中国社会组织的,是他主张设学校,立博士弟子,变春秋、战国的'私学'为'官学',使地主阶级的子弟套上'太学生'的外衣,化身为官僚,由经济权的获取进而谋教育权的建立与政治权的分润。"② 这种通过考试来完成面向平民子弟的制度,也成为后世的科举制的雏形。在学校系统,通过考试来鉴定和选拔人才,相较于主官的推荐,更加客观和公正,也更加有利于经学内容的普及。但是,汉末以后,学校制度废弛,博士传授之风气止息以后,学术中心转移到家族,而家族复陷于地域,故魏、晋南北朝之学术、宗教皆与家族、地域两点不可分离。③

另外,我们也要看到,在这一通过考试来入仕的途径中,关键之处在于"开弟子员,设科射策,劝以官禄"(《汉书·儒林传赞》)。此后,儒生群体通过对五经的学习,获得解释天命、宣扬王道教化的资格,逐渐进入官僚队伍。这虽然极大地提高了儒生在官僚群体中的比例,但其中的道德理想主义色彩被明显淡化,士人把学习经学作为做官取财的手段,"禄利"逐渐成为儒生群体中盛行的风气。公孙弘

---

① 钱穆:《国史大纲》(上),商务印书馆1996年版,第144—145、146页。
② 周予同:《周予同经学史论著选集》,上海人民出版社1983年版,第356页。
③ 陈寅恪:《隋唐制度渊源略论稿·唐代政治史述论稿》,商务印书馆2011年版,第20页。

第四章 家国情怀的基本结构

初为"狱吏",后来"学《春秋》杂说",既"习文法吏事",又能"缘饰以儒术",非常符合汉武帝的需要,因而也深得汉武帝信任,官至丞相,封平津侯,成为儒生们效仿的榜样。据统计,武帝时期儒生出仕,在中央担任博士、大夫甚至卿相为主,担任地方长吏的并不太多;而由地方小吏积功而升守、令的仍占相当比例,他们是汉武帝时期极为活跃的酷吏的主要来源。① 通过学习儒家经典而成为官僚的人,大多数并未能践行孔孟心心念念的王道理想,反而成为严刑峻法的拥护者,可见"禄利"的影响是多么有力。

宋儒对西汉时期的士人之风评价不高,也是情理之中。朱熹曾言:"三代而下,惟东汉人才,大义根根于其心,不顾利害生死,不变其节。"(《朱子语类》卷三十五)顾炎武描述了这种转变过程:"汉自孝武表彰六经之后,师儒虽盛而大义未明,故新莽居摄,歌德献符者遍天下。光武有鉴于此,故尊崇节义,敦厉名实,所举用者莫非明经修学之人,而风俗为之一变。"(《日知录·两汉风俗》)这里的风俗,主要是指士人之风。

尽管董仲舒在对册时就强调了通过礼乐教化引导民众的社会治理思路,但真正发挥对社会基层的作用,则经历了漫长的过程。在政府系统末端的官僚,为了行使职权,又往往不得不受制于民间秩序固有的结构。在行政系统内,衍生出的儒生与文吏之争,始终贯穿在传统社会的始终。王充在《论衡·程材》中论述了儒生和文吏各自的优势,"夫文吏能破坚理烦,不能修身,则亦不能辅将。儒生不习于职,长于匡救,将相倾侧,谏难不惧。案世间能建蹇蹇之节,成三谏之以,将令检身自敕、不敢曲邪者,率多儒生。阿意苟去容幸,将欲放失,低嘿不敢言者,率多文吏。文吏以事胜,以忠负;儒生以节优,以职劣。二者长短,各有所宜。取儒生者,必轨德立化者也;取文吏

---

① 刘厚琴:《儒学与汉代社会》,齐鲁书社2002年版,第37—38页。

⊗ 家国情怀的意蕴及其近代转型

者,必优事理乱者也。"教化与法令之争,是其具体表现,道德之治与刑名之学则是其价值冲突的核心。

到了宋代,官员与胥吏的区别越来越大。经过科举制选拔的官员往往缺乏办理具体事务的能力,不得不依靠胥吏来完成具体政务。在官员常常更换而胥吏稳定任职的制度下,基层胥吏把持政务、架空官员的情况成为常态。宋代以后,官清吏贪的风气逐渐盛行,儒家所倡扬的重义轻利、修身齐家的道德理想难以通过行政系统发挥化民成俗的作用。讲学教化之儒在宋代以后不断壮大起来,通过布衣应召、民间讲学来践行儒学化民成俗的理想。顾炎武在《日知录·守令》中描述了万历以后法令过度与胥吏治理的后果:"权乃移于法,于是多为法以禁防之。虽大奸有所不能逾,而贤智之臣亦无能效尺寸于法之外,相与兢兢奉法,以求无过而已。于是天子之权,不寄之人臣,而寄之胥吏。"依托法令、行政来治理社会,行政成本颇高,长期积累导致国家行政体系难以维系。当人口数量和行政区域不断扩大后,官僚治理无法有效渗透到所有地区,通过道德教化来引导人们自觉遵守法令、认同君王权威就成了重要内容。

有论者指出,把治国大计转化为道德问题的做法,暴露出中国传统政治模式固有的致命弱点。用身体力行的道德实践方式来团结臣民,说明维系官僚集团的是共同的道德信念,而意识形态的连续最终又不可避免要归结于人心。圣上的贤明和官吏的廉正不能靠外在的规范来保证,相反,倒是个人内在的品行、修养可以决定政制的存亡。[①]官僚制度的整体设计道德优先的导向,越到传统社会后期越凸显。这对于维护君主独尊具有重要的意义,与家国情怀中的忠孝一体相匹配。这也导致了国家武力弱化的一面,在外敌入侵时难以有效地保护家国。

---

① 梁治平:《寻求自然秩序中的和谐:中国传统法律文化研究》,商务印书馆2013年版,第77页。

四　国家理性的道德传统

许章润指出，无论人们如何理解"国家理性"这一概念，国家理性中都包含着对基于德性诉求而产生的对于国家应然状态的思考，是对于现实国家的规约。"国家理性总是关于'为何要有国家'与'国家应当为何'的历史解释、政治期许、法权规范和道德训诫。它们共同决定了'如何才有（应然的）国家'的手段选择的工具理性。"[①]中国传统宗法社会中，血缘与道德共同构成王权的来源，形成了以血缘认同强化政治认同的特性，这已在前文有所讨论。而道德作为王权合法性的依据，则体现着人们的期许。从中国政治思想构建而言，人的自我期许又通过天道、天命表达出来。在圣王对"天道"的解读中，天有爱人、公正、好善、宽容、和谐等内容。"善"成为圣王治国的基本追求，是天道与人道的合一，也是国家理性中的道德属性与善的追求。在这种思路下，人性之"善"、国家之"善"不仅仅是"天命"，更应该通过行政理念、制度安排体现出来。

在家国一体观念和结构下的古代中国，很早就发展出国家应该照顾弱势群体的思路，是国家之善的表达。从家国情怀的道德向政治渗透，形成道德、伦理、政治直接贯通的结构特性上来看，这也是国家理性中道德表达的应用之义。国家以忠孝一体、仁义礼教化民众，自然也要在孝老敬老、扶助弱势人群上做出适当的安排。孟子和荀子所设计的理想制度中，都有相关讨论。

第一，国家应当敬老养老。《礼记·王制》记载"有虞氏养国老于上庠，养庶老于下庠。夏后氏养国老于东序，养庶老于西序。殷人养国老于右学，养庶老于左学。周人养国老于东胶，养庶老于虞庠：虞庠在国之西郊。"尽管该篇对于与夏商周养老问题的记载不免有理

---

① 许章润：《国家建构的精神索引——今天中国为何需要省思"国家理性"》，《历史法学》第四卷，2010年12月。

◈ 家国情怀的意蕴及其近代转型

想的成分,但反映了儒家思想中关于国家应当敬老养老的思想,并体现出与等级相关的安排。

第二,国家应优先照顾家庭不完整的人。孟子指出,"老而无妻曰鳏,老而无夫曰寡,老而无子曰独,幼而无父曰孤。此四者,天下之穷民而无告者……发政施仁,必先斯四者"(《孟子·梁惠王》上)。对于这些人,国家应该给予经常性的粮食救济。

第三,国家应该帮助残疾人。《荀子·王制》提出"五疾,上收而养之,材而事之,官施而衣食之,兼覆无遗"。荀子所谓的五疾,指喑、聋、跛躃、断者、侏儒。具有上述五种残疾的人,应由国家来收养,并对他们进行针对性培训,使其能够工作并获得衣食。汉学家罗思文认为,"荀子对于病人、穷人、文盲、孤寡等社会福利的关怀,在大致与他同时代的西方思想家们那里却找不到,无论是柏拉图的《理想国》、《律法书》,还是亚里士多德的《政治学》,我们都找不到有关政府有义务救济老弱病残及贫民的言论。这一点非常重要。"[1]

就西方思想而言,柏拉图和亚里士多德都认为政治以共同善为目的,政治理性等同于公道和正义。自从马基雅维利开启了工具理性取代道德理性,国家的道义内容逐渐被利益计算取代,国家成为只追求统治者利益的工具。基于个体权利建构起来的现代主权国家,具有强烈的契约论色彩,在根本上是利益计算为主,道德理性和善的终极追求并不居主导。

黑格尔对于国家的说明,是理解现代民族国家的一个重要资源。为了给19世纪的德国提供统一的政治媒介和文化观念,黑格尔将国家和法律体系置于历史进化的最高范畴,恢复国家的总体性,为市民社会提供政治架构、法律保障,来克服市场、分工所造成的个体与他

---

[1] [美]罗思文:《谁的民主?何种权利?》,商戈令译,哈佛燕京学社、生活·读书·新知三联书店:《儒家与自由主义》,生活·读书·新知三联书店2001年版,第242页。

第四章 家国情怀的基本结构

人的分裂。"理智的国家"是黑格尔所建构的"国家"形态。"利己的目的,就在它的受普遍性制约的实现中建立起在一切方面互相依赖的制度。个人的生活和福利以及他的权利的定在,都同众人的生活、福利和权利交织在一起,他们只能建立在这种制度的基础上,同时也只有在这种联系中,才是现实的和可靠的。这种制度首先可以看成外部的国家,即需要的和理智的国家。"①

"国家"是黑格尔论述客观精神的逻辑终点。在黑格尔看来,"现代国家的本质在于,普遍物是同特殊性的完全自由和私人福利相结合的。……普遍物必须予以促进,但是另一方面主观性也必须得到充分而活泼的发展。只有在这两个环节都保持着它们的力量时,国家才能被看做一个肢体健全的和真正有组织的国家。"② 在黑格尔对于现代国家本质的讨论中,把特殊性和普遍性的统一,视为限制和解放的统一,高度集中、具有实力与承认公民权利结合在一起。黑格尔强调,以分工为基础的现代社会,在促进个体能力发展的同时,又会成为技术的附庸;以利己个体为主体的自由市场,不能真正推动社会共同体的发展,需要由体现普遍性的国家理性来调控。黑格尔的这种思想,洞察到了现代性的总体架构。③

"民族国家"正是以个体权力为核心,以契约论的逻辑为基础构建起来的。民族国家产生以后,国家的自主性成为西方政治哲学中颇为重要的内容。所谓国家自主性,即国家有能力形成自己的目标并达到其期望的效果。因为国家有界定和追求某一目标的能力,而这一目标又不是仅仅是由私人、社会利益为国家界定的。"国家—社会"二分,国家与社会博弈的分析模式,成为西方分析国家理性的经典模式。马克思、恩格斯认为,国家是从社会中产生的,但又自居于社会

---

① [德]黑格尔:《法哲学原理》,第198页。
② [德]黑格尔:《法哲学原理》,第197页。
③ 仰海峰:《现代性的架构:世界性与民族性的双重审视》,《哲学动态》2014年第4期。

◇ 家国情怀的意蕴及其近代转型

之上,并且日益同社会相异化的力量。马克思用"虚幻共同体"来表达国家的本性,用"抽象共同体"来说明交换关系支配人们生活、交往关系下,个人只是劳动力的社会状态。

从中国的历史进程来看,西方民族国家的概念有它的局限性,以此来涵盖中国这样具有文明类型特质的国家会出现很多问题。从家国一体来理解中国国家观念的固有传统,跳出单一的民族国家思路来理解中国国家理性的独特性,跳出以"冲击—反应"模式回应中国文化现代化,能够更加强调中国传统文化自身的主体性。在家国一体的结构下,国是家的扩大,是以家为核心的人伦秩序、生产生活的维护者;家是国的细胞,家与国在根本利益上是一致的。

为了说明中国传统国家理性中道德传统的重要性,唐君毅提出,"只从怕国家民族灭亡,并提高人民之物质生活,而提倡科学的实用技术,尚不足以真正接上中国重仁的人文精神之核心。因为中国之重仁的人文精神,在其最高义上,是要使一切人完成其人格,而使整个人类世界,成为人格世界,且并不只以国家富强,人人物质生活之提高,为最高理想。"[①] 这也是不能仅仅以契约理论、西方民族国家理论理解国家理性的原因。他强调理想的国家应当是在道德意志基础上的真、善、美、神圣的统一,这成为国家自身所具有精神性力量的重要来源。道德因素作为国家理性中不可或缺的重要组成部分,是现代国家理论与中国传统天下为公思想的颇能沟通之处。

第三节 "忠"与"孝"观念互构

忠、孝、恻隐、安人等内容,是传统家国情怀的主要内容。从道德层面看,这些内容最初是对王族、贵族的道德要求;从伦理和政治

[①] 唐君毅:《科学对中国文化之价值》,载氏著《中国人文精神之发展》,第131—132页。

第四章　家国情怀的基本结构

层面看,他们最初是共同体首领维护其地位、发挥其影响的主要途径。形成于三代时期的道德内容,经过时间的沉淀和思想家们的提炼,建构出了一套理想人格模式及其养成途径,"忠"与"孝"的互构具有根本地位。在个人人生意义的追求中,国家、社会的需要被内化于其中。"孝"是内蕴于父母至亲之间的天然情感和道德要求,"忠"则是比拟于孝的道德承诺。依托于"天下一体"的理论预设,在这种家国胶结的社会、生活结构中,"家"领域中对父母的"孝"与"国"领域中对君主的"忠"自然而然地结合在一起,以"忠孝一体"的观念来发挥价值整合作用。

一　"忠"的多重含义

有学者考察,最早出现"忠"的文献资料是《左传》,其最初含义是对君主"思利民"的政治要求,是"敬天保民"中"保民"思想的落实。[①] 我们认为,"忠"作为中国文化中出现得非常早的重要观念,表现出较为复杂的关系性特征。"忠"在《左传》和《国语》中就出现颇多,可以从个体与他人的关系、个体与国家关系、个体身心关系三个方面来简单梳理,明晰"忠"作为一种原则,在最原始的含义中就包含着"尽己"、体察不同人之心的内容。

首先,"忠"的基本含义为真诚不二,尽心竭力。《左传·成公九年》有言:"无私,忠也。"《国语·周语下》也有记载:"言忠必及意,言信必及身。""忠"作为一种道德原则,首先要说明的就是个体如何处理自己的身心关系的问题。《左传·昭公十二年》有云:"外内倡和为忠,率事以信为共,供养三德为善,非此三者弗当。""外"是指外在的仪态、言行举止,"内"则是指内心,杜预注"倡和"为"不相违也"。可见,以追求个体内外、身心的和谐为根本特

---

① 曲德来:《"忠"观念先秦演变考》,《社会科学辑刊》2005年第3期。

◇ 家国情怀的意蕴及其近代转型

征的"忠"就成了一种最高的个体德性,彰显其真实无欺的含义。

把"忠"明确与"心"联系起来是《国语》论"忠"的一个方面,也是与《左传》论"忠"的一个显著的不同。"言忠必反意"(《国语·周语下》)和"忠自中"(《国语·晋语八》)都说明,在春秋战国时期,人们已经形成了从内在心灵的角度考察和认识"忠"的意识。更明确的还有"民之所急在于大事,先王知大事之必以众济也,故袚除其心以和惠民,考中度衷以莅之,昭明物则以训之,制义庶孚以行之"(《国语·周语上》)的说法。不仅如此,《国语》论"忠",还有把"忠"落实到明正之心上的努力:"出暗以应外谓之忠。"(《国语·晋语二》)韦昭注:"去己暗昧之心以应外,谓之忠。"陈来进一步解释说,以忠为发自内心的明正之心。[①]

其次,以尽心尽己为起点,"忠"的对象突破了个体身心并不断扩大,"忠"的思想推扩到忠于他人、民众、君主、社稷,强调个体尽心竭力地为他人、国民、君主、国家服务,个人应当为共同体奉献。曾子曰:"吾日三省吾身,为人谋而不忠乎?与朋友交而不信乎?传不习乎?"(《论语·学而》)突出的是忠于他人,《左传》有"所谓道,忠于民而信于神也。上思利民,忠也"(《桓公六年》)、"公家之利,知无不为,忠也"(《僖公九年》)、"将死不忘卫社稷,可不谓忠乎?"(《襄公十四年》)的记载,突出的是忠于国家、人民。

再次,"忠"也用来指事上位者忠诚。《尚书·伊训》曰:"居上克明,为下克忠。"《左传》有云:"王曰:'止!其自为谋也,则过矣。其为吾先君谋也,则忠。忠,社稷之固也,所盖多矣。'"(《成公二年》)晏子仰天叹曰:"婴所不唯忠于君、利社稷者是与,有如上帝!"(《襄公二十五年》)这里所传达出的讯息是:在春秋时期,人们强调忠于君事、君命,但这只是"忠"的一个层次的含义,其

[①] 陈来:《古代思想文化的世界——春秋时代的宗教、伦理与社会思想》,生活·读书·新知三联书店2002年版,第273页。

第四章 家国情怀的基本结构

根本目的在于突出忠于邦国、社稷以及人民的根本利益,在政治领域的"忠"则存在着一个非常明显的等级序列。作为君主本人,也有"忠"的对象:"所谓道,忠于民而信于神也。上思利民,忠也。"(《左传·桓公六年》)臣民要对君尽忠,君也要为民谋利,这都是"忠"的原则落实在不同身份的人的具体要求,自然地包含着"尽己"的含义,而其中共同的目的就是要达到国泰民安、天下太平的理想。

《左传》《国语》和《论语》中对"忠"的论述,规定了"忠"尽己、专一不二的内涵,也把"忠"的对象扩大到所有人。这些关于"忠"的论述,是对人际关系思考的提炼。作为臣德的内容,又为后世"忠"与"孝"的合一提供了理论基础。《论语·八佾》有言:"君使臣以礼,臣事君以忠。"臣民要对君尽忠,君也要为民谋利,这都包含着"心无私隐"的含义,也是"忠"的原则落实在不同身份的人的具体要求。在中国传统文化理想中,"君"是"忠"的最高指向,而"君"并非某一具体的人,而是能够维护民族安宁、国家统一、人民安居乐业等理想的人格化身。"尽忠"的对象是能充分发挥国家公共职能的圣人、王者。

在中国历史实践中,存在着以君王意志为对象的"公"与"忠",也存在着以天下、百姓为对象的"公"与"忠"。在帝制时代,治国模式是以"君主为公";而在士大夫的思想观念中,"天下""百姓"才是最根本的"公"之所在。"天下之治乱,不在一姓之兴亡,而在万民之忧乐"(《明夷待访录·原臣》),就体现出这种含义,也体现出社会与国家的张力。

二 忠与孝合一

"忠"与"孝"的关系一直是一个复杂的问题。有学者考察春秋时期流行的忠孝关系,概括出四种不同的观点:一是楚昭王忠孝皆可

· 115 ·

◇ 家国情怀的意蕴及其近代转型

取的观念,二是郤辛忠高于孝的看法,三是郤怀提出的孝父高于忠君论,四是左氏倚相主张的道高于忠孝说。①"忠"与"孝"虽然具有各自的含义及适用范围,但在孔子看来,二者是相通的,即使是对君的"忠"也是以"孝"为基础的,故而有"孝慈,则忠"(《论语·为政》)的判断。《孝经·广扬名》更直接地指出:"君子之事亲孝,故忠可移于君;事兄悌,故顺可移于长;居家理,故治可移于官。"这就把"孝亲""事君""顺长""理家""治官"等紧密地结合起来。随着君王们"以孝治天下"意识的不断加强,"忠"与"孝"的贯通与互动也越来越成为一个重要的问题,为人们所重视,在形而上层面、社会实践层面、伦理观念层面以及忠孝与其他道德的关系等层面对"忠孝一体"进行说明。

首先,在形而上的层面,强调"孝"与"忠"均是天地之道的体现,《孝经·三才章》引孔子曰:"夫孝,天之经也;地之义也;民之行也。"《忠经·天地神明章》则曰:"天之所覆,地之所盖,人之所覆,莫大乎忠。"把"孝"与"忠"的根据都清晰地归于"天",强调二者在本源处相通。

其次,在社会实践层面,"忠"与"孝"一样,其实践也是由身及家、国的扩展过程。《孝经·开宗明义》指出:"夫孝,始于事亲,中于事君,终于立身。"《忠经·天地神明章》亦曰:"夫忠,兴于身,著于家,成于国,其行一也。"从覆盖性上讲,"孝"是中国传统社会最具有普遍性的国民道德。《孝经》提出了从天子到庶人各种不同身份的人孝亲的基本规范。"孝"渗透到汉代生活的各个方面,形成了三个特点:一是孝道理论纲常化和理论论证神秘化,二是孝道政治化、实践化,三是孝道义务与实践的片面化、绝对化。②

---

① 黄开国,唐赤蓉:《诸子百家兴起的前奏——春秋时期的思想文化》,巴蜀书社2004年版,第310—312页。
② 肖群忠:《孝与中国文化》,人民出版社2001年版,第58页。

第四章 家国情怀的基本结构

再次,在伦理观念层面,"忠"与"孝"相互为本,且具有永恒意义。荀子比较透彻地说明了这一问题,"君臣、父子、兄弟、夫妇,始则终,终则始,与天地同理,与万世同久,夫是之谓大本"(《荀子·王制》)。从忠与孝的关系上讲,一方面"孝"为"忠"之本,即"孝慈,则忠","求忠臣于孝子之门"(《后汉书·韦彪传》)。另一方面,"孝"又以"忠"为本,《大戴礼记·曾子本孝》曰:"忠者,其孝之本与!"《忠经·保孝行章》称:"夫惟孝者,必贵本于忠。……故君子行其孝,必先以忠。"

最后,其他道德也需要忠、孝来成就自己。《礼记·祭义》强调仁、义、礼、信等道德亦由孝起:"仁者,仁此者也;礼者,履此者也;义者,宜此者也;信者,信此者也;强者,强此者也。"《忠经·辨忠章》称:"忠而能仁,则国德彰;忠而能智,则国政举;忠而能勇,则国难清,故虽有其能,必曰忠而成也。仁而不忠,则私其恩;智而不忠,则文其诈;勇而不忠,则易其乱,是虽有其能,以不忠而败也。"

从观念建构上看,"忠孝合一"中的一条基本线索是忠、孝都与"仁"相通。这条线索在孔子弟子曾子(曾参)的思想中开始明确起来。他在思想体系的建构上以"孝"作为根本点来统贯"仁"和"礼",提升了"孝"在儒学中的地位;同时,在修养方法上,曾子重视"忠"的作用,"夫子之道,忠恕而已"(《论语·里仁》)的概括把握了"忠"和"恕"的密切关系,极大地提升了内省的地位,强调求诸于心的运思路向,开启了孔子之后儒学发展的一个新方向。

从具体德目来看,孔子言"仁",包括恭、宽、信、敏、惠、智、勇、忠、恕、孝、弟等内容;考察曾子讲的"孝",也包含了庄、敬、忠、信、勇五种德目:"居处不庄,非孝也;事君不忠,非孝也;莅官不敬,非孝也;朋友不笃,非孝也;战阵不勇,非孝也;五行不遂,灾乎及亲,敢不敬乎?"(《大戴礼记·曾子大孝》)从行为落实

◈ 家国情怀的意蕴及其近代转型

来看，曾子认为"民之本教曰孝"，着重指出"孝"在教化民众中的作用，此时所凸显的，依旧是"孝"作为"仁"之入德之门的意义："夫仁者，仁此者也；义者，宜此者也；忠者，中此者也；信者，信此者也；礼者，体此者也；行者，行此者也；强者，强此者也；乐自顺此生，刑自反此作。"（《大戴礼记·曾子大孝》）在曾子的思想体系中，"孝"是仁、义、忠、信、礼的根本之所在，是人的行为规范，也是音乐和刑罚产生的根据。

在此基础上，曾子还安排了一个行为序列，以使"孝"得到更好的落实："孝有三：大孝尊亲，其次不辱，其下能养。"（《大戴礼记·曾子大孝》）能养、不辱、尊亲三个层次的等级划分使得孝进一步向可操作的层面落实，也就将"仁"的理想更好地落实到人们的日常生活之中，从而更好地发挥社会教化的功能。对于不同身份的人，曾子亦提出了不同的标准："君子之孝也，以正致谏；士之孝也，以德从命；庶人之孝也，以力恶食。任善不敢臣三德。"（《大戴礼记·曾子本孝》）

在宋儒构造的"道统"谱系中，曾子——子思——孟子一脉相承，今天亦有许多研究者把曾子作为孔孟之间的主要传承者，其理论根据多集中于曾子重视"忠"的作用，极大地提升了内省的地位，强调求诸于心的运思路向。其实这也是曾子通过"传孔子之意"的方式实现的。曾子开启的儒学发展路向为后世的儒者继承并进一步深化，不仅成为后来"道统"倡导者追宗的典型，也是后世"政统"代表人所树立的"孝"之楷模，不仅在儒学的薪传流变中具有重要地位，同时对整个中国社会亦有不可低估的影响。[①]

现代新儒家的代表人唐君毅在阐发"忠孝一体"、"孝"与"忠"的关系时，曾指出："在中国传统文化中，家庭与社会、国家在本质

[①] 张倩：《曾子"闻诸夫子"弘道方式初探》，《西南民族大学学报》（人文社会科学版）2008年第1期。

第四章　家国情怀的基本结构

上没有冲突，忠、孝本为一体；现实生活中发生冲突时，移孝作忠或是移忠作孝，应当依据具体情形来选择，没有一定之规。从横向的社会生活扩充而言，家庭中所培养的亲和感，是社会凝聚的基础；从纵向的人生意义提升而言，孝基于孝敬父母祖先，可以上溯到对往圣先贤之人格与学问的承续，成就历史文化意识，乃至返本回报生命之本的生命情怀。"① 这种观点既看到了传统中国的家国一体的基本结构与忠孝一体观念的一致性，又看到了忠孝一体的超越性，是颇为中肯的见解。

三　忠孝一体成为国家价值观

从"其为人也孝弟，而好犯上者，鲜矣"（《论语·学而》）到"事君不忠非孝也"（《礼记·祭义》），在对"孝"的肯定与发挥中，血缘伦理的"孝"与非血缘伦理的"忠"获得了最大程度的一致，成为道德体系的基石。在礼治为基础的中国传统社会中，忠孝一体获得国家制度和国家精神的同一，成为国家价值观的凝练表达，也发挥了价值整合的重要作用。孟德斯鸠在《论法的精神》中指出："中国的立法者们……集中一切力量，使人恪守孝道。他们制定了无数的礼节和形式……所有这些都构成了礼教，则礼教构成了一种国家精神。"② 这很好地总结了"忠孝一体"对于传统中国国家价值观的影响。

从汉代起，君王们都非常重视"孝"在治理国家中的作用，有了"汉以孝治天下"的概括。汉代立国之初，"尚有干戈，平定四海，亦未皇庠序之事也。孝惠、高后时，公卿皆武力功臣"（《汉书·儒林传》），武力功臣是公卿的主要来源。汉文帝二年，因发生日食，

---

① 唐君毅：《中国文化之精神价值》，第198—199页。
② ［法］孟德斯鸠：《论法的精神》（上），张雁深译，商务印书馆1963年版，第315页。

◈　家国情怀的意蕴及其近代转型

文帝下诏要"举贤良方正能直言极谏者,以匡朕之不逮"(《汉书·文帝纪》),开始了察举选官的制度。文帝十三年时,文帝"诏诸侯王、公卿、郡守举贤良能直言极谏者,上亲策之"(《汉书·文帝纪》),又进行过一次察举。文帝时的两次察举,挑选的都是能够"直言极谏"之人,且都是在已经任职的官吏中进行,范围较小,未能成为一种广泛使用的制度。汉武帝把尊儒和察举结合在一起,加强了儒生群体与官僚制度的结合。汉武帝即位后,很快就开启了通过察举来重用儒生的尝试。

在汉武帝时,以"孝廉"为常设的察举内容,使得孝悌观念深入到百姓生活之中;同时,国家也会因临时需要增加察举的内容。但是,"察举"主要依赖主官或郡守的推举,难免受到利益以及非理性因素的干扰,所推荐的人未必真正贤能。董仲舒提出"使诸列侯、郡守、二千石各择其吏民之贤者,岁贡各二人以给宿卫,且以观大臣之能;所贡贤者有赏,所贡不肖者有罚。夫如是,诸侯、吏二千石皆尽心于求贤,天下之士可得而官使也","毋以日月为功,实试贤能为上,量材而授官,录德而定位,则廉耻殊路,贤不肖异处矣"(《汉书·董仲舒传》),既要根据被举荐者的才能来对举荐人进行奖惩,又要增强对被举荐人的实际考评,根据考评的结果进行任命。元朔元年冬十一月,武帝下诏,"进贤受上赏,蔽贤蒙显戮,古之道也。其与中二千石、礼官、博士议不举者罪"(《汉书·武帝纪》),加强对察举的督促。"察举"制度从根本上开启了官民合作的选吏方式。个体能否成为"孝廉",一个关键因素就在于其道德品性能否获得乡里的认可。这不仅突破了以行政能力来任用官员的单一模式,还从制度上把乡里社会纳入了国家权力体系之中,加强了国家与基层社会的联系。

经过察举制度举荐的人才,进入中央政府之后,就会在郎署学习中央政府的相关事务,然后出任中央政府的官吏。任职一段时间后,

第四章　家国情怀的基本结构

又会被派遣到地方担任行政长官,以更好地执行中央政令,统治地方。在察举制度下,不仅选拔了民间的优秀人才,又能保证中央与地方的行政关系顺畅,通过文官来组织社会力量。在这种政治下,君主对臣、民是一种单向的宰制。君主治国术、对于官员的选拔、官员职位设置、官员功绩的考评等内容,是官僚制度的主要内容。儒生群体通过对天命的解释、对王道教化的宣扬,逐渐进入官僚队伍,积极寻求与君主的合作同时又批评君王的施政措施,在君主独尊与道德理想之间寻求动态平衡。后来科举制使得这种中央控制地方、君主控制臣、民的方式更加完善。费孝通曾指出,皇权、绅权、帮权、民权四者是中国传统社会四种重要组成部分,而皇权与绅权尤其重要。绅士是皇权确立以后而产生的士大夫,其中,具有官职者为官僚,尚未获得官职或从官职上离任者为乡绅。他们脱离了平民身份,成为皇帝治理社会的臣仆。①

随着皇权的膨胀,人们效忠的对象逐渐转变为代表国家的皇帝、朝廷,君主成为国家的体现,成为全体国民的"父""兄","移孝作忠"的思想大行于世,深刻地影响了士大夫阶层,"忠君"逐渐压倒"孝亲"。在这种变化过程中,呈现两条变化线索:一是在文化大传统的价值层面、国家治理层面不断地突出"移孝作忠"的重要性,"祖宗法制具在,不须更张"成为皇权的一种制约;二是士大夫们在日常生活中常常陷于"忠孝难两全"的困境。面对此种局面,皇权做出了适当的让步。士绅官僚在"尽忠"的同时,适度范围内为"家"谋利则得到默许。② 在中国传统社会,"士"是"民"中最为重要的群体,又是"官僚"的直接来源。士人阶层自觉追求经邦济世,是传统家国情怀的主要载体。他们对时世有强烈的责任感和担当

---

① 费孝通、吴晗等:《皇权与绅权》,生活·读书·新知三联书店 2013 年版,第 51—69 页。

② 沈毅:《"家""国"关联的历史社会学分析——兼论"差序格局"的宏观建构》,《社会学研究》2008 年第 6 期。

· 121 ·

意识，力图通过自己的努力来改变现实世界。依靠士人的力量来治理社会，论证自己统治的合法性，也是君王们的基本思路。

在拟伦理的思维方式主导下，"忠孝一体"笼罩传统中国社会生活。经济领域，以家庭为单位组织生产，政治领域，则有移孝作忠、求忠臣于孝子之门的法门。"忠孝一体"作为传统家国情怀的道德要求，支撑起"家—国—天下"一体相连的共同体。奉养双亲是所有人必须践履的义务，而为国纳粮、交税、服役是民众承担的主要工作，治理国家则是皇帝和官僚的基本职责，各个职业的人把自己该做的事情完成，即是"尽忠""尽孝"，在日常生活中践行家国情怀。

"忠孝一体"作为中国宗法社会自然而然形成的观念，强调以最自然、最真挚的情感来处理自己与他人、个体与社会、国家的关系。这种以家族为中心而逐层辐射开的社会伦理关系思想，对中国人产生了广泛的影响。无论是君王、士大夫，还是普通民众，都在"忠"与"孝"所笼罩的社会关系中获得自我认同，并展开道德实践，以追求充实、超越的生命感受，并通过和平、安定的日常生活行为来体验生命的完善与超越。在这种自发认同的集体取向中，个人总是在家族、国家构成的伦理关系网中存在，所谓"父子君臣，天下之定理，无所逃于天地间"（《二程遗书》卷五）暴露了在传统宗法—政治社会中个人独立人格缺失的问题。这也正是传统儒学在现代社会需要积极改变的部分：把伦理化的个体转变为自然、独立的个体。

第五章

家国情怀的载体考察

"家"从"宀"从"豕",意味着优裕和富足。家国情怀的主体,必须有相当的经济基础和社会地位。孟子所强调的"有恒产者有恒心,无恒产者无恒心"(《孟子·滕文公上》)是对传统家国情怀精英属性的最有力说明。"以君主代国家"在传统家国情怀的形成和发展中具有重要作用。君主是共同体的核心,是"国"的象征,集政治权力与文化权力于一身,是臣民效忠的对象。其中,政治权力通过国家制度来保证,文化权力则通过观念整合、教化引导来实现。在先秦思想中,君王在人间的优先性、独特性就是各家思想中的重要内容,经过"罢黜百家,独尊儒术"之后,君王又获得了教化百姓的权力;秦汉以后,以郡县制为主的官僚制度体系,使得君王独尊获得制度保证,臣逐渐失去其独立性,成为君王的附庸。同时,一些思想家也会在天下为公、保民而王的理念下对君王的独尊展开批判。

传统家国情怀的载体,经历了一个不断扩大的过程。秦汉以前,家国情怀主要是统治者的道德内容,汉代形成了士大夫阶层以后,以安仁、行义为核心的家国情怀的载体扩大到士大夫阶层,表现在日常道德层面,即是对忠孝一体的践行。到了宋代,随着平民宗族的形成,以及科举考试和教育的普及,民也成为家国情怀的重要载体。对于普通百姓而言,家国情怀的主要内容则是孝亲、睦邻,从事生产并

◈ 家国情怀的意蕴及其近代转型

完成赋税与徭役。家国情怀的载体随着社会历史的发展不断变化，也为家国情怀不断注入新的思想观念，促成家国情怀更新和转型。

第一节 君王的至上性

在中国文化最为古老的"天命"观念中，远古的先民通过祭祀等仪式沟通天人，氏族首领即掌握巫术仪式的巫师；随着早期国家的出现，这一沟通天人的中介者角色逐渐从巫师、巫君（氏族首领）转变为根据一定制度和礼仪治理国家的君王；正由于此，君王作为天的代表就必须以践履礼乐、服从民意为前提，因为礼乐和民意即天命、天意的人间显示。所谓"制礼作乐"，即天之礼乐化为天人关系的礼乐化；所谓治道合一，即指制度、秩序和关系都能体现道德含义（天意）的社会；所谓礼乐共同体，即指政治实践并不外在于道德实践而道德实践又不外在于礼乐制度的社会。[①] 随着王权的不断扩大，君王逐渐成为国家中的至上性存在，是共同体的"凝聚核心"，具体表现为天命有德的预设、教化权力的附加以及立法权的保障。围绕着君主如何自治以维持自己的权威、君主如何治民来维护共同体的统一和发展，中国的古圣先贤们提出了诸多主张，可以概括为两个层面：一方面希望通过君主任贤、爱民来维持共同体的稳定，另一方面也力图限制王权，避免共同体因君主的私欲、昏聩走向灭亡。其中，前者又居于主导地位。君主的榜样作用、责任意识不可或缺。

一 天命有德的预设

殷商时期，人们把自然崇拜和祖先崇拜结合在一起，形成了"天""天帝"的至上神。殷周之际，周人把祖先崇拜和自然崇拜

---

① 汪晖：《现代中国思想的兴起》（上卷·第一部），第348—349页。

第五章　家国情怀的载体考察

分离开,以"敬德保民"来对待"天"和"天命",以血缘认同来维系祖先崇拜,把人的道德因素和自然崇拜进行结合,成为中国传统"天命"观的核心。"天命有德"成为王权合法性的终极依据,"敬神"与"保民"获得了一致,开启了中国文化的新起点。其中,虽然保留了天的人格神特点,但更强调君主道德在维持"天命"中的作用。另外,"君父""子民"也成为传统政治认同的一对基本范畴。

从历史的深刻反省中,周王提出了"我不可不监于有夏,亦不可不监于有殷。我不敢知曰,有夏服天命,惟有历年。我不敢知曰,不其延,惟不敬厥德,乃早坠厥命。我不敢知曰,有殷受天命,惟有历年,我不敢知曰,不其延,惟不敬厥德,乃早坠厥命"(《尚书·召诰》)的判断,把"敬德保民"作为政权延续的根基。以此为基础所形成的敬、慎、俭等要求,都是君王基本的道德自律。《尚书·康诰》提出"惟乃丕显考文王,克明德慎罚,不敢侮鳏寡,庸庸,祗祗,威威,显民,用肇造我区夏,越我一二邦,以修我西土",把敬德、慎行的一面描述出来,而"克勤于邦,克俭于家"(《尚书·大禹谟》)的勤俭精神,则是更早的道德要求,在周代被充分继承。《诗·大雅·韩奕》即有言曰"夙夜匪懈,虔共尔位"。在《尚书·皋陶谟》中,还具体记载了九种最为基本的德目:"宽而栗,柔而立,愿而恭,乱而敬,扰而毅,直而温,简而廉,刚而塞,强而义"。这些都是对君王道德的描述。

从社会政治层面看,"天子"作为"天"在人间的代表,"敬德保民"已经成为天子最为核心的任务。这是周代文化中人的因素增强的一个重要内容。"夫民,神之主也。是以圣王先成民而后致力于神"(《左传·桓公六年》),彰显出人在社会政治生活上的优先要求,把民意与神意结合起来。

以"孝"维持血缘认同,进而维护宗法分封,是周代道德另外一

◈　家国情怀的意蕴及其近代转型

条线索，体现出对于殷商祖先崇拜的继承。《尚书·周书·文侯之命》记载"父義和，汝克绍乃显祖。汝肇刑文武，用会绍乃辟，追孝于前文人"，说明对共同祖先的祭祀与孝行，是周王必要的德行。而宗法制度下的社会秩序，也需要孝悌来维护。《尚书·康诰》记载了周公的一段话："元恶大憝，矧惟不孝不友，子弗祗服厥父事，大伤厥考心。于父不能字厥子，乃疾厥子。于弟弗念天显，乃弗恭厥兄。兄亦不念鞠子哀，大不友于弟。惟吊兹，不于我政人得罪。天惟与我民彝大泯乱。曰，乃其速由文王作罚，刑兹无赦。"通过刑罚来维持孝悌，是宗法制度下自然而然的选择。

需要说明的是，三代时期的道德主要是围绕王族，以及由此派生出来的贵族而论的。"孝"与"德"的范围比较明确。"孝"主要是在家庭、家族、宗族内的道德要求，"德"则是天子和诸侯在治国时的道德标准。《诗经·大雅·卷阿》把这种道德关系总结为"有冯有翼"，缺一不可。"有冯有翼，有孝有德，以引以翼，岂弟君子，四方之则。"《礼记·中庸》有更加细致的描述："凡为天下国家有九经，曰：修身也，尊贤也，亲亲也，敬大臣也，体群臣也，子庶民也，来百工也，柔远人也，怀诸侯也。修身则道立，尊贤则不惑，亲亲则诸父昆弟不怨，敬大臣则不眩，体群臣则士之报礼重，子庶民则百姓劝，来百工则财用足，柔远人则四方归之，怀诸侯则天下畏之。"

这种传统延续到中央集权的时代，"孝"的重要性不断被放大，"以孝治天下"是君王成为道德榜样的核心，"移孝做忠"则成为对全体百姓的道德要求。余英时在讨论汉代的大传统与原始儒学的关系时，指出汉代思想趋于混合，在政治思想方面不但黄老与申、韩合流，儒家也有法家化的倾向，"汉承秦制"的制度渊源表明法家的影响依旧是主要的，但以文化、社会价值而言，儒家在汉代大传统中的主流地位是道、法两家所不能与之争衡的。尤其表现在对"孝悌"

观念的重视和倡扬上。①

在"天命有德"的王权合法性来源预设下,重视对皇帝、皇子的道德教育和道德评价,也就自然而然地成为维持君王至上性的手段。西汉初期,贾谊便提出重视太子的教育,东汉光武帝、明帝、章帝时期,设侍讲为皇帝或太子讲诵儒经成为一项基本制度。宋代儒者最初常以"布衣"身份任经筵讲官,"得君行道"是他们践行内圣外王理想的方式,"为帝王师"成为宋代以来儒者的最高目标。儒生群体一方面坚持"道高于政""从道不从君"的原则,更加关注民生和社会整体秩序,通过劝谏、对策来参与政治,另一方面又不能从根本上改变秦朝以来君主独尊的状态,虽然努力通过与君主合作来实现王道教化,但往往效果并不理想。

二 教化权力的附加

"教化"是人与人之间精神传承、个体融入共同体、个人获得生活意义的重要方式。《说文解字》把"教"解释为"上所施下所效也","化"则指"教行也"。"教化"的含义是指通过在"上"者的给予和引导,使得在"下"者的价值取向、人格精神发生深刻的变化。伽达默尔在《真理与方法》中,基于"教化"对于意义创造的重要性,把教化列为人文主义的首要传统标志。他认为,"在教化的概念里最明显的使人感觉到的,乃是一种极其深刻的精神转变",教化"作为向普遍性的提升,乃是人类的一项使命。……他于此之中就获得了一种特有的自我感。……作为这样的意识,他在自身中发现了他自己的意义",教化"不仅可以理解为那种使精神历史地向普遍性提升的现实过程,而且同时也是被教化的人得以活动的要素"。②

---

① 余英时:《士与中国文化》,上海古籍出版社2003年版,第124—134页。
② [德]伽达默尔:《真理与方法》(上),洪汉鼎译,上海出版社2004年版,第10页,第14—15、17页。

◈ 家国情怀的意蕴及其近代转型

把《说文解字》和伽达默尔对于教化的说明综合在一起，我们可以发现，"教化"本身也是一种文化控制手段：通过自上而下的文化整合发生作用，把个体标准化后又将每件产品装扮成有个性的样子，它看似个人自由选择的结果，实际上具有天然的强制性。问题的关键在于，要把在"下"者的人格特征导向何方，个体如何在获得普遍性的意义中进行生活和创造，又要形成怎样的社会风俗。在传统王权社会，这需要君王的规划来实现。教化权力附加在君王身上，是汉初思想家反思秦亡教训的结果，目的在于通过王权推行教化，统一思想和法度，以更好地维护大一统。

在先秦时期，儒、道、法诸家对于教化各有独特的理解与建树。概括而言，儒家礼乐教化通过伦理道德的濡染，用温情脉脉的方式化民成俗；道家关注受教育者内在精神的自我转化，以"我无为而民自化"为标榜；法家注重外在强制性的"公义"，树立国君至上、废私立公的价值取向，在"以法为教"中只是突出法的神圣性和规范的强制性，也没有否定道德教化的作用。秦统一中国后即用"行同伦"来统一人们的文化心理，在各地设置专管教化的乡官——"三老"。"三老掌教化。凡有孝子顺孙，贞女义妇，让才救患，及学士为民法式者，皆扁表其门，以兴善行。"（《后汉书·百官志》）可见在文化、社会政策方面，秦始皇不得不舍法家而取儒家，就像顾炎武在《日知录》中特别指出的："然则秦之任刑虽过，而其坊民正俗之意固未始异于三王也。"（《日知录》卷十三）。但是，"焚书坑儒"事件暴露了"以法为教"的法家教化思想恶性变形之后对思想和文化自由的摧毁，其矫正民心、规整社会风俗的作用也就值得怀疑了，世人更多的只是畏威而难以心悦。

经过长期战乱建立的汉代政权，在立国之初，国家力量比较薄弱，对内无法加强中央集权，对外也无法充分防御匈奴的攻击。汉高祖推行"无为而治"的黄老道家思想，在不同的地区实行不同的治

第五章 家国情怀的载体考察

理政策,在秦、韩、魏等西部地区设立郡县,以承秦而来的汉法来治理;在赵、燕、齐、楚等东部地区设立王国,允许诸侯王在自己的一定范围内制定和颁布本国的政策法令。这种治理方式,实质上是"从俗"而治,遵从各个地方的风俗,按照不同的方式进行治理,目的在于有效地避免地方对中央、百姓对君王的反抗,维持社会稳定,恢复生产。这种治理方式有效地维持了汉初政权的稳定,人们的思想观念也在各种风俗中保持并发展,未得到中央政府有效的引导和管控。整体而言,汉初几十年,统治集团主要运用黄老之学作为指导思想,一方面有效地恢复经济生产,另一方面则比较好地维持郡县制和郡国制并行的社会治理模式。

随着社会经济生产的恢复,在黄老之学"无为""因循"的治理方式下,放任地方诸侯的发展,逐渐产生了与中央政权对峙甚至威胁中央政权的诸侯国。诸侯国与中央政权之间的斗争,从汉高祖时期就开始出现,汉景帝"吴楚七国之乱"时达到高峰。在思想领域,黄老之学宽松的思想管控,导致儒、道、法等各家思想的角力,社会思想多元,致使社会价值失控,功利至上的风气大行于世。有鉴于黄老之学不能有效地凝聚人心、引导人们的价值认同,董仲舒用"今师异道,人异论,百家殊方,指意不同,是以上亡以持一统;法制数变,下不知所守"(《汉书·董仲舒传》)说明人们思想观念层面的多元是不能实现中央集权的根源,是法制不统一的原因,也是人们不能遵从法令的原因。最终,董仲舒提出"诸不在六艺之科孔子之术者,皆绝其道,勿使并进。邪辟之说灭息,然后统纪可一而法度可明,民知所从矣"(《汉书·董仲舒传》)的建议,用统一思想的方式来引导民众自觉遵从国家法令,实现中央集权的目标。

汉武帝时期,在董仲舒天人合一、天人感应的神秘化构建中,君主成为教化权力的拥有者,集天、地、君、亲、师于一身。董仲舒明确地意识到了道德教化对于维护政治统治的意义:"天地之数,不能

◈ 家国情怀的意蕴及其近代转型

独以寒暑成岁,必有春夏秋冬;圣人之道,不能独以威势成政,必有教化。故曰:先之以博爱,教以仁也;难得者,君子不贵,教以义也;虽天子必有尊也,教以孝也;必有先也,教以弟也。此威势之不足独恃,而教化之功不大乎!"(《春秋繁露·为人者天》)他认为教化民众是君王的义务,是君主与民众相关联的重要依据,也是民众完成其善性的必经之途。"天生民性有善质,而未能善,于是为之立王以善之,此天意也。民受未能善之性于天,而退受成性之教于王。王承天意,以成民之性为任者也。"(《春秋繁露·深察名号》)董仲舒把"教化"作为君王为政的根本,认为教化的核心在于对于危险的有效预防和引导,这也正是王者仁心的体现。"教,政之本也。狱,政之末也。"(《春秋繁露·精华》)"霸王之道,皆本于仁。仁,天心,故次以天心。爱人之大者,莫大于思患而预防之。"(《春秋繁露·俞序》)

王亚楠指出,"学术、思想以至教育本身,完全变成为政治工具,政治的作用和渗透力就达到政治活动本身所不能达到的一切领域了"[①]。汉代以后,历代帝王均以孝道为治国之本,并把"孝"作为教化民众的首要目标。东汉皇帝亲自主持白虎通会议,唐代皇帝亲自为《孝经》作注释,都是教化为皇权附加的典型事件。"天子门生"的说法,不仅道出读书人的最高理想,也让君王成为天下俊杰人士的老师,进一步巩固君王凝聚核心的地位。

宋代儒学希图通过对儒学义理的构建,更好地掌握对于"天""天命"的解释权,通过教化的力量来落实儒学的王道理想。一方面,宋儒渴望"正君心",以帝王师的方式来实现儒学的理想,另一方面,宋儒也推动了儒学系统向日常生活各个领域的渗透。然而,无论哪个方向的教化,都未能脱离君主主导教化的根本方向,是维护君

---

① 王亚楠:《中国官僚政治研究》,中国社会科学出版社1981年版,第43页。

主教化的手段。

而君主凭借教化权力所获得的严密统治，丧失"仁爱"的道德内核，在近代前期才为人们所揭示。戴震提出"其所谓理者，同于酷吏之所谓法。酷吏以法杀人，后儒以理杀人"（《孟子字义疏证·与某书》），谭嗣同则更加激烈，认为"俗学陋污，动言名教，敬若天命而不敢渝，畏若国宪而不敢议。嗟乎！以名为教，则其教已为实之宾，而决非实也。又况名者由人创造，上以其制下，而不能不奉之。则数千年来三纲五伦之惨祸烈毒，由是酷焉矣。君以名桎臣，官以名轭民，父以名压子，夫以名困妻，兄弟朋友各挟一名以相抗拒，而仁尚有少存焉者得乎？"[1] 这种反思，直接指出了传统教化的内在矛盾："因卫教而立名，不谓名之弊乃累教如此也！"[2] 为突破传统教育的局限做了思想准备。

教化权力自汉代起成为君王权力的重要组成部分，成为影响中国传统思想发展的重要因素。把教化的权力附加到君主身上，是塑造共同体凝聚核心的重要环节，对于传统家国情怀的正向提炼具有重要的推动作用。同时，这也导致思想僵化，难以产生彻底的批判君权思想，越到近代，负面作用越明显。

三 立法权力的保障

从思想层面而言，"尊尊"是宗法伦理社会最为基本的观念，以此为基础的君王独尊成为中国传统文化中根深蒂固的内容，在先秦各家思想中都有表现。君主是天道的化身，在社会中的地位高于群臣和百姓。君主独掌治权是最合理的规范。道家有"道大，天大，地大，王亦大"（《老子·第二十五章》）的表述，法家有"道不同于万物，德不同于阴阳，衡不同于轻重，绳不同于出入，和不同于燥湿，君不

---

[1] 《谭嗣同集》整理组：《谭嗣同集》（下），第318页。
[2] 《谭嗣同集》整理组：《谭嗣同集》（下），第319页。

◇ 家国情怀的意蕴及其近代转型

同于群臣。凡此六者,道之出也"(《韩非子·扬权》)的说明。儒家思想中尊君思路,也认同君主独掌治权,只是增加了尊贤、仁爱、崇礼等道德节制。无论是孟子"天无二日,民无二王"(《孟子·万章上》)式的类比论述,还是荀子"君者,国之隆也。……隆一而治,二而乱。自古及今,未有二隆争重而能长久者"(《荀子·致士》)式的理论说明,都把君主独掌治权作为社会和谐的根本原则。君主独尊、独掌治权的根本保障,便是拥有立法权。

法家思想以维护君主的绝对权威著称于世,把君王独尊的思想推向极端。法家从并立双方不能平衡,需要主导的角度论证君主独掌权力的合理性。"两则争,争则害"(《慎子·德立》)、"两贵不相事,两贱不相使"以及"多贤不可以多君,无贤不可以无君"(《慎子·逸文》)、"使天下两天子,天下不可理也"(《管子·霸言》)。与这种理论层面的君主独掌权力相呼应,法家思想把君主作为法令的直接来源,认为现实的君主是"生法者",君主的命令才能成为法。这与儒家把礼法视为圣王制作并在历史中传承下来的规范有着根本的区别。

《管子》中提出:"有生法,有守法,有法于法。夫生法者,君也。守法者,臣也。法于法者,民也。君臣上下贵贱皆从法,此谓为大治。"(《管子·任法》)君主获得立法权,君主之外的所有人都要在"法"的规则下行事,这在实质上打破了贵族因血缘而获得特权,为进一步奖励耕战,富国强兵奠定基础。同时,这有利于君主集权,可以在短期形成一套简洁、高效、有力的国家治理方案。韩非子则明确地提出,法是君主治理国家的工具。他说:"术者,因任而授官,循名而责实,操生杀之柄,课群臣之能也。此人主之所执也。法者,宪令著于官府,刑罚必于民心,赏存乎慎法,而刑加乎奸令者也。此臣之所师也。君无术则弊于上;臣无法则乱于下。此不可一无,皆帝王之具也。"(《韩非子·定法》)商鞅提出了现实君主制法的原因在

第五章　家国情怀的载体考察

于能够把握当下形式，因势而治，"圣人不法古，不修今。法古则后于时，修今则塞于势"（《商君书·开塞》）。

在法的约束下，所有人都成了皇帝宰制的对象，君主成为国家的代表，君之利即是国之利。商鞅把与国、君相关的事务称为"公"，表达君与国在利益上的直接同一。比较典型的论述有："皆务自治奉公，民愚则易治也"（《商君书·定分》）、"上开公利而塞私门，以致民力，私劳不显于国，私门不请于君"（《商君书·壹言》）。上述的"公"均指君、国，为君、国所拥有的利益即为公利，具体而言就是通过耕战来富国强兵，与耕战无关的则为私利。同时，商鞅把"法"作为"公"的表现，守法即为奉公。"先王知自议誉私之不可任也，故立法明分，中程者赏之，毁公者诛之"（《商君书·修权》），其中，"程"即法度，"中程"与"毁公"对举，"公"即是法的规定。通过对法的制定，君与国结合在一起，君国与臣民之间形成一条巨大的界限。如何说明这条界限的合理性，成为儒生进入官僚体系，并掌握话语权的台阶。儒法互补的核心问题，也便在于此。

秦灭六国之后，在统一的政权下，郡县制代替了分封制。分封制所依赖的以血缘纽带来组织共同体的模式被打破，皇权与官僚体制成为维系共同体的模式。其中，君主集经济、政治、信仰于一身，成为整个共同体的核心。从在君主的各种称谓中，也可以看到君主代国家的内容。据统计，西汉时即有称"皇帝"为国家的，但不多见。从东汉起，大臣把"皇帝"称为"国家"则较为流行。[①] 皇帝制度使君主"贵为天子，富有四海"（《贾谊集·过秦论》）的理想成为现实，也把世袭的特权限定在一家之内。秦汉以后皇权日益膨胀，在汉代经学的支撑下，人们效忠的对象逐渐转变为代表国家的皇帝、朝廷，君主成为国家的体现，成为全体国民的"父""兄"。

---

① 刘文瑞：《中国古代政治制度（上）：皇帝制度与中央政府》，第78—79页。

◇ **家国情怀的意蕴及其近代转型**

　　从经济、生产的层面来看，在中央集权的时代，君主拥有最高的财产权。秦始皇统一六国之后，即宣布"六合之内，皇帝之土。……人迹所至，无不臣者"（《史记·秦始皇本纪》），是最明确的表述。中国虽有私人土地所有制，但是没有确立根本的私人财产权，私人土地和财产可以通过抄家、罚没等手段，成为君王的财产。而君王以恩赏的方式把土地、金银等分给有功劳的臣民，则成为统治集团内部财产分配的一种方式。明末清初黄宗羲指出，君主的一个特点就是"视天下为莫大之产业"（《明夷待访录·原君》），道出了其中的核心。立法权、人事权、财产权都集中在君王手中，加重了皇权的自私性。这与其应有的仁爱精神、任人唯贤之间，形成巨大的张力。君王的家国情怀，最直接的表现在于维护一家一姓的统治。以"天下为公"来批评和限制皇权，也贯穿在中国政治思想中。

　　中国的皇权专制，经过秦汉初创、唐宋完善，到明清发展到顶峰。明代以前，皇帝是国家的元首，宰相是政府首脑；从明代朱元璋废除丞相制度开始，皇帝变成了国家元首与政府首脑的合一。具体而言，秦代和西汉时期由一人或两人担任丞相，东汉时三公为宰相，到了隋唐时期则形成了集体宰相制。宰相人数的增多，也是皇权不断膨胀的结果。[①] 在这整个历史过程中，外戚、宦官不断干政，是国家政权为君主私有的结果，同时也加速了国家政权为君主私有的进程。每当外戚、宦官专权被结束一次，围绕着如何巩固君权的设计便更加精致一些。制度与道德的结合与分离，成为影响人们观念的一个重要原因。

　　法家思想能够实现"正君臣上下之分"，"尊主卑臣；明分职不得相逾越"，但终究是"严而寡恩"（《史记·太史公自序》）。这在"家国合一"逻辑主导下的传统中国，难以支撑起国家全部的意识形

[①] 刘文瑞：《中国古代政治制度（上）：皇帝制度与中央政府》，第137页。

态。因为在国政被看作家政的观念里，君主首先应该是一个慈父，才能获得臣民的信任和拥戴。也正因如此，君主作为立法者，他的权力不受法律制约才具有合理性。运用儒学中所强调的道德教化、情感面纱来缓和法家思想中"刻薄寡恩"的一面，是汉代以后儒法互补的根本原因。

经过汉初儒法合流过程中的思想建设，汉宣帝宣称"汉家自有制度，本以霸王道杂之"（《汉书·元帝纪》），道出了汉代皇室对于儒法思想的根本态度。其中，法家所强调的君主独享立法权，经过汉代的儒法合流保存在中国历史文化之中，成为君主至上性的重要保障。以君主代国家，也在君王可以独立制定法律的制度保障下，成为现实。

第二节　士人的复杂性

与春秋战国时期的宗族解体同步，上层贵族下降为士，庶人上升为士，与原有的士阶层一起，共同成为士的来源。"士"作为最低级的贵族，最先受到诸侯争霸的冲击，成为平民。同时，士又是平民最有教养和能力的群体，作为贵族与平民相衔接的阶层，其基本职能是掌管和处理各种基层事务。[①] 从阶层流动的角度看，士是上层和下层流动的交汇处，最容易在精神理念上发生变化。上层贵族衰败后，贵族的自我调适以及庶民上升后的积极进取，共同造成士人精神的多元特点。春秋时代"在宝塔式的封建隶属格局中，塔顶的天子和塔基的士庶在政治舞台上并不十分重要，处在宝塔中身的诸侯和卿大夫才是政治舞台的主要表演者"[②]。士人们以道自任的追求，"学而优则仕"

---

① 余英时：《士与中国文化》，第4—8页。
② 陈乔见：《公私辨：历史演化与现代诠释》，生活·读书·新知三联书店2013年版，第37页。

◇ 家国情怀的意蕴及其近代转型

的传统，包含着多元的思想元素。这些思想元素与官僚制度结合在一起，共同造就了士人家国情怀的复杂性，也内蕴着传统家国情怀自我转型的基础和动力。

一 以道自任的责任担当

贵族阶层对王道理想的坚守，对于仁政、礼制的维护，是士人安身立命的根本追求。这种追求，在士阶层诞生的初期，就开始内化为士人的道德操守，成为抗衡强权的精神资源。这也是士人阶层最重要的优良传统。孟子认为"圣人之徒无桓文之事者"（《孟子·梁惠王上》），荀子也说"仲尼之门人，五尺之竖子，言羞称五霸"（《荀子·仲尼》），显示出超越霸道的维度。以王道理想为核心，士人群体中形成了精神共同体的萌芽，周代天命论中以民心、民意、民情代表天意，制约并影响君王的观念获得进一步发展。春秋时期的士人们以各种方式来游说君王，希望能匡时救民，并不以做官为根本目标。

"笃信好学，守死善道"（《论语·泰伯》）是士人的品格。曾子以"士不可以不弘毅。任重而道远，不亦重乎？死而后已，不亦远乎？"（《论语·泰伯》）将对"士"的道德要求提升到了前所未有的高度，把"士"的特性定位在其以"道"自任的精神。而曾子所作的这种定义，在思想史、文化史中的意义在于突破了封建秩序下有固定职业的"士"，开启了心灵解放的底蕴。[①] 曾子把弘毅的精神，对道义的担当落实到日常生活之中，表现出负重致远的特色，把一丝不苟的精神贯彻到点滴小事之中，谨慎地对待任何事情，努力地在防患于未然的谨言慎行之中坚持自己的理想追求："鄙夫鄙妇相会于廥阴，可谓密矣，明日则或扬其言矣。故士执仁与义而明行之，未笃故也，胡为其莫之闻也。"（《大戴礼记·曾子制言上》）

---

① 余英时：《士与中国文化》，第88—89页。

第五章　家国情怀的载体考察

士的使命，即在经世致用、让家国天下合于天道秩序。《中庸》用"诚者非自成己而已也，所以成物也"说明士君子的修身目标。侯外庐等学者在《中国思想通史》中指出，没落贵族的自我省悟是死而后已的大节转入德孝的自我修养和自我省察的内省一途。[①] 同时，从更加深刻的社会制度层面来考虑，为孔子提出、曾子所进一步强化的"从道"思想在处理"道"与"势"的关系时强调的是"道"的优先性，这种优先需要某种社会制度的架构来保证。而恰如其分的社会制度的缺失使得"道"悬在空中，唯有期待士人的自觉。因此，荀子特别强调，人的良好的道德是礼与法得以有效实施的保证。"法不能独立，类不能自行，得其人则存，失其人则亡。法者，治之端也；君子者，法之原也。故有君子则法虽省，足以偏矣；无君子则法虽具，失先后之施，不能应事之变，足以乱矣。不知法之义而正法之数者，虽博，临事必乱。故明主急得其人，而暗主急得其执。"（《荀子·君道》）

此外，尚武的精神在春秋战国时期的士阶层中有充分保留。由于诸侯国内部、诸侯国之间不断通过武力来争夺统治权，好勇任侠之风在战国时期盛行开来。除了满足贵族养士的需要外，在秩序变迁频繁的社会，人们不得不通过寻求人与人之间的结合，组成徒属，或与实力人物形成自卫的个别强者秩序。[②]《史记》中关于刺客、游侠的诸多记载，也说明了民间社会中对武力的认可乃至推崇。在思想领域的百家争鸣，在政治和社会领域的重贤养士，都是以观念、精神结合人群的表现，是古代中国精神共同体的萌芽。

从精神共同体的构建方式来看，"养士"是一个重要的社会现象。在战国时期，贵族养士以四公子最负盛名。孟尝君作为齐国卿相，

---

① 侯外庐、赵纪彬、杜国庠：《中国思想通史》（第一卷），第365页。
② ［日］增渊龙夫：《中国古代的社会与国家》，吕静译，上海古籍出版社2017年版，第82页。

⊗　家国情怀的意蕴及其近代转型

"招致天下任侠奸人,入薛中盖六万余家"(《史记·孟尝君列传》)。由于当时"士"的构成人员比较复杂,与"养士"相关的,还有一个颇有影响力的人群是"游侠"。司马迁在《史记·游侠列传》的序中描述了游侠群体的特征:"其行虽不轨正义,然其言必信,其行必果,已诺必诚,不爱其躯,赴士之阨困,既已存亡死生矣",把重承诺、舍生忘死救人于困厄作为游侠的精神,给予高度赞扬。与司马迁迥异,班固在《汉书·游侠传》中,把游侠作为秩序的破坏者,认为他们"以匹夫之细,窃杀生之权"。无论史家如何评价游侠这一边缘化、又有共同精神追求的群体,他们用"士为知己者死"的态度,表达了精神认同的魅力。这对于维护由上而下形成的国家统一、在民间社会形成彻底的尊君守法习惯而言,是一种反面力量。韩非子明确地指出了这个问题,他说:"儒以文乱法,侠以武犯禁,而人主兼礼之。"(《韩非子·五蠹》)

中国传统思想中以"天"限制王权的思想由于制度缺陷不能真正实现,但它代表了中国士大夫们对权力的合理性与合法性的思考,对国家和社会的发展起了重要的影响。[①] 以不与权力体系合作、代表"异端"思想家们通过自己的方式教化民众,以承担"道义"为最高指向,在"保民而王"的理念下来针砭时弊,批判暴君苛政,为促进中国社会自我发展、不断进步提供思想动力。

二　学优则仕的合作精神

士人们在"学而优则仕"(《论语·子张》)的出路中坚持道德信念。春秋时期,鲁大夫叔孙豹即把"立德""立功""立言"视为人生"三不朽"。到了春秋晚期,士人的数量不断增加,士从最底层的贵族降级为最高级的民,并与最初的基层管理者的职位相分离。士的

[①] 王四达:《"天命有德":中国古代对政治合法性的探索及其历史归宿》,《哲学研究》2012年第1期。

第五章　家国情怀的载体考察

主要出路是入仕，士人们愿意通过自己的努力成为社会中的官僚阶层。李斯说，"久处卑贱之位，困苦之地，非世而恶利，自托于无为，此非士之情也"（《史记·李斯列传》），孟子以极其称赞的语气说"古之人，得志，泽加于民；不得志，修身见于世。穷则独善其身，达则兼济天下"（《孟子·尽心上》），也是道出了对得志的渴望，以及不得志时可以免于困顿的向往。

"士大夫"是最能体现士人群体中实现入仕追求的人。战国时期，诸侯争取士人，士人成为官僚的后备军。西汉以后实施察举制度，隋唐以后又实施了科举制度。士与大夫相沟通，是通过一套制度来保证的。知识与特定的社会阶层相融合，士人与官僚相结合，导致出现了一个新的名词：士大夫，即拥有知识的官僚。[①]"乡绅"或"绅士"出现于16世纪晚期，主要强调的是士大夫在社会之中的地位和功能。绅士及其家族拥有种种正式或非正式的特权，在社会与国家之间履行了司法、行政、治安、教育与公益事业等方面的重要功能。这种绅士也被直接称为士大夫。[②]

士人在入仕追求中，坚守着王道理想。这与纯粹的行政官僚（文法吏）有着本质的区别。阎步克指出，"中国自秦汉以来的国家形式就已是一个典型的官僚帝国了，皇帝与担当国务的官僚集团，共同对社会实施统治。这一帝国中官僚的巨大威望、特权及其运用权力谋取财富的可能性，使我们有理由将之视为社会统治阶级的重要组成部分。并且，这些官僚之所以不能仅仅视为职业文官，还在于这样一点：他们来自知识文化群体，来自士人。士人拥有深厚的文化教养，从事哲学、艺术和教育等文化性活动，特别是，他们承担着被王朝奉为正统的儒家意识形态"。[③] 西汉中期以后，家国情怀主要以帝王和

[①] 刘泽华主编：《中国政治思想史通论·综论卷》，第136页。
[②] 阎步克：《士大夫政治演生史稿》，北京大学出版社1996年版，第4页。
[③] 阎步克：《士大夫政治演生史稿》，第3页。

◈ 家国情怀的意蕴及其近代转型

士大夫为载体而展开，士大夫则成为国家价值观向全社会普及的重要载体。

在现实生活中，士君子们主要是通过与皇权合作来获得的，通过制定、改造制度来实现。熊十力概括儒学的外王思想时，指出儒家的理想制度"依于均与联两大原理"来建构。"均者，平也。……削除其不均不平而归于均平。……既导之以建立新制，必勉之以互相联比，弘其天地一体之量。……均平之制本乎人情之公，联比之法本乎人性之正。"① 在"平天下"的追求中，包含着儒者创造安宁有序、均平合理、公正和谐、仁爱天下的社会理念。均田、限田等是在位者防止贫富分化、稳定百姓生活的重要措施。对均平的制度设计，在一定意义上讲，是儒学天下大同思想、贵和尚中思想、以民为本思想的载体，丰富了仁爱思想、仁政理念的内涵。②

到了宋代，君王们"与士大夫共治天下，而非与百姓共治天下也"（《续资治通鉴长编》卷二二一）的意识逐渐明确，同时，士人通过科举进入仕途的人数不断增加，他们以天下为己任的意识也日趋强烈。在宋明以来的心性之学的思路中，齐家、治国、平天下不仅仅是帝王和官僚们的使命，而应当是每一个人修身的必然结果。我们细读《大学章句》和《中庸章句》，便可见朱熹对推动庶人进入"大人之学"、实现"致中和"方面是颇为重视的。同时，朱熹重视"家礼"的庶人化。

王阳明则直接抛弃了"大人之学"中官僚和庶民的区分，强调"愚夫愚妇皆可为圣人"。沟口雄三认为："阳明学在社会史方面所起到的作用，是使朱熹学从以官僚为本位的道德治世之学转向以民间为本位的道德秩序之学；换言之，可以说这是把儒教道德从士大夫的修

---

① 熊十力：《原儒》，岳麓书社2013年版，"再印记"，第1—2页。
② 李宗桂：《从"调均"看中国文化的优秀传统》，《哲学研究》2016年第8期。

第五章　家国情怀的载体考察

己治人之学扩大为民间的日常性生活规范。"[①] 从道德层面推进家国情怀的大众化，是中国传统家国情怀构建的有效经验。对于普通大众而言，道德之本在于"孝"。在王阳明推进儒学大众化的进路中，诚意、正心、格物、致知的修身论，都围绕着"孝"来展开。黄仁宇从明代官僚政治的实践中，总结出文官群体在认同意识下所形成的行政特点，一是解决问题的关键在于全体文官的互相合作、倚赖乃至精诚团结，二是施政的要诀是以抽象的方针为主，以道德为一切事业的根基。[②]

资中筠概括了"士"的精神传统的三个特点：一是"家国情怀"，以天下为己任，忧国忧民；二是重名节，讲骨气；三是"颂圣文化"，把爱国与忠君合二为一，且忠君是绝对的，认为天王永远圣明。而对于颂圣文化的克服，成为新文化建设的关键。这种概括凸显了"家国情怀"作为士人群体的核心品质的意义。士人自觉坚持原则、承担道义。官僚阶层不仅仅是君主的权力工具，除了"忠君"之外，他们还"横亘于君主与庶民之间，维系着相对独立的'道统'，并构成了以独特机制约束政统的分力"。

整体而言，士大夫阶层作为与官僚制度密切相关的群体，受到官僚政治非常深刻的影响。一方面，他们代表皇权关联民众，自身的情感与理性都以服务皇权为目标。有论者指出，这种一致性，仅仅在特定的条件下才能成立：帝王有远见、不任意妄为，官僚廉洁、绝对忠于皇权。[③] 另一方面，当皇家利益与自身利益不一致时，他们会采取各种方式对抗，形成统治集团内部的斗争。这时，百姓的利益便成为其道义大旗。在此情形下，官僚们的家国情怀往往流于虚伪。

---

① ［日］沟口雄三：《中国的冲击》，王瑞根译，生活·读书·新知三联书店2011年版，第133页。
② 黄仁宇：《万历十五年》，生活·读书·新知三联书店2008年版，第52页。
③ 叶林生、丁伟东、黄正术：《中国封建官僚政治研究》，南京大学出版社2009年版，第54—55页。

三 为公为民的批判意识

官僚体系、朝堂之外的士人们成为促进中国社会发展的重要力量。他们往往在"天下为公""保民而王"的理念下来针砭时弊，批判暴君苛政，劝诫统治者轻徭薄赋，与民休息。这种思路先秦即存在，以孟子提出的"民为贵，社稷次之，君为轻"（《孟子·尽心下》）最具号召力。到了明末清初，一批启蒙思想家开始公开提出罪君、无君的主张。从"天下非一人之天下也，天下人之天下也"（《吕氏春秋·贵公》）到"天下之治乱，不在一姓之兴亡，而在万民之忧乐"（《明夷待访录·原臣》），都呈现出这种含义。到了近代，抑君乃至无君、贵民的思想，成为民权、民主思想的来源。

当"天下"与"国"等同时，天下所包含的价值含义，自然而然地内具于"国"之中；当"国"与"天下"对举时，"国"即朝廷，是一朝一姓的国，是君主与官僚们共有的国，"天下"则是民族文化精神之所寄，是民族成员共有的精神寄托，顾炎武在《日知录·正始》中提出："有亡国，有亡天下。亡国与亡天下奚辨？曰：易姓改号，谓之亡国。仁义充塞而至于率兽食人，人将相食。谓之亡天下。……保国者，其君其臣肉食者谋之；保天下者，匹夫之贱与有责焉耳矣。"这段话有力地指出了"国"与"天下"有着不同的内涵，"国"即朝廷，是一朝一姓的国，是君主与官僚们共有的国；"天下"则是民族文化精神之所寄，是公序良俗的浓缩，是民族成员共有的精神寄托。顾炎武彰显了"国"的一姓之私与"天下"的百姓之公的内在张力，他延续了传统文化中比较常用的"国""天下"相区分的线索，彰显了历史文化共同体的价值，把历史文化共同体与政治共同体之间的张力与隔阂呈现出来。

古代民本思想发展的最高峰——明末清初的启蒙思想，猛烈地批判君主，揭露君主专制的危害。在"保民"的理念下，他们甚至提

第五章 家国情怀的载体考察

出了一些否定君主制度本身的主张，以及极具革命色彩的话语。如黄宗羲提出："为天下之大害者，君而已矣。向使无君，人各得自私也，人各得自利也。"（《明夷待访录·原君》）。唐甄认为："自秦以来，凡为帝王者皆贼也。"（《潜书·室语》）。但他们能想到的办法，一是通过增加相权来分割君权，发挥学校的议政功能，通过官僚士大夫知识分子的舆论力量去监督君主。二是在专制制度下，增加地方士绅和基层政府的自治功能。

顾炎武非常明确地指出，制度设立的根本依据在于"保民"，制度应根据"民"的变化而变化。他说："圣人南面而治天下，必自人道始。立权度量，考文章，改正朔，易服色，殊徽号，异器械，别衣服，此其所得与民变革者也。其不可得变革者，则有矣。亲亲也，尊尊也，长长也，男女有别，此其不可得变革者也。自春秋之并为七国，七国之并为秦而大变先王制礼。然其所以辨上下，别亲疏，决嫌疑，定是非，则固未尝有异乎三王也。……不仁而得天下，未之有也，此百世可知者也。保民而王，莫之能御也，此百世可知者也。"（《日知录》卷七）。

在"保民而王"的理念下，明末清初的启蒙思想家在设计相权、学校、地方自治等制度中，彰显"抑君"的思考，但终究还没能提出废除君主的主张。不过，他们关于"私"的思考，也在"保民"的理念下获得长足的发展。顾炎武在《郡县论》中提出，"天下之人各怀其家，各私其子，其常情也。为天子为百姓之心，必不如其自为。……圣人者，因而用之，用天下之私，以成一人之公而天下治"。这已经涉及了公私之论的近代形态，在尊重个体的私人权利的基础上，建立社会治理的公共制度。

谭嗣同在《仁学》中指出，"生民之初，本无所谓君臣，则皆民也。民不能相治，亦不暇治，于是共举一民为君。夫曰共举之，则非君择民而民择君也。夫曰共举之，则其分际又非甚远于民而不下侪

143

◈　家国情怀的意蕴及其近代转型

也。夫曰共举之,则因有民而后有君。君末也,民本也。天下无有因末而累及本者,岂可因君而累及民哉!夫曰共举之,则且必可共废之。君也者,为民办事者也。臣也者,助民办事者也。赋税之取于民,所以为办民事之资也。如此而事犹不办,事不办而易其人,亦天下之通义也"①。由此出发,谭嗣同提出了对"忠"的变革。"君亦一民也,且较寻常之民更为末也。民之与民无相为死之理,本之与末更无相为死之理。然则古之死节者,乃皆不然乎。请为一大言以断之曰:止有死事的道理,决无死君的道理。死君者宦官宫妾之为爱,匹夫匹妇之为谅也。"② 这与西方的民权思想颇为一致。

整体而言,士君子阶层的家国情怀在中国社会的发展中表现出复杂的特征,其中追求崇高的品格、积极参与社会实践的原则、重视日常生活的取向、既批判又合作的态度构成了家国情怀的基本内核,为中国社会、中国思想文化的发展提供了内在的张力。从中国社会发展的进程来看,正是一批具有批判意识和天下情怀的思想家,开始了对统治集团的"家国"观念的批判。这种批判,植根于中国士大夫阶层固有的经邦济世的责任意识;这种批判,是近代中国人开始树立民族国家意识的思想启蒙;这种批判,是中国文化基因中家国情怀自我更新的必要环节。

第三节　庶民的被动性

带有精英色彩的传统家国情怀,其适用范围是有限的。当它需要向大众传递时,往往会因忽视对象的主体性差异而陈义过高,产生消极影响。同时,基于国家需要而产生的强制性,容易加剧民众认同的背离。为了维持共同体的稳定,服从、忍耐是国家对庶民阶层的基本

---

① 《谭嗣同集》整理组:《谭嗣同集》(下),第361—362页。
② 《谭嗣同集》整理组:《谭嗣同集》(下),第362页。

道德要求。普通老百姓作为被治理的对象,其家与君主、官僚之家国天下很难产生实际的利益关联,成了"家国"关系中无法弥合的裂隙,使得老百姓对家的挚爱未必能够因为统治者们的提倡而切实地转化为对国的热爱。这也导致,庶民阶层的家国情怀,具有保守性与革命性并存的特点。

一 被治理者的定位

中国传统政治思想中,虽然承认百姓在社会、国家中的基础,甚至产生了重民、民本的思想,重视民的需要,但是"民"的政治地位始终不高,长期作为被治理的对象而存在,主要的社会功能是服务王朝和君主。民最关心、最直接感受到的是赋役的轻重,所以任何轻徭薄赋的政策都会受到农民的欢迎。管子在论证富民的理由时说,"民富则安乡重家,安乡重家则敬上畏罪,敬上畏罪则易治也。民贫则危乡轻家,危乡轻家则敢凌上犯禁,凌上犯禁则难治也……是以善为国者,必先富民,然后治之"(《管子·治国》)。爱民、惠民、利民都是维持君王统治的手段。

"民"在现实的物质生活中是趋利的,对于物质利益的追求所造成的贫富分化是导致社会失序的重要原因,这也是"民"需要被治理的现实原因。一方面保证统治阶层可以获得足够的人力与物力来维持自己的生活,另一方面,国家也可以保证有充分的兵源来保卫政权。通过"治民"而实现"爱民"的思路,是传统社会执政者的家国情怀的重要表现。从思想层面看,"民"的思想过分活跃,也是威胁统治秩序的因素。通过教化引导民众不争、安分,是治民的基本思路。

为了维持"民"的稳定性,管仲提出了著名的"四民分居定业论",即士、农、工、商各种职业的人分别居住,且世代专门从事一种职业。就分别居住而言,《国语·齐语》中记载,"四民者,勿使

◇ 家国情怀的意蕴及其近代转型

杂处,杂处则其言咙,其事易","昔圣王之处士也,使就闲燕;处工就官府,处商就市井,处农就田野"。这里虽然没有明确说明士的居住之处,只是要求士要清静,专门完成士的任务,但以当时的习惯而言,士一般居住在国中。其中,"秀民"可以上升为"士",但要经过"有司"的选定,不能由"民"来自己决定其自身的流动性。就定业而言,《管子·小匡》所设计的"士之子常为士""农之子常为农""工之子常为工""商之子常为商"的分工、传承图式,把职业置于血缘的主导之下。这样设计的好处,一是可以使得四民稳定地从事其职业,做到"其心安,不见异物而迁焉"(《管子·小匡》),二是方便经验传承,提高技能和效率,做到父子兄弟之间"相语以事,相示以巧,相陈以功","父兄之教不肃而成,其子弟之学不劳而能"。(《国语·齐语》)

在宋明儒学的教化论中,仁义礼智信与社会分工结合在一起。王阳明在分析圣人之教时,提出"其教之大端则尧舜禹之相授受,所谓'道心惟微,惟精惟一,允执厥中'。而其节目则舜之命契,所谓'父子有亲,君臣有义,夫妇有别,长幼有序,朋友有信'五者而已。唐、虞、三代之世,教者惟以此为教,而学者惟以此为学。当是之时,人无异见,家无异习,安此者谓之圣,勉此者谓之贤,而背此者虽其启明如朱亦谓之不肖。下至闾井、田野、农、工、商、贾之贱,莫不有是学,而惟以成其德行为务"(《王阳明全集·答顾东桥书》)。通过社会分工来推进道德普及,能够有效地实现国家价值观的大众化。

在王权社会,"民"被视为愚昧、无知的人,处于被怜悯、被教化、被拯救的地位,没有自己的自主权,没有个性、尊严,对于社会性事务没有选择权。民治、民生都是君主显示自己能力和权威的东西。这从隋唐时期长安城的城市布局中可见一斑。据考证,隋唐以前,都城建设一般只考虑宫城,居民区则顺其自然,无规则,不与宫

第五章　家国情怀的载体考察

殿形成布局上的配合。隋唐长安把居民和市场纳入了都城整体，使其成为宫城和皇城的陪衬。坊里的设计，基本不考虑居民生活的方便，只考虑服从于皇帝的权威。比较典型之处有，外郭城南北排列十三坊，象征"一年有闰"；皇城正南的坊里东西四列，表达"以象四时"之意；从皇城起向南排列九坊，取《周礼》"王城九逵之制"。每坊环筑坊墙，形成城中之城，具有高度封闭性。①对圣明君主和清官的期待和感激，也是中国传统社会中庶民被动地位的典型表现。

尽管"民为邦本"是中国传统民本思想的重要组成部分，爱民、惠民也是君王和官僚的家国情怀的重要表现，但不能脱离传统社会中庶民被动性的社会现实来理解。我们今天对其进行创造性转化和创新性发展时，需要进行全面审视。李存山指出，理解和评价中国传统文化中的"民为邦本"思想，需要抓住几个要点。第一，崇尚道德、以民为本是儒家文化的"常道"，亦是中国文化的核心价值；第二，在儒家文化中"天民一致"，在民意之上并无更高的所谓"天道合法性"；第三，"以民为本"就是以人民为国家、社会的价值主体，在儒家文化中民本主义高于王权主义；第四，中国传统的民本思想与君主制结合在一起，因此，民本并非近现代意义上的民主；第五，从民本走向民主，符合中国文化近现代转型的逻辑，中国特色的民主制度应是"以民本和自由为体，以民主为用"。②

这种分析，对于中国传统民本思想的分析是比较清晰的。由此出发，也能够更好地说明家国情怀中存在的裂缝，即普通老百姓作为被治理的对象，其家与君主、官僚之家国天下很难产生实际的利益关联，成了"家国"关系中无法弥合的裂隙，使得老百姓的对家的挚爱未必能够因为统治者们的提倡而切实地转化为对国的热爱。民的被动性，也使得传统中国难以形成有力量的民间社会，限制王权则无从

---

① 刘文瑞：《中国古代政治制度（上）：皇帝制度与中央政府》，第108—109页。
② 李存山：《对中国文化民本思想的再认识》，《孔子研究》2016年第6期。

谈起。

二 安命奉上的品性

费孝通指出中国"乡土社会"中人们生活的基本图式："乡土社会是安土重迁的，生于斯、长于斯、死于斯的社会。不但是人口流动很小，而且人们所取给的土地也很少变动。在这种不分秦汉、代代如是的环境里，个人不但可以信任自己的经验，而且同样可以信任若祖若父的经验。一个在乡土社会里种田的老农所遇着的只是四季的转换，而不是时代的变更。一年一度，周而复始。前人所用来解决生活问题的方案，尽可抄袭来作自己的生活指南。愈是经过前代生活中证明有效的，也愈值得保守。于是'言必尧舜'，好古是生活的保障了。"[1] 在经验、常识、习俗束缚下，人们的思维方式偏重保守，反思意识不强，批判精神不足。在百姓中广为流布的村规、民约，也把培育人们勤奋豁达的德性、持守道义的原则、居安思危的态度、和睦邻里的作风视为核心内容。在教化传统中，家国情怀以"百姓日用而不知"的方式在民众中传承。从文化哲学角度看，这也是造成转型期中国文化冲突剧烈、文化建设艰难的内因之一。

从道德标准而言，农民接受最多的是儒家的尊卑有序和死生有命、富贵在天的观念。他们承认自己身份的卑下是命运的安排，所企求的只是风调雨顺，以便交纳皇粮、维持温饱。他们所梦想的也不过是当一个富足的小农，至多以小地主为目标。在商业活动和城市生活中，市民并不排斥异族或异国，比农民更容易接受外来文化。但当异族或异国以军事入侵的形式来到时，国家观念和民族意识会使他们做出比农民激烈得多的抵抗。[2] 另外，当生存遇到极大威胁的时候，农民们也会通过起义来表达反抗，反思等级制度和分配制度，"王侯将

---

[1] 费孝通:《乡土中国·生育制度》，北京大学出版社1998年版，第50—51页。
[2] 葛剑雄:《统一与分裂：中国的启示》，第148—150页。

相宁有种乎""等贵贱,均贫富"是颇具影响力的号召,代表了农民思想的革命性。

商人是士以下受教育程度最高者。明代后期,"弃儒就贾"造成大批士人成为商人。由于商业本身的发展需要从业者具备一定的知识素养和道德追求,士人下沉为商人,又促进了商业的发展。这对于形成独立的民间社会有一定的影响,这也打破了传统社会精英的同质性,商人阶层重利、逐利的价值观也逐渐普遍化。这种自下而上的观念传递,成为更新传统家国情怀的重要力量。到了近代,启民智、新民德被知识精英们视为保国、保种、保教的前提。

整体而言,传统家国情怀中重民、贵民的思想都是君主专制的补充。无论是尊君还是抑君,都是围绕着君主专制展开的讨论和反思。刘泽华指出,传统重民思想是没有公民权内容的。重民的主体是君主,民仅是被君主重视的对象。重点思想在局部问题上与专制君主虽有冲突,但从全局看,它不是对专制君主的否定,而是提醒君主注意自己存在的条件。思想家们倡导重民不是要否定君主,而是向君主献策,把重民作为巩固君主地位的手段。重民思想与君主专制主义并不矛盾,它可以是君主专制主义的一种补充。[1] 这也造成了传统家国情怀中"臣民"的意识偏重的特点。"中国的老百姓只有宗法家族和地方的意识,读书人则再多加一个对王朝和天下的认同"[2],这是在中国的历史、文化系统中非常真实的观念形态。士君子阶层的淑世精神在中国社会的发展中表现出复杂的特征,其中追求崇高的品格、积极参与社会实践的原则、重视日常生活的取向、既批判又合作的态度构成了家国情怀中的基本内核,为中国社会、中国思想文化的发展提供了内在的张力。

---

[1] 刘泽华:《中国传统政治思想反思》,生活·读书·新知三联书店1987年版,第118页。

[2] 许纪霖:《家国天下——现代中国的个人认同、国家与世界》,上海人民出版社2017年版,第57页。

三 任贤缓和阶层固化

从社会群体存在的历史性根据和现实文化认同的角度来讲，理想君民关系的说明是确立共同体存在的基础。从共同体中人与人的关系来审视，君民关系成为传统家国情怀主体结构的表达。君主是共同体的凝聚核心，民众则是共同体一般成员。在君民共同体中，民是生产的主体，承担着奉养君王的义务；君则是共同体的核心，通过其道德力量来感召民众。通过一系列的理念、制度、活动把君、民凝聚在一起，任贤的重要性也凸显出来。在儒家思想中，认为每个人都可以通过道德修养来成为贤者。这也就承认，每个社会成员都拥有参与政权的可能。在一定意义上说，这是一种基于德性而有的权利平等，它在一定程度上可以缓解身份不平等而造成的阶层固化，为阶层流动提供一种可能性。董仲舒作为汉代的"群儒之首"，代表着儒生群体的价值诉求。他高扬"尊君"来寻求君主的支持与合作，兼顾"任贤""养民"来实现儒家的王道理想。

在春秋战国时期，随着诸侯国之间的争斗愈演愈烈，任用贤人来辅助自己，通过谋略和治理使得自己的国家立于不败之地并成为霸主，是各个国君的第一要务。齐桓公任用管仲，打破了用人唯亲、唯旧的旧制，是齐桓公成为一代霸主的重要原因。除了任用管仲，齐桓公还把选贤作为一项基本政策来执行，要求乡长主动发现并上报贤人，如果有贤人而不报，要给予惩处。乡长所选出的贤才，要经过一年的使用后进行考评，优秀者予以提升。对于被提升者再进行考察，确有才干者委以重任。这种方式，打破世卿世禄制，在贵族内部开始选贤，开启贵族内部的上下流动。

在思想层面上，春秋战国时期，孔子、墨子等人纷纷提出用贤、尚贤的思想号召。孔子在回答仲弓如何为政的问题时，提出了"先有司，赦小过，举贤才"（《论语·颜渊》）的主张。墨子则更加直接地

第五章 家国情怀的载体考察

表达了任贤的主张,"古者,圣王之为政,列德而尚贤。虽在农与工肆之人,有能则举之,高予之爵,重予之禄,任之以事,断予之令。曰爵位不高,则民弗敬;蓄禄不厚,则民不信;政令不断,则民不畏。举之者授之贤者,非为贤赐也,欲其事之成。故当是时,以德就列,以官服事,量功而分禄;故官无常贵,民无终贱"(《墨子·尚贤上》)。与孔子相较,墨子的独特之处在于,他把"尚贤使能"的范畴扩展到了"农与工肆之人",从而打破了血缘和阶层的界限,这为战国时期士阶层的广泛崛起奠定了理论基础。墨子之后,尚贤成为一种社会潮流,而为各诸侯国所普遍推行。① 在先秦思想中,"义"与"公"相连是墨子最早做出的判断;而"公"的标准,则反映在尚贤的内容上。

尽管尚贤是先秦各家思想的共识,但是如何定义"贤"则一直见仁见智。"惟仁者宜在高位"(《孟子·离娄上》)是儒学对于德位关系的基本概括,也体现了德性优先于才能的用人标准。"君子之所谓贤者,非能遍能人之所能之谓也;君子之所谓知者,非能遍知人之所知之谓也;君子之所谓辩者,非能遍辩人之所辩之谓也;君子所谓察者,非能遍察人之所察之谓也;有所正矣。"(《荀子·儒效》)汉代的儒者则多从治国、辅佐君主的事功角度来描述贤人。董仲舒讲:"气之清者为精,人之清者为贤,治身者以积精为宝,治国者以积贤为道。"(《春秋繁露·通国身》)这种追求外在功效的气象鼓励了许许多多的儒者致力于辅佐君王和治理国家,对于造就西汉初期蓬勃向上的国势有着非常重要的作用。刘向强调贤人德才兼备且有大功:"贤人君子者,通乎盛衰之时,明乎成败之端,察乎治乱之纪,富乎人情,知所去就,故虽穷不处于亡国之势,虽贫不受污君之禄。是以太公七十而不自达,孙叔敖三去相而不自悔。何则,不强合非其人

---

① 李宗桂等:《中国优秀传统文化的现代价值》,人民出版社2019年版,第149页。

◈ 家国情怀的意蕴及其近代转型

也。"(《说苑·杂言》)刘向这里就明显把内在德性作为了评价贤与不贤的重要因素,可以说是为士人的向内退守提供了一个空间,同时也表现出了对人的内在道德的关注。

察举制在汉代被广泛使用并不断完善的过程中,"孝廉"为常设的察举内容,并根据君主和国家的现实需要来调整察举的内容。整个汉代,察举的内容比较多,可以分为四类:孝悌力田、孝廉、秀才或茂才、贤良方正和贤良文学。其中,孝悌力田主要是孝顺父母、友爱兄弟、精于农事的人;孝廉则是孝顺且廉洁的人,这是西汉察举的主要内容;秀才或茂才,是有非凡才能的人;贤良方正和贤良文学则是品德高尚、敢于直谏、文学造诣高的人。东汉末年,动乱割据的社会对于圣贤有着更加强烈的期盼。刘劭在品评人物的《人物志》中,从政府需要的人才的角度,用德、法、术作为选拔人才的标准。其中,德要求具备良好的道德,法要求通晓法律,术则要求能够熟练运用行政方法与技术。

随着科举制成为国家选拔人才的主要途径,士人们能够通过考试来进入官僚队伍。但是科举制度选拔出来的人,从数量和知识结构上都不能满足国家治理的需要。唐代用了六十种以上的贤才德目来选官,以补充竞争激烈的科举取士制度的不足。这些贤才德目所涉及的内容相当广泛,与道德、文字、行政能力、军事相关。政府甚至还会在必要时举用精通律历、有哲学倾向的隐士。后来,贤才观念越来越窄,明清时期的大部分时间,贤才观念紧缩到经书知识、行政理论和文学学识。[①] 察举、科举都是官僚制度下选拔人才的基本方式。贤才举荐的过程中要依托地方长官来完成,又难以避免家族势力的影响。在多重现实因素的制约下,任贤往往成为君主和大家族实现其利益的口号。少数优秀的农民子弟可以通过举荐和选拔进阶士大夫,但数量

[①] 何炳棣著,徐泓译注:《明清社会史论》,台北:联经出版事业有限公司2013年版,第12页。

第五章　家国情怀的载体考察

有限。

尽管如此,任贤也为"民"提供了上升的可能,是把君主、官僚、民众整合在一起的重要途径。在这束微光的烛照下,各个阶层有限流动,阶层矛盾得以缓解,实现社会整合。王亚楠指出,"选贤任能是官僚政治的口号,'能者在位,贤者在职'的理想实现程度,确也能测定那种政治场面的休咎与吉凶。但所谓贤者与能者,并不是在政治过程以外'预定生产'出来的,他们必须得是在有所劝勉、有所警惕的政治环境下,居安思危和力图上进的结果"[①]。

在传统社会,官僚们的政治地位与普通民众更加接近,其实质只是君主治理民众的工具。韩愈《原道》中对于君、臣、民三者之间的关系概括颇为经典:"君者,出令者也;臣者,行君之令而致之民者也;民者,出粟米麻丝、作器皿、通货财,以事其上者也。"[②] 马端临在《文献通考·自序》中的"役民"之论,更是直指官僚政治的本质:"役民者,官也;役于官者,民也。郡有守,县有令,乡有长,里有正,其位不同而皆役民者也。"在这种政治下,君主对臣、民是一种单向的宰制,与之相应的文化形态则是"一统"以及君主"独尊"。有论者指出,传统人治—吏治模式中,把社会希望寄托在开明君主身上,不过是反映了表层权力结构的特征。相信人的内心有无穷的力量可以发掘,把这种信念引入政治领域,化为政治和道德,以为只依靠思想和道德的力量就可以解决一切社会问题,这便是中国古代政治传统的核心所在。因此,中国古代社会不曾有过"法治",而且也不大可能出现"法治"[③]。

对家国情怀载体的考察,可以延续执行礼乐政刑之士与遵守礼乐

[①] 王亚楠:《中国官僚政治研究》,第87页。
[②] (唐)韩愈:《唐宋名家文集·韩愈集》,卫绍生、杨波注译,中州古籍出版社2010年版,第187页。
[③] 梁治平:《寻求自然秩序中的和谐:中国传统法律文化研究》,商务印书馆2013年版,第90页。

◇ **家国情怀的意蕴及其近代转型**

政刑之民的区分，彰显二者不同的家国情怀，具体而言就是有尊有卑，有主有从，分工合作。孔子之言"君子之德风，小人之德草。草上之风，必偃"（《论语·颜渊》）可以说是传统家国情怀的主从结构的表达。姜义华认为："中国传统家国共同体从根本上说，乃是一种由等级差序所主宰的共同体。由个人到家庭，由家庭到家族，由家族到国家，由国家到天下，构成总的等级差序格局；而且在家庭、家族、郡县、朝廷等各个不同层级的共同体中，又有各自的等级差序格局。在等级差序结构中，每一个人、每一个层级，都有其确定的角色地位，这就使共同体得以稳定地构成；但其角色地位又并非永远固定不变。"①

从载体建设上看，"君子义以为上"（《论语·阳货》）中的价值取向成为传统与现代相衔接的重要方面。义利并举，崇德尚义，勤俭节约，在今天依旧是推动中国社会发展的动力因素。改革开放以来，由于特殊的文化生态，企业家群体扮演着新政策的践行者、新企业的创造者、旧民众的启蒙者三位一体的角色，他们通过自己的创业活动促进党政干部不断完善政策，唤醒人们的主体意识、法治观念等，为塑造新时代的中国文化精神做出了重要贡献。

---

① 姜义华：《中国传统家国共同体及其现代嬗变（上）》，《河北学刊》2011年第2期。

第六章

家国情怀的维护

"仁"在观念和情感上表达人与人之间的认同,"礼"则是从行为上体现个体与他人、共同体的一致,与中国的祖先崇拜、自然崇拜有直接的关系。从字源上讲,"礼"与上古的宗教祭祀活动有关,《说文解字》对"礼"的解释为:"履也,所以事神致福也。从示从豊。"其中,"示"即"神事也","豊"为"行礼之器也"。"礼"源于血缘伦理和习俗,最初与神话、巫术不可融为一体,但其目的却在于"合族固姓"(《国语·楚语》),增强共同体的凝聚力。《左传》中借子产之口,提出"夫礼,天之经也,地之义也,民之行也"(《左传·昭公二十五年》),道出了"礼"为贯通天、地、人的常道,"礼"是天人沟通的产物,是自然与人事的共同表现。《礼记》中有多篇论及"礼"的起源、功用和内涵,综合先秦、下启汉代,趋于形成对礼乐根源的整体性看法。其中,从人性人情中探寻"礼"的起源和功用,成为重点。

从中国思想史上看,以人性人情为礼乐的根源,是孔子时就开启的儒学基本思想。孟子和荀子也承认礼乐源于人情,但孟子认为礼乐是从性情的直接推扩中产生,荀子却认为礼乐产生于矫情化性的社会治理需要。自董仲舒整合孟子与荀子的思想,以"安人"说明"仁",以"正我"表达"义","礼"调整自身和人际关系的道德根

◈ 家国情怀的意蕴及其近代转型

基便确立下来。通过情感传递与秩序合力来维持共同体的稳定,是礼的根本精神,仁、义、礼三者的关联也在维持共同体的稳定中被讨论。"礼"作为维护传统家国情怀的重要依凭,包含着道德层面的礼义、教育层面的礼教以及政治层面的礼法,具有高度的综合性特点。"五四"以来,对"礼"的反思与批判,推动了中国文化的自我更新,成为中国人讨论自由、平等、法治等问题的切入点。

第一节 礼乐教化的温情涵养

通过礼乐教化来维持中国传统社会的稳定,构成中国礼乐文明的核心,具有沟通历史与当下、个体与社会的功能。正如有论者指出的,在中国文化最为古老的"天命"观念中,远古的先民通过祭祀等仪式沟通天人,氏族首领即掌握巫术仪式的巫师;随着早期国家的出现,这一沟通天人的中介者角色逐渐从巫师、巫君(氏族首领)转化为根据一定制度和礼仪治理国家的君王。正由于此,君王作为天的代表角色就必须以践履礼乐、服从民意为前提,因为礼乐和民意即天命、天意的人间显示。所谓"制礼作乐",即天之礼乐化为天人关系的礼乐化;所谓治道合一,即指制度、秩序和关系都能体现道德含义(天意)的社会;所谓礼乐共同体,即指政治实践并不外在于道德实践而道德实践又不外在于礼乐制度的社会。[①] 以情感的力量来支撑政治功能,是礼乐教化的基本特征之一。培养民众的敬与让,是礼乐教化的导向。

一 敬与让的道德培养

除了从祭祀仪式中把握"礼"的形式之外,中国人很早就开始思

---

① 汪晖:《现代中国思想的兴起》(上卷·第一部),第348—349页。

第六章 家国情怀的维护

考"礼"的根源、核心、目标等问题。有论者指出,在周代曾作为政治即礼制原理的载体的士人,到汉代其本质结构并无变化,仍支配着士人的正常意识。①从制度创生的角度看,礼乐与道德合一,二者共同维系着共同体稳定,是三代时期"礼"的精髓。这也成为后代知识分子进行价值评价的标准之一。在儒家礼乐教化的思想中,一方面承认性与仁是人的本质,是社会文化发展的动力,另一方面也承认情与欲是人所固有,经过恰当引导可以成为推动社会发展的力量。这就把人的理性因素与非理性因素结合在一起,全幅展现人类世界。"兴于诗,立于礼,成于乐"(《论语·泰伯》)是孔子立教的宗旨,而其具体的教化、教养的作用,到了荀子才论述开来。

《荀子·乐论》中提出"乐者圣人之乐也,可以善民心。其感人深,其移风易俗,故先王导之以礼乐而民和睦"的判断,把"乐"的来源、功能表达出来。首先,荀子把"乐"作为表达人性、引导人情的必要内容,提出"夫乐者,乐也,人情之所必不免也,故人不能无乐。乐则必发于声音,形于动静,而人之道,声音、动静、性术之变尽是矣。故人不能无乐,乐则不能无形,形而不为道,则不能无乱"的判断。其次,荀子提出了圣王制乐以导民向善,认为"先王恶其乱也,故制雅、颂之声以道之,使其声足以乐而不流,使其文足以辩而不諰,使其曲直、繁省、廉肉、节奏足以感动人之善心,使夫邪污之气无由得接焉",实现"夫声乐之入人也深,其化人也速"的目的。最后,荀子把礼与乐结合在一起,共同作为维持社会和谐的基本手段:"故乐行而志清,礼修而行成。耳目聪明,血气和平……故乐者乐也,君子乐得其道,小人乐得其欲","且乐也者,和之不可变者也。礼也者,理之不可易者也。乐合同,礼别异。礼乐之统,管乎人心矣。穷本极变,乐之情也。著诚去伪,礼之经也"。性、情、

---

① [日]谷川道雄:《中国中世社会与共同体》,马彪译,上海古籍出版社2016年版,第68页。

◎ 家国情怀的意蕴及其近代转型

欲一起,才能构成完整的个体生命,只有外在制约与内在疏导相结合,才能使性、情、欲的力量平衡而有情志地展示出来,促进人类进步,自然而然地避免破坏性力量。荀子关于礼乐教化的论述,是对以往思想的总结,并为后世儒者所继承和发展。

首先,中国传统的道德内容非常广泛。简单分类而言,仁、义、礼、智、信从道德教化层面突出对个体的道德修养要求,恭、宽、信、敏、惠则从治国理政层面提出对执政者的道德要求。合而言之,在修身、齐家、治国、平天下的整体格局下,个体道德修养本身即是执政者道德的基础;以执政者道德为目标来引导个体的道德修养,是教化的基本方向。孟子提出的"辞让之心,礼之端也"(《孟子·尽心上》),把敬、让与礼的关系清晰地表达出来。培养民众的敬、让之德,是传统教化的根本旨归。《礼记·祭义》曰:"立爱自亲始,教民睦也;立敬自长始,教民顺也。教以慈睦,而民贵有亲;教以敬长,而民贵用命。孝以事亲,顺以听命,错诸天下,无所不行。"这便是"爱""敬"所蕴含的教化力量,由此,家庭伦理被扩张为社会伦理。

《左传·文公元年》言:"忠,德之正也;信,德之固也;卑让,德之基也。"在道德教养中强调敬亲、谦让,一个原因在于,父母爱子之情、争夺利益之心基于浓厚的本能,而子女爱亲、谦让精神固然也是基于人性,但需要长久培养。荀子对此有明确说明:"礼起于何也?曰:人生而有欲。欲而不得,则不能无求。求而无度量分界,则不能不争。争则乱,乱则穷。先王恶其乱也,故制礼义以分之,以养人之欲、给人之求;使欲必不穷乎物,物必不屈于欲,两者相持而长。是礼之所起。"(《荀子·礼论》)《礼记·祭义》更加明确地提出了"让"在避免纷争、维持社会和谐中的作用:"天下之礼,致反始也,致鬼神也,致和用也,致义也,致让也。……致让,以去争也。……"董仲舒用教民以让来归纳教化的核心,程颐把修养工夫概

· 158 ·

第六章　家国情怀的维护

括为"涵养须用敬，进学在致知"，足见"敬"与"让"在传统教化中的核心地位，一直贯穿在儒学教化思想之中。

其次，从"敬"与"让"的具体要求中，提升出"敬畏之感"与"谦让之风"，并以此作为人与人交往的基本方式，是维持传统社会稳定的基础。此时，礼不仅仅是一种外在规范，同时也是人的主动选择。在这种内、外相合的修养过程中，人与人的亲近之情便可以在社会中蔓延开来，达到子夏所提出的"君子敬而无失，与人恭而有礼，四海之内，皆兄弟也"（《论语·颜渊》）的氛围。"敬重"与"通情"是礼乐精神最基本的内涵，代表了沟通内外、主客、人我的取向。通过人的情感来确立人在生活中的真实感，通过人与天、地、人、物的生命感通来提升人的生命意义，是儒学日常生活理论的特质之所在。以礼乐教化为桥梁，以身载道的文化精英与普通民众形成良性互动，儒学的核心价值理念持续影响整个传统社会，这种特质和文化传承经验对今天的文化建设有积极意义。[①] 就个人的道德发展而言，对父母权威的敬畏是第一阶段，第二阶段是社会规则的自觉遵从，第三阶段是对共同体的热爱和奉献。以"敬"为起点的道德培养，可以成为所有道德感的基础。

从中国历史上来看，礼乐教化的内容和地位也在不断变化。汉末的社会动荡导致礼教衰微，魏晋名士又批评礼教的虚伪。隋唐时期，在佛道思想的冲击下，礼治以礼仪为主，内在于礼的德性、情感问题没有得到充分的重视。到了宋代，礼的义理化成为礼学的核心。张载提出"礼亦有不须变者，如天叙天秩，如何可变！礼不必皆出于人，至如无人，天地之礼自然而有，何假于人？天之生物便有尊卑大小之象，人顺之而已，此所以为礼也。"[②] 其中，礼之不须变者，即礼所内蕴的仁义道德。这是根源于天的，可以成为天叙、天秩。礼之可变

[①] 张倩：《儒学日常生活理论的现代价值》，《学术研究》2013 年第 11 期。
[②] （宋）《张载集》，第 264 页。

◈ 家国情怀的意蕴及其近代转型

者,即礼的外在表现。这是可以随时间和空间的变化而变化的,是出于人的。而作为礼的根本价值所在的仁义道德则是出于天且合于自然之道的。天生万物皆有规律,人本其规律而参悟礼义,进而创制节文度数之礼仪。经过宋代礼学的发展,礼的外在仪文与内在道德在理论形态上获得了更好的整合。

再次,礼乐均本于人的自然情感,"礼"主要成就人与人的生命精神活动的秩序、节制与条理,有"节制"和"尊敬"两方面意义;"乐"主要成就人与人的生命精神活动的充实、和融与欢喜,可以使人之内外生命相感通,亦与天地万物之活动相感通,获得对天地人我万物通而为一的生命感受,获得性与情合一的生命体验。"天人合一"这种初级共同体意识在礼乐生活中得到强化,家国共同体意识也在天命、人事中不断内化。礼乐精神在修养人格中的关键作用,在于内外相合、表里如一,对个人修养的完成起着贯通和整合作用。所以当子路问及修养"成人"的道理时,孔子回答说,有了智慧、清廉、勇敢、多才多艺这四方面的品格,还必须"文之以礼乐,亦可以成人矣"(《论语·宪问》),突出的正是现实生活对人格的陶养意义。费孝通曾说:"礼并不是靠一个外在的权力来推行的,而是从教化中养成了个人的敬畏之感,使人服膺;人服礼是主动的。"[1] 这是就礼的内外相合而言的。

最后,"敬"与"让"的道德要求,在礼乐制度、礼乐教化的维护下,具有了更加持久、广泛的影响力。从礼乐与制度的关系来看,在三代时期,礼乐是道德的载体,礼乐所具有的道德意义不证自明。随着社会历史的发展,礼乐的道德意义与制度功能逐渐分离。尽管这是一个长期的过程。汉代时期,经过儒生与帝王的合作,礼制成为君王、官僚士大夫们治国、齐家的主要途径,与刑罚

---

[1] 费孝通:《乡土中国》,北京出版社2005年版,第74页。

第六章　家国情怀的维护

一起，共同维护"忠""孝"国家价值观。从宋代开始，"礼"开始向庶民们下移，教化也更加面向大众。杨念群从教化形态比较了先秦儒学、汉代儒学和宋明儒学的差异，认为宋代儒者最初常以"布衣"身份任经筵讲官，后来又形成了士人官僚与皇帝共治天下的局面，最终找到了教化王者、发挥效力的渠道。而先秦时期的教化之儒只是民间学者，无缘参与政治。更为重要的是，宋代儒学还通过一系列的制度安排，如宗族、乡约、书院等社会组织，把儒学要义直接贯穿到了基层社会，构成了地方相对自治状态的文化资源，这更是先秦教化之儒，乃至王者之儒无法企及的成就。① 与理学的建构与发展几乎同步，宋代的宗族共同体深入乡间基础，更具大众性、散在性、普遍性。

以"维齐非齐"的方式来实现社会稳定，是"礼治"的基本思路，也是荀子强调以"礼"来构建社会秩序的最终目标。"礼之用，和为贵"揭示出礼治的精髓。"发乎情止乎礼""发而皆中节谓之和"是中国人耳熟能详的经典表达，体现人们对于以规范来引导、调和情感的认同。以"仁"来褒扬这种认同，就表现出对于自觉认同规范的理性赞许，成为中国传统社会教化的主要内容。

二　宗法精神的延续

段玉裁《说文解字注》中解释礼的意义，提出"礼有五经，莫重于祭。故禮字从示，豊者，行禮之器"。从起源上看，"礼"最早是一系列仪式，人们希望通过这些仪式与神交接，以乐舞仪式表现对祖先神灵的尊重，祈求神的护佑。陈来指出，西周文化作为三代文化漫长发展的结果，经历了巫觋文化、祭祀文化而发展为礼乐文化，从原始宗教到自然宗教，又发展为伦理宗教，形成了孔子和早期儒家思

---

① 杨念群：《儒学地域化的近代形态——三大知识群体互动的比较研究》（增订本），再版"序言"，第9页。

◇　**家国情怀的意蕴及其近代转型**

想产生的深厚根基。儒家思想及其人文精神是中国文明时代初期以来文化自身连续发展的产物，体现了三代传衍的传统及其养育的精神气质，儒家思想与中国古代文化发展的进程具有一种内在的联系。儒家的价值观也成为中华文明价值体系的主流。① 宗法精神便通过儒家价值观传承下来。

在《礼记》中，《曲礼上》有言："礼者，所以定亲疏，决嫌疑，别同异，明是非也"；《乐记》中又云"礼者，天地之序也。……序，故群物皆别"，强调礼即规定天地间万物亲疏异同差别的秩序；《礼器》篇云"礼也者，犹体也。体不备，君子谓之不成人"，《冠义》篇申明"凡人之所以为人者，礼义也"，"礼"是人之所以成为人的标志。另外，关于"礼"与"理"的关系，也是重要的话题。《乐记》篇云"礼也者，理之不可易者也"，《仲尼燕居》篇有"礼也者，理也"的判断，把"礼"的内容指向品节、文理、次第等。随着社会生活的不断变化，礼逐渐从统治者自身延及不同社群，每个成员在参与仪式中都有自己的"位"，按此"位"以立身行事。"'礼治'秩序赋予了士大夫'君子'以特殊地位。他们掌握了文化知识，因'贤贤'之义而强化而来其居位的正当性，并且既维持着等级制度之'尊尊'差等，也维系着各类社会成员之'亲亲'纽带。"② 这为我们审视传统家国情怀中的血缘亲情与等级尊卑的统一提供了一种思路。

稳固的、富有亲情的家庭的存在为家庭成员提供了一个自由自主的活动空间和天然庇护场所。在聚族而居的小农家庭之间，祭祀是强化血缘关系的最重要方式。在西周、战国的宗法制度中，庶人无庙，庶人祭于寝。战国、两汉时期的小农户中，由于没有家族组织，人们

---

① 陈来：《中国古代宗教与伦理》，生活·读书·新知三联书店1996年版，"导言"，第7—8页。
② 阎步克：《士大夫政治演生史稿》，第99页。

第六章　家国情怀的维护

的祖先祭祀并没有由族长组织的全族祭祀，而主要是个体家庭自行完成。小家庭共同联合参加的祭祀主要是社祭，包括祭祀名岳、山川之神。这也是一种地域性的祭祀。① 社祭所需要的费用由全村人共同出资，每个家庭都必须参加，主要活动有唱戏、烹肉、宴饮等，场面盛大。《盐铁论·散不足》中有相关的描述："今富者祈名岳，望山川，椎牛击鼓，戏倡舞像。中者南居当路，水上云台，屠羊杀狗，鼓瑟吹笙。贫者鸡豕五芳、卫保散腊，倾盖社场。"此外，农户小家庭还会在节令、丧事、喜事中举行燕饮，加强邻里间的联系。血缘关系逐渐退居次要地位，地缘因素的作用则不断增强。

在现实生活中血缘关系减退的同时，祭祀成为保存、涵养宗法关系的基本手段。孔子提出"死，葬之以礼，祭之以礼"（《论语·为政》），曾子讲"慎终追远，民德归厚矣"（《论语·学而》），都在强调通过体验父母祖先与自己生命之不离，感受自然亲情之永恒，来强调丧尽其礼、祭尽其诚对成就个体道德人格的重要意义。把通过人的亲情感召而保证礼的形式得以更好地维护和落实，真正地实现内心情感与外在条文形式的完美结合的路径表述得更加明确。

北宋之前，家庙仅仅是官僚贵族士大夫的特权，普通百姓（包括中小地主士绅）通常在正厅祭祀。张载开始把这种庶人祭祀用的正厅也称为"庙"，"凡人家正厅，似所谓庙也，犹天子之受正朔之殿，人不可长居，以为祭祀、吉凶、冠婚之事于此行之"②，程颐是"历史上第一正式提出不分贵族士大夫和庶人都建立家庙，并对家庙的规制、陈设提出具体设想的人"。他说："收合人心，无如宗庙。……系人心，合离散之道，无大于此。"（《周易程氏遗书·涣》）一切秩序都是为了营造一个既缅怀祖先、慎终追远，又重视现在、爱护幼小，团结和睦，其乐融融的氛围。

---

① 徐扬杰：《中国家族制度史》，武汉大学出版社 2012 年版，第 150—151 页。
② （宋）张载：《张载集》，第 295 页。

◇ **家国情怀的意蕴及其近代转型**

朱熹借用祭祀乡贤名师的"祠堂"一词,把张、程设想出来的家庙改称"祠堂",以之为家族祭祀祖先、团聚族人的中心,提出设置祭田以保证祭祀的实行和在物质上吸引族人的设想,并从祠堂、族田、祭祀、家法、族长、家族礼仪等方面详细地设计了家族制度。从此以后,士大夫的家庙和庶人的正寝逐渐衰废,祠堂代之而起。① 现代学者研究三祭之礼时,做出了整合式的说明:"祭天地然后人心遥契太极,人格得以完成;祭祖宗,然后上下之情通,人伦之本得以树立;祭圣贤,而后人知法古今之完人,使人文化成于天下。故三祭立,然后天人性命相贯通:皆得以客观化,不特使太极、人极大成于皇极,亦使人格世界、人伦世界大成于人文世界。"②

从"礼乐教化"来分析中国文化之日常生活和文化生活相沟通的基本途径,主要是从构成要素和方式上解释中国文化的发展,分析中国文化的优长与缺失。这种分析一方面昭示了中国文化的德性基础,并指出了中国文化发展的模式和实践品格,有助于彰显中国文化的平民性特征。从礼乐文化来解释中国文化共同价值观念的形成、文化内聚力的不断强化以及文化认同的自觉,都有独特价值。另一方面,礼乐传统也造成了中国文化中日常生活结构稳固,文化惰性强大,在一定程度上加剧了现代文化转型的痛苦。传统家国情怀关联于民众社会生活的内容,主要是依存于世俗社会的礼仪、礼俗;而传统社会以经典传习为主的教育系统,则使士人(知识阶层)构成为儒学教化理念之"以身体道"的群体,这使儒学的教化理念与社会生活、民众生活形成一种良性的、相融互动的关系,因而使中国两千多年的传统文化具有一种自身创造转化和发展的活力。传统家国情怀也在这种转

---

① 徐扬杰:《宋明家族制度史论》,第468页。
② 唐端正:《唐君毅先生论宗教之价值与三祭之意义》,载霍韬晦主编《唐君毅思想国际会议论文集(Ⅱ)·道德与宗教》,香港:法住出版社1990年版,第1—12页。

化中保持了自身的稳定性。

第二节　德主刑辅的强力捍卫

礼成型之初是祭祀的仪式，在商代被神学化，在周代形成系统的制度，经过孔子和荀子的补充发展，内化为修己之道，外化成治人之政，寓强制于教化，使国家法权与道德修养融为一体，兼有德刑两种功用。从传统中国的社会结构上看，城市发展比较缓慢，主要以村落为生产、生活的单位。因此，也可以说传统中国社会是一个村落社会，主要靠礼俗、教化来维持社会的自治。但是，在"礼"的构建中，援法入礼是非常重要的环节，法的强力作用被吸纳进礼的整体范畴之中。

"礼"在亲亲、尊尊的标准下，提升人的道德认知，规范人的行为方式，通过维护人与人的身份差异来维持社会秩序的稳定。一方面，"礼"必须顺乎人情人性，以礼义（即亲亲、尊尊）的普遍性成为人们所共同接受的东西；另一方面，"礼"又必须有约束力，通过礼仪来形成、表达行为规范，为人们所遵循。这种约束力的部分，又与"法"结合在一起，形成了礼法合治的社会治理方式。从规范层面讲，道德中最为基本的原则和规范逐渐被列入法律体系之中。从功能层面讲，法律的硬约束要强于道德软约束。运用礼中的强制因素，通过意识形态的力量把民众稳定在家—国体系的需要之中，也是传统家国情怀维系的重要内容。

一　礼蕴含着刑罚

在先秦时期，礼作为社会制度，内在地包含着规范、法律的功能，"礼者，法之大分，类之纲纪也"（《荀子·劝学》）。萧公权指出，"春秋时人之论礼，含有广狭二义。狭义之礼指仪文形式，广义

◇ 家国情怀的意蕴及其近代转型

指一切典章制度"①。法律史专家陈远顾也提出,"'礼'在中国固有法系的观点上,除去其为道德的规律及当代社会意识的结晶以外,就是最早的政事法和民事法"②。孔子虽然重视以德和礼治国,但并不否定刑罚的重要作用。"政宽则民慢,慢则纠之以猛。猛则民残,残则施之以宽。宽以济猛,猛以济宽,政是以和"(《左传·昭公二十年》)的论述,就是说明刑罚的辅助作用。孟子也说"国家闲暇,及是时明其政刑"(《孟子·公孙丑上》)。礼与法相通,建立在"刑"的理解上。有论者指出,先秦儒、法之争建立在当时人对"法即是刑"的共同理解上。③

董仲舒用阴阳观念来解释礼与法、德与刑关系,认为法、刑为阴,礼、德为阳,"刑者德之辅;阴者阳之助"(《春秋繁露·天辩在人》)。被纳入天地、阴阳框架下的礼法、德刑关系,具有了不证自明的确定性、神圣性和合理性,在形而上的层面更加具有说服力。以"刑"释"法",以"法"来诛恶、禁绝的内容在《春秋繁露》中多次提及,可见董仲舒对于"法"的暴力色彩及其功用有充分的认知和接受。在董仲舒的思想中,"法"依旧从属于"礼",使得"法"难以独立发展,体现并加深了中国古代法的几个特点。有论者总结了中国古代法的特点:偏重"刑"(刑法规范和刑事手段),忽视法的概念所应包含的其他内容;偏重"用"而忽视"体"的方面,轻思辨,轻逻辑,好笼统;偏重法的艺术方面而忽视法的科学方面。④

与董仲舒相较,宋明理学更加强调刑罚的意义。二程提出:"治蒙之治,立其防限,明其罪罚,正其法也,使之由之,渐至于化也,

---

① 萧公权:《中国政治思想史》(上),第105页。
② 陈顾远:《中国固有法系与中国文化》,载陈顾远《中国文化与中国法系——陈顾远法律史论集》,中国政法大学出版社2006年版,第14页。
③ 梁治平:《寻求自然秩序中的和谐:中国传统法律文化研究》,第3页。
④ 范忠信:《中西法文化的暗合与差异》,中国政法大学出版社2001年版,第30—40页。

第六章　家国情怀的维护

或疑发蒙之初，遽用刑人，无乃是不教而诛乎？不知立法制刑，乃所以教也，盖后之论刑者，不复知教化在其中矣。"（《周易程氏传·蒙》）他们把先刑后教、寓教化于刑罚之中，与董仲舒把刑罚作为教化之补充相较，更加强调了"为政之始，立法居先"（《二程遗书》卷十七）的思路。理学对于权力介入道德修养的强调，充分说明礼、法在彰扬仁义、维护伦常上的目的是一致的，"以刑辅教"是非常重要的手段。在"洒扫应对"亦包含着义礼的思路中，伦理纲常渗透到日常生活中的细微之处。朱熹概括《小学》的宗旨时即指出："古者小学教人，以洒扫应对进退之节，爱亲敬长隆师亲友之道，皆所以为修身齐家治国平天下之本，而必使之讲而习之于幼稚之时。"（《朱子语类》卷四十九）

综合来看，"礼"本身就蕴含着刑、罚的含义，是礼法相通的前提，也是儒、法思想可以合流的前提。就中国思想史而言，皇权越庞大的时期，刑、罚的意义越重要。礼在刑、罚的支持下，成为人们不得不遵守的规范；刑、罚的暴力手段也在礼掩盖下不断扩展其作用范围。传统家国情怀在礼的维护下，在自然而然的情感色彩的背后，还有强力的冷酷色彩。

二　强力维护三纲五常

礼、法在彰扬仁义、维护伦常上的目的是一致的。汉代起，"以刑辅教"的思想获得了人们的广泛认同，具体表现为：礼所认为对的，法亦允许；礼所禁止的，法亦制裁。这种思路，自确立起，便一直贯穿在传统社会之中。在礼法合治、以刑辅教的过程中，礼法与民众的日常生活结合得更加紧密，强力维护三纲五常。"五常"是"三纲"的道德依据，"三纲"是"五常"行为要求。董仲舒提出"天子受命于天，诸侯受命于天子，子受命于父，君妾受命于君，妻受命于夫"（《春秋繁露·顺命》），界定君臣、父子、夫妇主从和尊卑关系，

◇ 家国情怀的意蕴及其近代转型

是三纲的终极依据。以礼、法来维护三纲五常，是传统礼法精神的灵魂。三纲五常对于维护君、父、夫的权威，增强社会稳定具有积极意义，但对于单向服从的强调则限制了臣、子、妻的主动性和创造性。这也加重了传统社会的等级性，成为近代以来人们强力批判礼治的切入点。

依赖法令的强制力治理国家，是汉武帝时期非常重要的举措，也是基于社会现实的一种统治术的选择。关于如何制定法令，董仲舒强调"原心定罪"，用《春秋》的经义考察犯罪者的动机，根据动机的善恶来量刑。犯罪的行为和效果则为等而次之的定罪根据。这开启了道德法令化的基本思路。因为忽视行为动机而只看行为结果的断罪量刑方式，会导致"百官皆饰虚辞而不顾实，外有事君之礼，内有背上之心；造伪饰诈，趣利无耻；又好用憯酷之吏，赋敛亡度，竭民财力，百姓散亡，不得从耕织之业，群盗并起"（《汉书·董仲舒传》）的恶果。公孙弘则"以《春秋》之义绳臣下取汉相"（《汉书·食货志》），成为重视行为动机来规范人们行为的另一个典型。

从时间上看，自元光五年起，汉武帝倚重张汤、赵禹制定法令。"招进张汤、赵禹之属，条定法令，作见知故纵、监临部主之法，缓深故之罪，急纵出之诛。"（《汉书·刑法志》）其中，"见知故纵、监临部主之法"的核心在于，知犯法者而不举发，则被认为故意纵容犯罪，而罪犯的主管部门及上级的主管官员、监察官员，都要连坐。这是把"动机"的推定纳入量刑的根据。而"缓深故之罪，急纵出之诛"则是放宽对犯人加重处罚及陷入于罪者的罪责，鼓励加重惩处；加重对犯人开释不疑为故纵者的惩处，限制从轻论罪。这整体上导向了是加重对犯罪的处罚。班固用"奸猾巧法，转相比况，禁罔浸密"（《汉书·刑法志》）来描述其效果，奸猾的人玩弄法令，各种案件互相比附，法网越来越密。这不仅落实了董仲舒重视"动机"的提醒，还强化了法令的严苛程度。

第六章 家国情怀的维护

三国两晋南北朝时期，在法律中正式规定了"重罪十条"，囊括了危害君权、父权、夫权在内的十种严重犯罪，法条将这十种犯罪置于律首，予以重惩。这十条法律几乎每条都贯穿"三纲"的伦理原则。这在后世法典中发展为"十恶"，为宋元明清历代所承袭，成为中国传统社会的最高刑法准则。"重罪十条"包括：反逆（谋反及篡权行为）、大逆（毁坏皇家宗庙、陵寝及宫殿行为）、叛（背叛朝廷或国家）、降（投降敌伪）、恶逆（谋杀或殴打尊亲属）、不道（灭绝人道的残杀人行为）、不敬（偷盗皇家器物或祭祀用品以及过失危及皇帝安全）、不孝（不奉敬侍养尊长及违反服制行为）、不义（部下及百姓杀死郡县官吏或丈夫去世而妻子匿不举哀等行为）、内乱（亲属之间犯奸乱伦行为）。① 由三纲衍生出来的服从上位者的精神，被很好地贯彻下来。

汉武帝主动变更法令，用儒家经义来指导法令的制定，把儒学的道德理想国家化，用法令来巩固儒家的伦理纲常，也把尊卑、亲疏等等级观念维持下来，降低了法令的客观性，使其更好地服务于国家统一和君主权威。瞿同祖认为，在汉以后，儒者参与了法律的制定，儒家思想在法律上起了决定性作用。历代法典虽然编制不同，内容不同，但都体现了尊卑有别、贵贱不同罚的精神，听讼必原父子之情，宜轻宜重，一以服制为断。② 有论者更加细致地指出，自汉武帝"罢黜百家、独尊儒术"之后，传统中国社会便开始了以礼入法的法律儒家化进程。礼作为立法的指导思想，体现在立法中对三纲五常以及德主刑辅思想的贯彻，其中对君权、父权、夫权的维护是法律的重心所在。通过与法律的强制作用相结合，礼更提升了其约束性和权威性，并成了规范传统中国社会的核心准则。同时，在案件的审理和裁断

---

① 薛菁：《论魏晋南北朝刑法原则儒家化特征》，《福建师范大学学报》2006 年第 1 期。

② 瞿同祖：《中国法律与中国社会》，第 346—347 页。

◇ 家国情怀的意蕴及其近代转型

中,司法官员依礼行律,用礼的精神指导审判,尤其在律条缺乏或者失衡的情况下充当着裁判的依据。①

通过法律来维持三纲五常,司法过程便成了道德教化的过程。《宋史·程颢传》记载着程颢为晋城令时,遇到"民以事至县者,必告以孝悌忠信,入所以事其父兄,出所以事其长上",反映出行政官员在听讼时按照道德原则来处理纠纷的典型现象。崔大华在对整个儒学的发展变化进行深入分析的基础上得出结论:全体民众在人格平等的基础上,践履纲常伦理,完成道德义务,就是儒家的生活方式,儒家文化的基本内核。② 在强力维持三纲五常的过程中,法律从属于礼治,从属于道德。这对于传统家—国的稳定而言,是有利的;对于个体的真正确立,则是不利的。

第三节　近代以来的礼治反思

有论者用"礼"来概括以儒家文化为主干的中国文化的文化模式:"'礼'的文化模式的发展经历了一个漫长的发展过程。礼成型之初是祭祀的仪式,在商代被神学化,在周代形成系统的制度,经过孔子和荀子的补充发展,内化为修己之道,外化成治人之政,寓强制于教化,使国家法权与道德修养融为一体,兼有德刑的两种功用,代表着儒家的社会理想,为历代王朝所沿革。"③ 在"德"与"礼"共同维持的生活方式下,家、国、天下紧密地联系在一起。自然温厚的情感、森严的等级秩序、严苛的伦理义务都是维持共同体稳定、涵养传统家国情怀的主要方式。近代以来,中国人在救亡图强的危机感下反思礼治的优劣,在不同时期形成了不同的观点,既包含对礼教等级

---

① 李宗桂等:《中国优秀传统文化的现代价值》,第348页。
② 崔大华:《儒学引论》,人民出版社2001年版,第816页。
③ 刘志琴:《礼——中国文化传统模式探析》,《天津社会科学》1987年第6期。

性的强烈批判来呼唤个性解放和社会平等,也包含强调礼治中的情感基础、合宜取向来彰显中国传统文化中的合理性因素。这些反思为我们全面反思礼乐教化、家国情怀提供了思想资源。

一　礼教等级性的强批判

"克己复礼为仁"(《论语·颜渊》)是孔子对仁礼关系最为直接的说明,也内蕴着儒家思想中的基本矛盾。"克己"意味着对欲望的调整,"礼"意味着基于人的身份差异而有的规范差异。"克己复礼为仁"即是每个人通过道德修养来实现对于差异性社会规范的认同,在遵守差异性的同时,实现家、国、天下的和谐。这体现了孔子对人们在人格道德上的平等要求和在社会政治上对等级的维护,形成了儒家在人际关系上的思想矛盾。[①]

纵观中国思想史的发展,道德上的平等被不断强化,孔子"为仁由己"、孟子"求放心"的思想在宋明理学中不断深化;同时,人与人政治上的不平等也在纲常名教的发展中被不断放大。从"君使臣以礼,臣事君以忠"到"君为臣纲",从"父父子子"到"父为子纲",从"夫妇以义合"到"夫为妻纲",以实现"贵贱有等,长幼有差,贫富轻重皆有称者也"(《荀子·礼论》)为最本质目标的礼乐制度,丧失了道德人格平等、道德义务对等的核心精神。礼教等级性成为造成社会对立的重要因素,越到近代,这种对立越明显。

由于各人的身份地位以及精神状态的不同,这一矛盾也会表现出不同的特点。具体而言,通过"克己复礼"来提升自己的道德修养,践行自己的政治责任,是君主治国安民、行仁政的基础;通过"克己复礼"来辅助君王化民成俗,治理社会,是士人们的责任;通过"克己复礼"来节制情欲,致力生产,是普通百姓的使命。不同身份

[①] 李锦全:《儒家论人际关系的矛盾两重性思想》,《李锦全文集》(第四卷),中山大学出版社2018年版,第9—20页。

◇ **家国情怀的意蕴及其近代转型**

的人，各安其分，各守其职，就是完成了"礼"的要求，就是"仁"。这即是孔子强调的"一日克己复礼，天下归仁矣。为仁由己，而由人乎哉！"（《论语·颜渊》），"天下归仁"与"为仁由己"，都是对"克己复礼"的境界说明。从境界论上讲，仁、礼一体主要是通过道德修养来完成的。

但是，就人伦秩序、社会政治层面而言，礼容易失去其内在的仁义支撑，而沦为僵化的形式。因为"礼之所尊，尊其义也。失其义，陈其数，祝史之事也。故其术可陈，其义难知也"（《礼记·郊特牲》）。礼义隐微，需要经过人们的专门学习、反复思辨才能掌握，故而"难知"。礼仪外在且程式化，容易为人们所模仿和记忆。随着习惯的作用，当礼仪对人们的外在约束变为唯一追求时，礼仪本身就被当成了目的。樊浩指出："在社会理想和伦理理想的意义上可以说，孔子毕生的努力，就是重建春秋战国时期的伦理秩序。后来继承孔子学说的政治家，在一定程度上继承和实现了孔子的秩序理想，同时也使之僵化而失去活力。然而，无论如何，在中国传统社会和传统伦理中，秩序是第一位的。对于一些正统的伦理学家来说，秩序即使走向僵化，也要致力维持，因为僵化本身就是秩序。"[1] 鲁迅《祝福》里塑造的"祥林嫂"，典型地表现了族权、神权和夫权对妇女的束缚和迫害，成为控诉礼教等级性的经典作品，值得我们反思。

在近代以来的反传统思潮中，对"家""孝""忠君""礼"的批判是非常强烈的。陈独秀强调中国人要获得自由、平等、独立，根本就是要"以个人本位主义易家族本位主义"。[2] 而吴虞、李大钊等人则重点批判把"孝"作为"忠"的基础，以及由此建立的家族制度。由五四运动开启的思想启蒙，一方面延续着中国传统的反对专制

---

[1] 樊浩：《伦理精神的价值生态》，中国社会科学出版社2001年版，第440页。
[2] 陈独秀：《东西民族根本思想之差异》，载氏著《独秀文存》（一），外文出版社2013年版，第38页。

制度、反对把朝廷视作专制君主的私产的政治批判，提倡天下为公，另一方面又把这种批判和个性解放的思想更新结合在一起，产生了振聋发聩的影响，并鼓舞了一批青年人。结合"天下一体"观念的改变和现代"国家"观念的发展，我们可以发现：这种批判是从完善个体能力、挽救民族危亡的角度来展开的讨论，依旧是"家国情怀"的一种表现。

传统社会的治国理政，建立在维护等级制度的基础上，现代文化背景下的"正义"，多与公平、公正联系在一起，可以具体化为机会公平、过程公平和结果公平几个层面来分析。简单来说，机会公平是起点阶段的公平，强调人人均有参与的机会；过程公平（程序正义）是指人们在参与过程中可以获得同质的待遇，以参与的质量和性质为主要评价指标；结果公平则是成果方面的平等，主要表现为个人、社会目标的实现。这种区分便于揭示机会公平、过程公平、结果公平之间的差异，却不能很好地提示三者之间的关联。

从动态发展的角度看，机会公平不仅是起点阶段的公平，还要体现在整个过程中，与过程公平相结合；而结果公平是机会公平和过程公平的表现，又能够反馈和调整机会公平和过程公平的实现。机会公平，实质上是一个机制、制度问题，其理想目标是从起点处就把过程公平和结果公平内在地涵括进来，彰显机会公平的渗透性和全程性。

二 礼治合理性的再思考

针对五四运动彻底批判传统而兴起的文化保守主义者，充分肯定家、家庭生活在中国文化中的特殊地位，并强调这也是中国文化抗衡西方文化，走向未来文化的一个重要支撑。20世纪30年代，冯友兰在探讨中华民族未来发展方向的"贞元六书"之《新事论》中即辟专章"说家国""谈忠孝"来阐发社会化大生产冲击下的传统家庭解体，社会成为人们生活的基本单位，人们爱国的方式即从忠君转变为

◇ **家国情怀的意蕴及其近代转型**

尽己之力为社会做贡献。①冯友兰的这种探讨，是从文化自觉的意识层面说明"家国情怀如何在当前社会生活中构筑新的行为方式和交往原则"这一根本问题。

首先，礼治思想的合理性表现在以情感人的基础上。徐复观在讨论儒学的等级秩序时，指出基于血缘纽带的"感情"的作用："儒家心目中的尊卑贵贱，乃是由'尊贤，使能，俊杰在位'所构成的。……礼从宗法中的伯叔兄弟甥舅的亲亲关系中所规定出来的，所以在周旋进退之间，还有一种感情流注于尊卑上下之间，以缓和政治中的压制关系。亲亲的精神消失了，但由亲亲精神所客观化出来的礼，其所定的君臣上下间的分位，远没有由法所定出来的悬隔而冷酷。"②

其次，"礼"具有普遍与特殊相结合意义上的合理性。"义"作为中国传统文化中的"五常"之一，是对"应当"问题的集中回答，也具有面对现实情境时的"适宜"要求，并且以针对"利"的讨论为基础，追问到人性层面。只有建立在"义"的基础上的"礼"，才具有最广泛的合理性。这可以说是先秦理学的精髓，荀子的概括颇为经典。"亲亲、故故、庸庸、劳劳，仁之杀也。贵贵、尊尊、贤贤、老老、长长，义之伦也。行之得其节，礼之序也。仁，爱也，故亲。义，理也，故行。礼，节也，故成。仁有里，义有门。仁非其里而虚之，非礼也。义非其门而由之，非义也。推恩而不理，不成仁；遂理而不敢，不成义；审节而不知，不成礼；和而不发，不成乐。君子处仁以义，然后成仁也；行义以礼，然后义也；制礼反本成末，然后礼也。三者皆通，然后道也。"（《荀子·大略》）我们在反思礼治的合理性时，需要把仁、义、礼之间的整体关联考虑进来，割裂三者的整

---

① 冯友兰：《新事论》，生活·读书·新知三联书店2007年版，第42—79页。
② 徐复观：《两汉思想史》，载李维武编《徐复观文集》（第五卷），湖北人民出版社年版，第22页。

第六章　家国情怀的维护

体性而单独进行"礼"的反思，容易失去对"礼"的情感根基、超越原则和根本方向的把握。

把仁义礼智的关系，解读为依次展开的关系，董仲舒是较早的代表。在董仲舒看来，"人受命于天，固超然异于群生……故孔子曰：'天地之性人为贵。'明于天性，知自贵于物；知自贵于物，然后知仁谊；知仁谊，然后重礼节；重礼节，然后安处善；安处善，然后乐循理。"（《汉书·董仲舒》）就承天地之生（性）与命而言，人天然地禀赋了道德的潜能。这是人之为人的道德使命。就人与万物的区别而言，禀赋于天的仁义礼智之性、安善循理之行，使人成为超拔于万物之上的独特存在，得以组织起一种文明的生活。[①] 在仁、义、礼、智的依次展开中，"仁"便不再是个体恻隐之心的发现和推扩，更重要的是要通过秩序和制度本身体现仁德，以涵养人类社会的温情与和谐。

最后，礼治精神的合理性表现在中国人文化成的独特性上。中国传统文化中的人文思想，源远流长，以《周易·贲卦·象传》中的"观乎天文以察时变，观乎人文以化成天下"为经典概括。"人文"与"天文"相对照、相贯通式的"天人合一"，表达出天人相通、天人相类的理念，具有非常多维的解释空间。其中一种颇具代表性的思路是，将"天"视为一个价值性范畴，将"人"视为道德性存在，人的道德性即是"天命"所赋。通过人的个人修养、对外在事物的认知、社会文化活动的陶养来实现"天命"与"自命"合一，是人文世界的理想形态，达到天人、物我、群己的动态平衡。这种人文理想的实现，既需要道德理性的纵向贯通，也需要伦理生活、认知活动和社会组织的横向拓展。其中，"人文"是内容，在中国传统文化中，即是礼乐；"化"是过程，"成"是结果。"人文化成"即是用

[①] 宫志翀：《战国两汉"人为天生"学说的政治哲学意蕴》，《哲学研究》2021 年第 1 期。

◎　家国情怀的意蕴及其近代转型

"礼乐"对人们的生活进行价值引导和提升,用欣赏的眼光看待自然世界,实现人的道德情感、伦理生活、社会历史和谐共生。

儒学通过对传统礼仪、礼俗的承续来发挥教化功能,强调对民众生活的价值引导和人文提升。"礼之教化也微,其止邪于未形,使人日徙善远罪而不自知也,是以先王隆之也"(《礼记·经解》);"先王有大事,必有礼以哀之;有大福,必有礼以乐之。哀乐之分,皆以礼终。乐也者,圣人之所乐也,而可以善民心。其感人深,其移风易俗,故先王著其教焉。"(《礼记·乐记》)礼与乐发挥其教化作用,亦是在家以及扩大的家的日常生活范围内实现的。以"教化"为桥梁,表现了"礼乐"与"文化",即"以文化之"的内在一致性,从共时性的文化整合和历时性的文化演进的角度发掘"礼乐文化"作为一种生活方式所具有的文化模式意义,从文化整合的角度来探寻"礼乐文化"之精神价值对于中国文化的影响,都是"礼乐文化"文化模式论的基本内涵。

有论者提出,与现代化的法治相比,儒家礼法思想所蕴含的价值信念并不在于维护个人的自由,而在于为整个社会划定"名分",通过引发人们的崇高之情使其进行精神内省而非外求来稳定人生,从而造就一个和谐的社会秩序。在现代法治社会,也并不是完全否认儒家礼法思想所追求的人格境界。法治社会也鼓励人们在守法的基础上调养心性,赞许人们在理性不及的地方完善自我,从而实现人生的终极意义。问题在于,儒家的礼法思想与现代法治思想的整合与融通是一个极其复杂的问题,需要在更大的文化背景下寻求它们在文明谱系中的恰当定位。[①]

[①] 任强:《知识、信仰与超越:儒家礼法思想解读》,北京大学出版社2009年版,第168、173页。

第七章

家国情怀的自我更新

家国情怀作为中国传统文化的价值顶层,是多种思潮激荡整合的结果,具有复杂的结构性特点,随着社会历史的变迁不断发展。家国情怀中关于核心价值理念的确认、文化载体的责任认同、对于文化传统的尊重与敬意都是推动其自我更新、不断演进的重要因素。如何把握家国情怀自我更新的内在动力,如何能够以更加深沉的忧患意识、清晰的责任意识与远见来凝聚共识,为国家进步、社会发展提供动力支撑,避免因为过于保守而带来的惰性,是需要我们认真思考的问题。从载体更新而言,商业、商人的发展,为传统家国情怀的发展提供更加多元的空间;从观念更新而言,如何看待利益因素、平等意识、国家观念在传统家国情怀中的影响,以及这些观念在促进传统家国情怀近代转型中的作用,都是值得探讨的问题。

第一节 商业、商人的发展

从中国历史上看,明代的商品经济发展迅猛。有论者指出,明代是一个经济扩张的时代,稻米耕种区域的扩展,许多地区农作物商品化及棉纺织业兴起成为全国性的农村产业,产业与手工业的成长,国内外贸易的发展,白银不断从欧洲人与日本人手中流入,以及劳役的

◈ 家国情怀的意蕴及其近代转型

不断雇佣化等,都促进经济比以前更加多样化。事实上,中国大陆史家最近就以"资本主义萌芽"来说明明代与清初的经济。① 商业的发展,是打破血缘神圣性、冲击社会关系温情化的主要力量。马克思、恩格斯在《共产党宣言》中,对资本主义商品经济解构农业社会的作用有精辟的概括:"资产阶级在它已经取得了统治的地方把一切封建的、宗法的和田园诗般的关系都破坏了。它无情地斩断了把人们束缚于天然尊长的形形色色的封建羁绊,它使人和人之间除了赤裸裸的利害关系,除了冷酷无情的'现金交易',就再也没有任何别的联系了。它把宗教虔诚、骑士热忱、小市民伤感这些情感的神圣发作,淹没在利己主义打算的冰水之中。它把人的尊严变成了交换价值,用一种没有良心的贸易自由代替了无数特许的和自力挣得的自由","资产阶级撕下了罩在家庭关系上的温情脉脉的面纱,把这种关系变成了纯粹的金钱关系。"② 从商品经济的发展来说明传统社会向现代社会的变迁,是一种颇具解释力的视角。

一　商人阶层更新家国情怀的载体

在春秋战国时期,中国就形成了一批商人群体。在诸侯争霸时期,商人们往往以诸侯的合作者来获得政治身份和社会身份。郑桓公依靠商人的力量奠定郑国基业,并与商人盟誓:"我无尔诈,尔无我虞。尔有宝物货贿,我勿与知。"(《左传·昭公十六年》)其中最为有名的,当属战国时代的吕不韦。承认"利"的合理性,是先秦儒学的基本内容。孔子弟子子贡是当时成功的商人,其社会地位也是较高的。孔子、孟子、荀子都强调义的根本性与优先性,是为了使得求利的行为符合义,即以义取利。而韩非子以前的法家,虽大力提倡重

---

① 何炳棣:《明清社会史论》,徐泓译,台北:联经出版事业股份有限公司2017年版,第274页。
② 《马克思恩格斯选集》(第1卷),人民出版社1995年版,第274—275页。

第七章　家国情怀的自我更新

农,但抑商的意识并不强烈。通观法家在东方六国的变法,商人不但不是打击的对象,反而往往是法家打击旧贵族势力的同盟军。①

秦汉以后,抑商政策的推行,使得商人的社会地位和政治地位较低。但商人们的富足却是颇为真实的,成为人们向往的对象。这也导致了晁错所概括的现象:"今法律贱商人,商人已富贵矣;尊农夫,农夫已贫贱矣。故俗之所贵,主之所贱也;吏之所卑,法之所尊也。上下相反,好恶乖迕,而欲国富法立,不可得也。"(《汉书·食货志》)晁错的话,提示国家与民众在对于"富""利"上的价值评价背离。商人群体所产生的社会影响,不容小觑。追求"富"且"贵"是商人群体的目标,他们对于国家主流价值观的认同与反驳也成为推动中国社会观念变化的一个维度。司马迁在《史记·货殖列传》中,对商人的评价是"布衣匹夫之人,不害于政,不妨百姓,取与以时而息财富,智者有采焉"。以智获利,不妨碍官民,是早期商人的基本特点。

自汉武帝起,重农抑商成为中国社会的主要经济政策,农业是国家经济的基础,农民占国家人口中的大多数。在士农工商的四民结构中,商人地位最低。以农业、农民为核心,整个社会整合在一起。许倬云指出,在汉代,由于人口压力和耕地不足,中国不得不发展精耕细作的农业。工商业不能在城市发展,农舍手工业及农村集市,将农村与产业集散的市镇,组织为全国互通有无的市场网络。这一网络与全国道路的交通网络组合,叠合为信息与人力的上下流转通道。整体而言,农村集市系统,将中国的经济拴在一个庞大的网络上。全国统一时,各处地方经济互通有无,一荣俱荣;中国分裂时,经济网络功能既能一时退缩为区域性的自存,又能时时渗透分裂政权之间的边界,稍济彼此之间的不足。尤其后者,由于趋向于最大互利,常常在

---

① 马彪:《秦汉豪族社会研究》,中国书店2002年版,第26页。

◇ **家国情怀的意蕴及其近代转型**

中国分裂时，发挥修补功能，终于又可将分隔的市场网，再度整合为一，也赋予政治再度统一的契机。① 在天下中国的观念格局和地缘结构中，中国社会的经济结构和政治结构主要是以农业为主，通过多层次的内陆交通网络，将乡村、市集、城镇、都市连接成一个乡村连续体。这种经济结构和社会整合机制，反映在共同体内部成员之间的关系上，即是知识分子们普遍的相对稳定的重农意识。

整体而言，从北宋到明中叶，地主土地私有制和工商业都有比较快的发展。16世纪，海道开通，中国南部加入到世界经济网络之中，通过海运向海外世界输出中国的商品，茶叶、纺织品、瓷器等广受海外市场欢迎，大量的白银流入中国。商品货币关系的发展，削弱了农民对地主的依附关系，改变着人们关于传统伦常的观念。这也导致中国的南方和北方属于不同的经济形态。北方地区依旧固守传统农业格局下的社会网络和观念系统。

晚明时期中国商业获得较快发展，出现一批商业城市和早期的市民阶层。商人是士以下受教育程度最高者。"弃儒就贾"造成大批士人沉滞在商人阶层，商人本身需要一定的知识水平，商业经营的规模越大，知识水平的要求越高。士商之间的界限有时已不能划分得太严格，士商互动成为重要的社会现象。这对中国传统社会的价值认同产生了重要影响。通过"以身载道"的士人群体的不断努力，使得儒学的教化理念与社会生活、民众生活形成一种良性的、相融互动的关系，因而使中国两千多年的传统文化具有一种自身创造转化和发展的活力。商人群体普遍认为，忠孝传家之道、诚信不欺之理都是行商立世的基本原则。在商业发展中兴起的由亲族子弟为"伙计""掌柜"的制度，则是明清商人利用传统文化资源，把旧的宗族关系转化为新的商业组合。这也是中国从传统走向现代的一种过渡方式。② 家国情

---

① 许倬云：《我者与他者——中国历史上的内外分际》，第48—49页。
② 余英时：《中国近世伦理与商业精神》，九州出版社2014年版，第245—250页。

第七章　家国情怀的自我更新

怀即是在"士民""士商"的互动中,实现从士向民、商的传递。这种传递,实际上推动了仁、义等国家价值观的大众化、普及化。

同时,随着商人的崛起,以及士人们对君主专制的批判,在思想领域也兴起批判君主专制的思潮,从讲学的社会团体的朋友关系引申出君臣关系。这些因素,都是传统家国情怀转型的内在动因。商人的不断崛起,改变了传统社会的社会结构和观念,商人群体的价值观向传统价值观渗透,重利风气盛行,平等观念发展,成为家国情怀的一个转折期。

二　功利观念勃兴

义利之辨是中国思想史上重要且复杂的讨论,可以从哲学、伦理学、政治学等多个角度展开。从家国情怀的内在结构和观念要素上看,义利之辨是儒法合流的结果,其哲学根基在于如何理解人,治道层面则要求统治者重义轻利来引导民众追求崇高,社会和经济建设层面则展现出满足人们物质生活需要,不能以空谈道德来取代物质建设。就中国思想史而言,义利之辨渊源甚早。功利观念勃兴,则是宋代以后商品经济发展的结果。功利观念勃兴,丰富了传统家国情怀的道德维度。

司马迁认为,"富者,人之情性,所不学而俱欲者也"。(《史记·货殖列传》)承认并肯定人们追求财富的自发性和合理性;并且用"天下熙熙,皆为利来;天下攘攘,皆为利往"来概括人们活动的本质。他本人对于致富有方的人所给予的评价亦是很高的:"布衣匹夫之人,不害于政,不妨百姓,取与以时而息财富,智者有采焉","故君子富,好行其德"(《史记·货殖列传》)。在他的心目中,成功的经商者不仅有才有术,而且还有德。子贡作为成功的"货殖者",是后世学习的榜样之一,"令后世得以观择焉"。子贡在司马迁笔下可谓评价颇高。

◇ **家国情怀的意蕴及其近代转型**

子贡作为一名成功的商人,最关键的原因在于他经营有道。《史记·仲尼弟子列传》中记载:"子贡好废举,与时转货赀"。贱买贵卖是商人们的共性,而子贡的特色则在于"与时",能够很好地预测情势,根据当下的情况决定自己的行动,不失时机。正是在这种因时而动的务实精神指导下,子贡才能够获得商业上的巨大成功,"亿则屡中"(《论语·先进》)。在政治和商业都获得巨大成功后,子贡在回答孔子"汝与回也孰愈"的问题时说:"赐也何敢望回!回也闻一知十,赐也闻一知二"(《史记·仲尼弟子列传》),表达出对颜回好学上进、安贫乐道的赞许。对于道德完满的追求,也是子贡的自我期许。

子贡在学术思考、政治行为和商业活动中,都贯穿着一种务实谦虚的精神,通过对现实的关注来促进自己对社会和人生理想的思考。子贡作为一个拥有富贵的儒者,如何看待财富是摆在他面前的一个大问题。他和孔子的一段对话发人深省。子贡曰:"贫而无谄,富而无骄,何如?"子曰:"可也,未若贫而乐,富而好礼者也。"子贡曰:"诗云:如切如磋,如琢如磨。其斯之谓与?"子曰:"赐也,始可始与言诗已矣。告诸往而知来者。"(《论语·学而》)"富而无骄"的子贡已经把财富作为使他的人格更加完美的手段,在孔子的更高的期待和鼓励下,追求着"仁"的理想。

在心性儒学内部,高扬着重义轻利的理想主义激情,但其往往以君王、士大夫为言说对象。同时,承认民性逐利也是儒学系统中一种基调,突出以义导利、义利并举。这以荀子和董仲舒为代表。在现实层面,重农抑商的政策,抑制了民众的逐利思想和行为。义利之辨成为宋代儒学的核心问题,有其理论根源和现实因素。

一方面,中国的商品经济在北宋获得快速发展,另一方面,在科举制度的广泛影响下,宋代"民"通过科举考试而成为"士"的人数激增,出现了"士以天下为己任"的意识。在这样的变化中,"大

第七章 家国情怀的自我更新

人小人"的身份意识、"重义轻利"的道德自觉,使得"功利"与"道义"的对立愈加严重。程颐提出"不独财利之利,凡有利心便不可"(《二程遗书》卷十六),朱熹强调"学者须是革尽人欲,复尽天理,方始是学"(《朱子语类》卷一),由此一方面带来侈谈心性义理,而忽视国计民生的空疏学风;另一方面则造成社会上人际关系紧张,出现"以理杀人"的历史悲剧。

为了反对理学的弊端,功利思潮兴起。萧公权认为,北宋功利思潮的产生,是由当时兵弱财乏、赋役无方、民生日困、国力削弱的时势刺激;南宋时时势刺激更深,且要反对理学,功利思潮获得更大的发展。① 叶适提出,道德不能离开功利,用"正谊不谋利,明道不计功。此语初看极好,细看全疏阔。古人以利与人,而不自居其功,故道义光明。后来儒者,行仲舒之论,既无功利,则道义者乃无用之虚语尔"(《习学记言》卷二十三)来强调功利与道德不可截然分开。从理论构建上看,反对心性之学空谈误国的功利思潮有其积极意义,在一定意义上可以说是"儒学的革命运动"。萧公权做出了这样的评价:"先秦汉唐之儒多重仁民爱物、修养生息之治术。一遇富强之言,即斥为申商之霸术,不以圣人之徒相许。……至两宋诸子乃公然大阐功利之说,以与仁义相抗衡,相表里,一反孟子、董生之教。此亦儒家思想之巨变,与理学家之阴奉佛老者取经虽殊,而同为儒学之革命运动。"②

自明代中期开始,肯定"私"与"欲"的合理性成为重要的内容,这也导致对于"理"观念的重新建构。"天理"逐渐不再是个人道德的完满,而包含着"社会性欲望中相互应循的条理"③。王船山提出:"学者有理有欲,理尽则合人之欲,欲推即合天之理。于此可

---

① 萧公权:《中国政治思想史》(上册),第438—439页。
② 萧公权:《中国政治思想史》(上册),第437页。
③ [日]沟口雄三:《中国的公与私·公私》,郑静译,生活·读书·新知三联书店2011年版,第26页。

· 183 ·

◎ 家国情怀的意蕴及其近代转型

见:人欲之各得,即天理之大同;天理之大同,无人欲之或异。"①如何在人与人、事与事的密切交往中判断是非,也即是个性化、具体化的"事理"之后的价值根据问题。

陈白沙是开创明清心学的先驱。明清心学不同于传统"士农工商"商位于末的思想,而是提出了适应商品经济发展的"工商皆本"的先进主张。陈白沙在广东新会开创的"江门学派",凸显主观自我意识,打破教条,使心学成为岭南思想文化领域的主导潮流。江门心学崇尚学贵自得,反对因袭保守和轻信盲从,极大地张扬个体自由精神,崇实黜虚,经世致用,为塑造岭南知识分子阶层开放包容的思想范式起到了促进作用,而整个明清理学对商贾行为合理性的肯定对岭南商业文化及粤商的重商主义更是起到了很大的推动作用。陈白沙的一个弟子曾为顺德一个家庭所撰的家训中写道:"礼义兴由于衣食足,农工商贾,皆所以治生也,凡我子孙,间有读书不成,身家淡薄者,勿以明农为嫌,勿以商贾为耻,苟能居积致富,则礼义可兴,亦足以振家声。"②

到了晚清,重农轻商、重义轻利的价值观念被打破。鸦片战争以后,西方资本主义商品经济开始侵蚀中国传统的自然经济,传统以农为本的观念受到了巨大冲击,这在沿海开放地区表现最为明显。从以农业为中心的自然经济过渡到以商业为中心的商品经济是历史发展的必然趋势。在沿海地区尤其是开放口岸,近代工商业活动产生了新的社会阶层如买办、绅商,"他们也能放弃传统的价值观念,以便使其子女接受完全的西式教育,以便捍卫他们的利润观念和发展经济的观念"③。人们的谋利动机越来越浓厚,越来越多的人选择工商业,这

---

① (清)王夫之:《读四书大全说》(上册),中华书局1975年版,第248页。
② 李宗桂等:《时代精神与文化强省:广东文化建设探讨》,花城出版社2012年版,第170页。
③ [美]费正清、[美]刘广京编:《剑桥中国晚清史》(下),中国社会科学出版社1985年版,第632页。

反映了重义轻利的传统观念在近代遇到了有力的挑战。

在士与商的互动中，形成了有知识分子教养又有商业经营才能的商人典型。他们能够在商业实践中将自身所具备的人文、科学等文化素养整合到经济行为中，从而使商业活动表现出独特的文化精神及特点，他们的经营理念和行为风范为社会起到了客观上的正面示范和彰炳作用。比如粤商的爱国爱乡的情操与襟怀就与儒商精神有关，热爱祖国、热爱家乡，是儒家倡导的为人做事的基本立场与原则，广东独特的华侨经济就是粤商爱国爱家的具体体现。①

同时，我们还要看到，商人群体容易重利轻义，讲求实用。当他们不能吸收儒家文化的价值理性，以修心养性指导自我，也未能引进西方的工具理性，用法制约束自我的时候，会对社会风气产生消极影响。他们在弱化儒家文化对理想人格追求的同时，又没有建立起像西方人文传统中文化所应有的批判力度，因而缺乏商品经济发展所需要的肥沃土壤和强大动力。

第二节　夷夏关系的构建

"华夷之辨"在中国历史上有两种解释思路，一是以文化作为华、夷的区分标准，二是以民族作为华、夷的分野。② 无论以文化为标准，还是以民族为标准，华夷互变的根据、过程和结果，都是最为基本的内容。从根据上看，王道理想、礼乐文化是华夷之辨的核心。从过程上看，"近者悦，远者来"（《论语·子路》）中所向往的华夷交往方式，与武力征服共同发挥作用，成为华、夷之间的现实交往方式。从结果上看，通过华夷之辨所形成的共同体，是一个等级共同体；其中

---

① 李宗桂等：《时代精神与文化强省：广东文化建设探讨》，第160页。
② 这里用"民族"而不用"种族"，主要是根据费孝通主编《中华民族多元一体格局》中的界定。费孝通认为，民族是一个社会学概念，而种族是一个生物学概念。

◈ 家国情怀的意蕴及其近代转型

的等级关系,根本上是一种价值差等。与"夷"相较,"华"代表着更加高级的文明或种族。而华、夷可以互变,则模糊了华夷的界限,孟子用"以群夷变动华夏"(《孟子·滕文公上》)来指责南方的农家思想对北方地区的影响,即是明证。整体而言,华夷之辨的维持提供了文化和民族包容性的基础,以及多元的解释空间,但是华夷之辨中所包含的等级意识根深蒂固。越到近代,华夷之辨所涉及的内容越多,文明的优劣、种族的界限、民族政策等复杂问题交织在一起,需要结合不同的问题,做出具体分析。

一 变化被构建到群体认同之中

从源头上看,华夷之辨可以上溯到西周末年。那时,夷狄日益成为周的威胁,犬戎最终打败西周,成为夷狄对华夏族的重要威胁。因此,华夷之辨最初可以说是由民族矛盾激化而产生的。在先秦,关于华夷关系的说法,有三种比较流行的观点。第一种观点是,华夷种属不同,先天有优劣之分;第二种观点是,夷狄是历史上被淘汰的罪人后代;第三种观点是,华夏与夷狄本是同族同姓,因地域不同和文化生活习性不同,形成不同的民族。因此,夷狄与华夏可以相互转化。[①]这些观点中,既有华夏族为中心,鄙夷夷狄的内容,也有华夏与夷狄平等且可以互通的内容。它们共同构成了华夷之辨的基础。

对于常道、稳定的追求,在中华文化中具有重要的地位。老子用"道可道,非常道"的辩证思维,提示各种变化的现象背后具有最恒常的至道,董仲舒直接用"天不变,道亦不变"的陈述,把道的稳定性与天的永恒性关联在一起。在日常生活中,中国人对社会秩序的稳定也有着强烈的渴求,并愿意尽力维护既有的观念、秩序。人们对于变化的接受、对于变化规则的讨论,与人们的日常生活息息相关。

---

① 刘泽华:《中国政治思想通史·先秦卷》,第87页。

第七章　家国情怀的自我更新

而族群认同与变化,则是更为根本的问题。

从华夷之辨的内容上看,主要围绕着夷、夏互变来展开,既涉及民族群体间的认同,也与文化观念的认同有关。两者又均受到地理区域、民族政策和民族交往的限制,与普通百姓的观念有一定的距离。章太炎在驳斥康有为建立孔教时总结的"国民常性,所察在政事日用,所务在工商耕稼,志尽于有生,语绝于无验"(《太炎文录·驳建立孔教议》)很好地揭示了其中原因。

杨念群指出,古典的华夷之辨往往出现在鼎革世变的时期,比如宋末、明末清初或是清末,一部分士大夫或知识分子鉴于王朝塌毁的现实,而归咎于民族差异的积怨,认为是劣等民族以蛮力取得天下,须效法汉文化才能取得统治的合法性。而在历史上的大部分时期,士人实际上均无严格意义上的以"种族"区分"文化"的传统。[①] 在民族交往比较频繁的地区,人们对于民族差异与彼此认同有着切实的感受;在民族交往不多的地区,华夷之辨多表现在思想家和政治家们的理论反思和政策之中。对于变化的讨论和承认,实际上成为国家价值观构建中需要回应的问题。

以一家一户的小农生产为基础的经济结构强调自给自足,家庭、宗族、每个基本政区甚至整个国家无不如此。因此,中原王朝对自己疆域的基本要求是以是否适宜农耕,是否能养活当地的居民为标准。符合这一条件的地区可以理直气壮地占领,而对不符合这一条件的地区,可以称之为蛮荒之地,非华夏声教所及。如果硬要去占领,必然会被正统的政治家和学者指斥为穷兵黩武。除去儒家理论的仁义和夷夏之辨的外衣,实质问题还是对农业的依赖。[②] 游牧民族与农耕民族的分途发展,彼此间的自我意识逐渐独立,但保留了对礼乐文化的认

[①] 杨念群:《何处是"江南"?——清朝正统观的确立与士林精神世界的变异》,生活·读书·新知三联书店2017年版,第7页。

[②] 葛剑雄:《统一与分裂:中国历史的启示》,第88页。

◈ 家国情怀的意蕴及其近代转型

同。由于以农业为主的华夏没有绝对的种族界限,通过人员迁徙、通婚以及文化融合是游牧民族成为华夏民族的主要方式;华夏入蛮夷也是会发生的现象。

用儒家教化所维护的王道理想来形成价值统摄、认同变化的必然也就是强调王道教化的影响力。在认同华夏文明的过程中,区分出中心与边缘、高级与低级,以维护"天下归仁"与"天下为公"的价值理念,是"华"的根本所在。"天下一体"则是华夷互变的直接根据,为不同文化的融合提供了理论空间,"用夷变夏"论也为接受异族统治留下了空间。董仲舒成功地用"变"来说明夷夏之别的根据,以此来进一步说明统一的中央集权如何处理、适应不断变化的内外关系。他提出:"《春秋》之常辞也,不予夷狄而予中国为礼。至邲之战,偏然反之,何也?曰:《春秋》无通辞,从变而移。今晋变而为夷狄,楚变而为君子,故移其辞以从其事。夫庄王之舍郑,有可贵之美;晋人不知其善而欲击之;所救已解,如挑与之战,此无善善之心,而轻救民之意也。是以贱之,而不使得与贤者为礼。"(《春秋繁露·竹林》)

从认同变化的必然,到解释变化的根据,儒家思想进一步提出其强化道德标准的思路。以道德力量来消解夷狄武力侵犯所带来的压迫感,成为南宋夷狄之辨的一个基本面向。朱熹曾言,"中国所恃者德,夷狄所恃者力。今虑国事者大抵以审彼己、较强弱为言,是知夷狄相攻之策,而未尝及中国治夷狄之道也。盖以力言之,则彼常强,我常弱,是无时而可胜,不得不知也。以德言之,则振三纲,明五常,正朝廷,励风俗,皆我之所可勉,而彼之所不能者,是乃中国治夷狄之道,而今日所当议也"[1]。朱熹此言的意思,是说中国强于道德而夷狄强于武力,中国应通过自己的道德优势来积蓄力量,抗衡夷狄,获

---

[1] 朱杰人、严佐之、刘永翔主编:《朱子全书》(修订本)(第21册),上海古籍出版社、安徽教育出版社2010年版,第1299页。

第七章 家国情怀的自我更新

得统治的正当性。这种理论在南宋影响很大,理学所及处皆有表现。清朝入关后,也不得不在文化上寻求自己统治的合法性,并极力去获得士人们的认同。

在中国思想史上,对于传统华夷之辨的解读,始终是围绕着礼乐文化、王道理想来进行的,并以之为政权合法性的根据之一。华夷之辨与不同的文化要素相结合,便产生了不同的理论效果。南宋陆九渊凭借"人同此心,心同此理"的逻辑,提出圣人无夷夏之分的结论。王阳明发挥孟子"人人皆可为尧舜"的义理,提出愚夫愚妇皆可以为圣人。有论者指出,这种逻辑"为晚明基督教三度入华,而使徐光启、李之藻等众多文化精英,接受利玛窦等传播的西学西教,无疑起到了先导作用"[①]。从中外制度、风俗方面来考察,顾炎武也提出了"历九州之风俗,考前代之史书,中国之不如外国者有之矣"(《日知录·外国风俗》),体现出对待华夷之辨的包容态度,成为清代中期"夷夏相对化"和"内外无别论"的先声。

整体而言,天下一体与华夷之辨是理解中国古代国家认同的核心,二者相互渗透,在不同历史时期发挥着不同的作用。有论者指出,"宋之前从孔子到汉唐,重心落在天下主义,不太强调夷夏之分",原因在于汉唐是大帝国,有强大的吸引力和自信,具有很强的文化包容性,更加重视天下主义;"到了宋代,外患危机严峻,随时有亡国(王朝倾覆)的威胁,天下主义暂时行不通,遂突出夷夏之辨的另一面,更强调夷夏之间的不相容性与中原文化的主体性。从元到清,这种脉络的声音越来越响亮。"[②] 其中,如何构建士人阶层的自信心,可以说是夷夏之辨的核心问题。这也凸显了传统家国情怀的主要载体在于士大夫阶层。南宋时期以"纯化种族"与"文明优越"

[①] 朱维铮:《重读近代史》,中西书局2010年版,第225页。
[②] 许纪霖:《家国天下——现代中国的个人认同、国家与世界》,上海人民出版社2017年版,第57页。

◎ 家国情怀的意蕴及其近代转型

的双重论述重建士林的自信心,是当时政治文化复兴的主要内容,后人判定明代超越前代的重要原因,就是明代实现了"攘克夷狄以收复诸夏"①。

同时,我们也要注意,以血缘、种族来区分华与夷,在中国文化史上虽不占主流,但也屡见不鲜。春秋时期即有"非我族类,其心必异"(《左传·成公四年》)的古训,明末又有王夫之"不可使异类间之"的呼唤。王夫之对于华夷之辨的强调,则扩充了血缘、身份等民族含义。"民之初生,自纪其群。远其诊害,摈其夷狄,建统惟君。故仁以自爱其类,义以自制其伦。强干自辅,所以凝黄中之纲缊也。"(《黄书·后序》)"智小一身,力举天下,保其类者为之长,卫其群者为之君。故圣人先号万姓而示之以独贵。保其所贵,匡其终乱,施于孙子,须于后圣,可禅可继可革,而不可使异类间之。"(《黄书·原极》)萧公权认为,船山抛弃传统思想中以文化为标准之民族观,注重种族界限,尤为前人所罕发,足与近代民族主义相印证。② 华夷之辨自身的复杂性、解释空间的多元性,需要我们在对接民族国家理论时,做出审慎分析。

二 民族成为近代解释的重点

在中华民族传统意识的深层,民族是"家"的扩展,其中民族成员的彼此认同,往往是通过血缘与地缘的联系而得以实现的。随着社会的演进与文化的发展,人们逐渐具有了文化追求的自觉意识,文化上的认同也成为个体之间相互联系的一条纽带。在列强入侵,传统文化独尊受到冲击后,救国图强、重铸文化成为中华民族成员相互联系的第三条纽带。中国经历了鸦片战争、甲午战争的失败之后,救国的急迫性彻底打断了家、国、天下的序列,"国"具有了不证自明的正

---

① 杨联陞:《国史探微》,新星出版社2005年版,第34页。
② 萧公权:《中国政治思想史》(下册),第622页。

第七章 家国情怀的自我更新

当性。在"国"的地位急剧上升的时期,天下、家的认同逐渐被视为救国、爱国的对立面,而彻底抛弃了家与国的互补性和一致性。这是中国近代社会剧烈变化的观念反映,同时,去天下、去家的观念也加剧了中国近代社会的动荡。各种国家理论、民族理论也在这一时期为先进的思想家们所广泛援引和讨论。

近代民族主义是一个非常复杂的课题,与全球体系和国际关系交融在一起。民族国家构成世界,是近代以来最为深刻的政治、文化、社会变革。民族主义所涉及的基本含义,包含几个层面:一是民族形成和发展的过程;二是民族的归属情感或意识;三是民族的语言和象征;四是争取民族利益的社会和政治运动;五是普遍意义或特殊性的民族信仰和(或)民族意识形态。其中,又以后三种为主,民族感情是中心。[①]杜赞奇指出,中国历史上存在着两种不同的民族主义思想资源,一种是排他性的以汉族为中心的种族主义,一种是以包容性的天下为价值的文化主义,两者既相互分离,又纠缠在一起。[②]特定的民族与特定的民族精神相联系,民族精神在民族文化传统的长期浸润中发育、生长。"文化"对于"民族"而言有其内在性。民族主义走向狭隘,会导致自我封闭、排外。民族情绪高涨可以凝聚力量,促进经济发展,也容易被扭曲,盲目自大。正确认识民族主义这把双刃剑,扬长避短,是对待民族主义的理性态度。从华夷之辨的历史脉络中,从华夷之辨与天下一体的互构中把握文化与民族的内在关联,把握中华民族自身的共同体特色,是深化家国情怀研究的题中之义。

近代以来,华夷之辨是中国人接受民族主义的思想资源。梁启超的思考颇具代表性。梁启超首先提出,"吾中国言民族者相当于小民族主义之外更提倡大民族主义。小民族主义者何?汉族对于国内他族

[①] [英]安东尼·史密斯:《民族主义:理论,意识形态,历史》,叶江译,上海人民出版社2006年版,第6—7页。
[②] [美]杜赞奇:《从民族国家拯救历史:民族主义话语与中国现代史》,王宪明译,第39—74页。

◇ 家国情怀的意蕴及其近代转型

是也。大民族主义者何？合国内本部属族以对国外诸族是也"①。其中的"小民族主义"即是华夷之辨的新表达。梁启超提出小民族主义与大民族主义的区分，是要提倡在区分满汉的基础上，联合国内的各个民族对抗其他国家对中国的入侵。其次，梁启超还认为，民族主义是当时世界上最美好的制度，是民族成为国家的前提。他说，"民族主义者，世界最光明正大公平之主义也。不使他族侵我之自由，我亦毋侵他族之自由。其在于本国也，人之独立。其在于世界也，国之独立"②，并且"凡国未经过民族之阶级者，不得谓之为国"③。

此外，梁启超还提出，民族主义仅仅是人类社会发展过程中的一个阶段性存在，通过强权来对外扩张是其发展的必经之路，而通过民族国家来保卫主权，是当时中国的唯一选择。"自有天演以来即有竞争，有竞争则有优劣，有优劣则有胜败。于是强权之义，虽非公理，而不得不成为公理。民族主义发达之既极，其所以求增进本民族之幸福者，无有厌足。内力既充而不得不思伸之于外"④，是帝国主义发展的必然趋势。因此，中国人需要"知他人以帝国主义来侵之可畏，而速养成我所固有之民族主义以抵制之，斯今日我国民所当汲汲也"⑤。最后，梁启超还是以野蛮与文明来表达了他对国家、民族发展方向的根本判断："国也者，私爱之本位，而博爱之极点。不及者野蛮也，过焉者亦野蛮也"⑥。"万国大同"的理想，是梁启超把大同理想与国家思想相结合所提出的未来发展方向。

---

① 梁启超：《政治学大家伯伦知理之学说》，载氏著《饮冰室合集》（第5册），中华书局2015年版，第1193—1194页。
② 梁启超：《国家思想变迁同异论》，载氏著《饮冰室合集》（第3册），中华书局2015年版，第480页。
③ 梁启超：《国家思想变迁同异论》，载氏著《饮冰室合集》（第3册），第482页。
④ 梁启超：《国家思想变迁同异论》，载氏著《饮冰室合集》（第3册），第480页。
⑤ 梁启超：《国家思想变迁同异论》，载氏著《饮冰室合集》（第3册），第482页。
⑥ 梁启超：《新民说》，载氏著《饮冰室合集》（第19册），中华书局2015年版，第18页。

第七章　家国情怀的自我更新

因为华夷之辨总是在特殊的历史时期才会成为人们普遍关注的问题，它在人们的日常生活中的影响力比较有限。从华夷之辨的内容中，我们可以发现，在自发的认同中，民族凝聚力和离散力共同存在，需要理性引导，重视家国情怀到现代国家认同的螺旋式发展。近代中国人对家、国、天下共同体的反思，解构了天下观念，割断了家与国的关联，以国家富强为目标，吸纳西方自由、进步、竞争等观念，重新进行思想整合。其中的一条线索是，"天下"的文化理念、"家"的经济功能，部分与"国"的政治法律内容融合。而"天下"与"家"的情感关联、伦理形态则处于无处安放的状态，零散而无根。

第八章

家国情怀的近代转型

在家国情怀的近代转型过程中,在西方科学文化的冲击下,中国人理解世界的图式发生了根本变化,天下一体的初级共同体意识被解构,国家作为反抗侵略的共同体,具有不证自明的有限性。同时,西方列强的侵略、亡国灭种的危机,引发了中国人巨大的焦虑感和自卑感,人们迫切地向西方学习,中国传统文化被打上了落后的标签。如何准确、全面地理解科学、民主、进步、自由的含义与标准,是真正更新中国文化传统的关键。

第一节 接纳科学和民主

解释西方富强的原因,是近代知识分子关注西方世界的根本问题。严复认为,西方优于中国之处在于科学与民主。进一步来讲,严复把"公"的精神概括为三个方面,第一,保障言论自由,人人可以畅谈国事,上下不再有壅塞之弊;第二,个体对人身与财产具有不受侵犯的权利,这针对的是君主视天下为自己的私产;第三,国民放弃私心,同心合力、连为一气抵御外辱。严复的上述观点,在其所著的《原强》和《论世变之亟》中多有讨论。这种观点再引申一步,

第八章　家国情怀的近代转型

便形成了认为个人的价值在于为国家富强服务的思想,[①] 在近代中国具有相当大的影响力。

一　学习科学

爱因斯坦在谈近代科学的起源时曾经说:"西方科学的发展是以两个伟大的成就为基础,那就是说,希腊哲学家发明形式逻辑体系(在欧几里得的几何学中),以及通过系统的实验发现有可能找出因果关系(在文艺复兴时期)。"[②] 他进一步推测说,中国之所以没有产生出近代科学,是因为中国古代并没有迈出这两步。传统中国人缺乏对于自然物的客观研究的兴趣,难以产生完整的、体系化的科学。近代以来的物理学、化学等知识一直没有进入中国人的视野。晚明之前,中国在科学技术领域处于领先地位,但中国人的科学意识并没有高度自觉。

16 世纪以后,西方的科学技术获得迅猛发展,分科越来越细并有互相融通的趋势,知识的普及、应用科学和现代技术又加剧了西方世界的变迁。16 世纪至 19 世纪西方科学的进步,完全在中国人的视界之外。科举制的废除和新式教育的兴起,使得传统的道德养成模式向着科学知识系统转化,自由诉求、国民观念替代了孝悌和亲亲,国法逐渐取代家法。与之相适应,植根于传统社会的家庭制度、风俗礼仪、道德观念则被视为野蛮和落后。"科学"在严复等思想家的介绍下,成为中国近代以来文化革新的重要观念,在中国引起了广泛的讨论。

严复把中国落后的根源归纳为科学的缺失,并批判当时中国人对待科学的态度。他说:"今吾国之所最患者,非愚乎?非贫乎?非弱

[①] [美]本杰明·史华慈:《寻求富强——严复与西方》,叶凤美译,江苏人民出版社1995年版,第55页。

[②] 《爱因斯坦文集》(第1卷),商务印书馆1976年版,第574页。

◎ 家国情怀的意蕴及其近代转型

乎?则径而言之,凡事之可以愈此愚、疗此贫、起此弱者可为。而此三者之中,犹以愈愚为最急。"① 同时,严复还对当时中国流行的视科学为"艺"的思路进行了批判,反对"中学为体、西学为末"和"西政为本、西艺为末"。他说:"名数质力,四者皆科学也。其公例通理经纬万端,而西政之善,即本斯而起。……迩者中国亦尝仪袭而取之矣,而其所以无效者,正坐而为政者,其于艺学一无所通,不通而欲执其本,此国财之所以糜,而民生之所以病。"②

在中国,人们以"格致"称呼西方近代科学,将其中的"即物穷理"解释路向诠释为探求自然界事物的规律,这使得"格致"有了认识论的意义,强调通过对事物的客观了解而获得对事物本质和规律的把握。然而在以"格致"作为"科学"同义语流行于中国的相当一段时间内,传统的伦理学意义的"格致"与此并行不悖。后来,严复、谭嗣同等人甚至认为真正的"格致"就是像近代科学那样去认识外在事物。这意味着以认识论意义的"格致"取代伦理学意义的"格致"。③ 葛荣晋梳理"格物致知"解释发展史,指出,中国格物致知的衍化,大体上经历三个历史时期:唐以前,格物致知是一个纯粹的伦理学命题,这是它的产生时期;到了宋元明清时期,格物致知既是伦理学命题,又是认识论命题,二者融为一体,这是它的鼎盛时期;到了近代,格物致知才真正从伦理学中脱离出来,变成了一个纯粹的认识论命题,这是它的衰落时期。④ 整体而言,中国近代的认识论发展依旧没有摆脱与伦理学扭结在一起的传统特质。"科玄论战"中关于"科学的人生观"问题的提出与讨论,即是生动的说明。

---

① 严复:《与〈外交报〉主人》,载汪征鲁、方宝川、马勇主编《严复全集》(卷八),福建教育出版社2014年版,第202页。
② 严复:《与〈外交报〉主人》,载汪征鲁、方宝川、马勇主编《严复全集》(卷八),第201页。
③ 陈卫平:《中国近代哲学的转型:变革与继承的统一》,《安徽师范大学学报》2012年第5期。
④ 葛荣晋:《中国哲学范畴通论》,首都师范大学出版社2001年版,第478页。

第八章　家国情怀的近代转型

科学、科学精神、科学主义在中国近代以来的社会文化思潮中广泛出现，并引起长久争论，足见"科学"的重要性。丁文江在"科玄论战"中指出："科学不但无所谓向外，而且是教育同修养最好的工具，因为天天求真理，时时想破除成见，不但使学科学的人有求真理的能力，而且有爱真理的诚心。……了然宇宙生物心理种种关系，才能够真知道生活的乐趣。这种'活泼泼地'心境，只有拿望远镜仰察过天空的虚漠，用显微镜俯视过生物的幽微的人，方能够参领的透彻，又岂是枯坐谈禅，妄言玄理的人所能梦见。"[1] 把科学方法、科学结论与道德修养、价值观塑造结合起来，成为科玄论战留给人们的一种思考方向。其中，科学思维方式对于人的影响、物质世界的丰富对于人类生活的意义，都成为补充和拓展中国传统文化的内容。

胡适在为 1923 年出版的《科学与人生观》作序时，描述了中国思想界对于"科学"理解趋势。胡适指出，"这三十年来，有一个名词在国内几乎做到了无上尊严的地位；无论懂与不懂的人，无论守旧和维新的人，都不敢公然对他表示轻视或戏侮的态度。那个名词就是'科学'。这样全国几乎一致的崇信，究竟有无价值，那是另一问题。我们至少可以说，自从中国讲变法维新以来，没有一个自命为新人物的人敢公然诽谤'科学'的"[2]；同时，胡适还提出，"自从《欧游心影录》发表之后，科学在中国的尊严就远不如前了"[3]。1923 年开启的"科玄论战"，围绕着科学能否解决人生观的问题、科学与哲学的关系等问题展开讨论，一个重要的收获就是使人们意识到"哲学""科学"如何界定成为基础性问题。在这场论战里，科学派强调科学方法和科学功能的万能，而玄学派则指责科学功能和科学方法的局限，两者对"科学"的理解和界定，都偏重于从科学主义乃至唯科

---

[1] 丁文江：《玄学与科学》，载张君劢、丁文江等著《科学与人生观》，岳麓书社 2011 年版，第 20 页。
[2] 张君劢、丁文江等著：《科学与人生观》，第 9 页。
[3] 张君劢、丁文江等著：《科学与人生观》，第 11 页。

◇ **家国情怀的意蕴及其近代转型**

学主义的角度进行。这种思路,对于中国现代学术思想产生了较为深远的影响。

传统中国人缺乏对于自然物的客观研究的兴趣,难以产生完整的、体系化的科学。近代以来的物理学、化学等知识一直没有进入中国人的视野。晚明之前,中国在科学技术领域处于领先地位,但中国人的科学意识并没有高度自觉。16世纪以后,西方的科学技术获得迅猛发展,分科越来越细并有互相融通的趋势,知识的普及、应用科学和现代技术又加剧了西方世界的变迁。16世纪至19世纪西方科学的进步,完全在中国人的视界之外。19世纪60年代以来,中国人最急于学习西方的是技术,尤其是军事技术,最强烈动机是追求力量和富强。这种学习服从一个非常现实的目标:保国保种。这种紧迫心理和实用态度,既推动了中国人欲掌握技术而走向科学,进而推动中国社会整体发展,又在某些条件下阻碍了理论科学的发展。

近代化作为世界性的历史过程,其核心在于工业化推动下的人类社会的全面变革,是科技理性渗透到社会生活方方面面的过程。中国从农业文明向工业文明转型,日常生活的近代化是必不可少的内容。一方面,要用现代科技理性和人文理性塑造人的主体性,培育人的主体意识、科学思维和分析精神,把契约观念、法制观念、主体意识、民主观念、效益观念融入人的价值领域。从日常生活角度进行价值观的改造,是传统文化发展必不可少的内容,因为"价值系统所涉及的不仅是观念世界,更重要的是日常人生"[1]。另一方面,在近代社会,人的生存空间,传统生活中靠私人感情和道德维系的日常生活领域日益缩小,而非日常生活领域逐渐扩大。这需要通过社会组织建设把非日常生活领域中的血缘、宗法、经验等自然原则剔除出去,确立民主、法治等原则。

---

[1] 余英时:《中国现代价值观念的变迁》,载氏著《现代儒学的回顾与展望》,生活·读书·新知三联书店2004年版,第89页。

第八章　家国情怀的近代转型

二　追求民主

李宗桂等学者梳理近代意义上的"民主"在中国的兴起的时间线索，认为近代意义的"民主"概念，1864年出现于丁韪良主译的《万国公法》中，1870年代开始被中国士大夫所使用。[①] 黄克武分析了"民主"在中国传播的思想线索："大约从1850年以后，中国知识分子在传统与西方的双面冲击下，尝试解决新时代的挑战，他们以一种深受传统影响的眼光来观察西方的民主政治，形成了一种充满乐观精神的民主观念。他们认为西方民主制度是一个完善的方法，可以达到许多以往无法实现的理想，例如可以使政治领袖、政府官员和人民之间有充分的沟通，可以开言路、通上下之情。因此民主不但可以达成内部的和谐，而且形成整体的团结。同时民主的政府是由贤人组成，可以贯彻'仁'或'大同'的道德理想，也完全不存在追求私利、特权或维护既得利益，这样一来民主可以解决长久以来君主专制导致'私天下'的弊病，实现大公无私的理想。"[②]"天下为公"作为士人们的社会理想，成为知识分子们理解"民主"的重要文化基因。

同时，"天下为公"也被化约为破私向公的简单化模式。梁启超曾言："国之强弱悉推原于民主，民主斯固然矣，君主者何？私而已矣；民主者何？公而已矣。"[③] 知识分子们一方面以"民主"来批判专制，延续着对"天下为公"的批判思路，另一方面把"民主"理想化为最美好的制度，认为"民主"是国家强大的根本原因，强调民主制度具有整合社会、凝聚共识的功能。陈少明通过比较汉学和宋学在解释路径上的不同，提示我们：当传统不能很好适应社会生活时，思想家往往会通过对传统做具体的解释来维护传统的生命力；当

---

① 李宗桂等：《中国优秀传统文化的现代价值》，第464页。
② 黄克武：《从追求正道到认同国族——明末至清末中国公私观念的重整》，载氏著《近代中国的思潮与人物》，九州出版社2016年版，第19页。
③ 梁启超：《与严幼陵先生书》，载氏著《饮冰室合集》（第1册），第109页。

◇ **家国情怀的意蕴及其近代转型**

传统处于崩溃边缘时,思想家则会选择对传统做抽象诠释以期容纳新思想、新事物。① 中国近代知识分子对于"民主"的解释,也具有上述方法论上的特点。

这种理解方式,使得中国人对民主观念的理解不同于西方传统,形成了对民主的新诠释,赋予"天下为公"时代生命力和中国式的解读。西方民主理论中一些最基本的预设,在中国近代民主思想的引介中并没有被充分重视。尤其是一些与中国传统文化具有根本差异的内容。第一,西方哲学的人性论中,认为人性具有阴暗面,由人执行的权力需要制衡;② 第二,西方哲学的认识论比较悲观或谨慎,认为知识与道德的真理很难掌握,没有人可以公正无私地解决群体利益问题;第三,西方的政治哲学认为,国家与社会应该分离,要在国家之外,建构一个可以实现公民之平等自由的社会生活空间,人民可以免除政府无理的压迫,保障自由的个人、家庭、经济生活,而且具有进入政治核心的通道;第四,民主只是一个有缺点但相对较好的制度,而并不是一个完美的理想。

随着时间的推移,现代新儒家则在对中国近代以来一系列民主运动的失败失望和困惑的情形下,提出了他们自己的民主主张。梁漱溟将人类文化的发展路向分为西洋、中国和印度三种模式,认为民主和科学是西洋文化之所长,而为中国文化之所缺。因此中国要发展,就不得不回过头来补民主与科学这一课。③ 但他反对照搬西方的民主,主张从中国固有的文化传统中引申出民主。张君劢主张尽量输入西方人生观中的"个人独立之精神"、政治上的"民主主义"、科学上的"实验方法","如不输入,则中国文化必无活力"。在进行西方文化

---

① 陈少明:《在历史与理念之间——汉宋学术与现代保守主义》,载氏著《汉宋学术与现代思想》,广东人民出版社1995年版,第133—150页。
② 张灏:《幽暗意识与民主传统》,台北:联经出版社2013年版,第3—32页。
③ 梁漱溟:《东西文化及其哲学》,载刘梦溪主编《中国现代学术经典·梁漱溟卷》,河北教育出版社1996年版。

第八章　家国情怀的近代转型

观念输入的同时，还要做到"尽量输入，与批评其得失，应同时并行"①。直到20世纪50年代，现代新儒学的学者还在强调，"中国当前之文化思想问题，乃在如何自作主宰的把西方传来之科学知识、国家观念、自由民主之观念，融摄于中国之人文思想中，以消除、融解由中西文化之冲击而生的中国人思想上精神上所感之矛盾与冲突"②。

我们需要看到的是，近代中国民主思想所直接面对的并不是资本主义对自由市场的要求，不需要解决这个问题。近代中国的民主思想，所承担的基本任务是，如何把全体中国人凝聚起来，实现中华民族的独立和复兴。这可以成为我们今天理解人民主体思想的经验。

接纳科学和民主是中国近代文化转型的重点，也是近代中国人保国保种的家国情怀作用的结果，同时也促进了传统家国情怀的转型。相较而言，近代中国人对于中国传统文化中缺乏科学的内容比较自觉，直接学习西方的科学技术的羁绊较小。而面对民主时，近代中国知识分子中比较普遍的思路是，认为孔子、孟子思想中本身就包含着民主的因素，更加希望从中国传统文化内部引申出民主。这在一定程度上，导致了人们对民主理解的混乱。这也说明，如何找到一条适合中国国情的民主建设之路，需要以准确把握中国国情、明晰中西文化之间的根本差异为前提。

第二节　重构国家和平等

近代以来，在中西文明的撞击中，中国进入了一个社会剧烈变动的时期，西方进化论在中国的传播极大地激起了中国人的自强意识。一些先知先觉的学者，既批判传统社会的黑暗，同时也批判资本主义

---

① 张君劢：《欧洲文化之危机及中国新文化之趋向》，载吕希晨、陈莹选编《精神自由与民族文化——张君劢新儒学论著辑要》，中国广播电视出版社1995年版，第446页。

② 唐君毅：《人文精神之重建》，台北：台湾学生书局1989年版，自序，第10—11页。

◈ 家国情怀的意蕴及其近代转型

的社会问题。以激进变革为主导的近代文化转型，近代中国在文化价值观的传播层面呈现出若干特点，不同于"百姓日用而不知"的传统价值观引导。近代的知识分子把西方工业文明的成果，简化为一个具有普适性的体系，然后用这个体系创造一个新的理想社会，改造中国传统社会的各个方面。道德、伦理、政治都是这种改造的对象，通过公德建设集中反映出来。以私德为基础，以近代国家观念为目标，以平等意识为重点，近代思想家们在公德建设中，把传统家国情怀中对共同体的热爱转化为近代的集体意识。我们认为，在中华民族的民族危亡与救亡启蒙运动中，引申出现代民族国家观念，彰显了近代以来家国情怀的解构与建构中的核心问题：公民意识与公德塑造。这也是我们在中华民族伟大复兴进程中探讨家国情怀的现代价值的主要线索。

一 改造传统国家观念

解构传统天下和王朝国家观念，建构近代国家观念，是中国近代思想史上的一条基本线索。民主、科学、自由、平等、法治、革命等观念，都与国家观念有着密切关系。一方面，传统的以天下一体观为核心的世界秩序理念和儒家文化在西方思想文化的冲击下，在新的主权国家的国际体系中开始瓦解；另一方面，中国人的文化与民族优越感遭遇挫折，并强烈地意识到亡国灭种的危机。尤其在近代资本主义世界的感染和推动下，一大批具有近代思想的知识分子强烈要求开启中国近代化的进程，近代中国的百年奋斗旨在"救国、建国"，即将传统帝制国家拨转为近代民族国家。以"天下为公"突破王朝国家的理解，以西方民族国家理论为援引，是中国近代国家观念构建的基本线索。

从中国文化史上看，"天下"观念受到冲击而引起中国人反思的标志性事件，是乾隆时期英国使节来华时的礼仪之争。清乾隆五十八

第八章　家国情怀的近代转型

年（1793），英国国王乔治三世派遣使节马戛尔尼（Geoger Macartney）来华。就马戛尔尼是否应向乾隆皇帝行跪拜之礼的一系列问题，中英双方进行了长时间的谈判才达成协议。乾隆皇帝恩准在避暑山庄召见马戛尔尼，颁发了"敕谕"给英国国王，表达了天朝皇帝的骄傲和观念："天朝抚有四海，惟励精图治，办理政务，奇珍异宝，并无贵重。尔国王此次赍进各物，念其诚心远献，特谕该管衙门收纳。其实天朝德威远被，万国来王，种种贵重之物，梯航毕集，无所不有，尔之正使等所亲见。然从不贵奇巧，并无更需尔国制办物件。"这典型地反映了中国统治者以世界中心自居，认为本国最为富足，不需要依靠外人即可实现无所不有，不重视对外贸易和经济活动的思维惯性。在鸦片战争以前，其他国家的使者来中国，都被称为"朝贡"，把其他国家视为自己的属国。鸦片战争以后，西方列强不断入侵，把古老的中国推入一个全新的世界格局，面临着新的挑战，传统的天下观念开始为人们所重新审视。

鸦片战争、甲午战争的失败，使中国知识分子重新审视天下、国家的问题。戊戌变法时期，维新派知识分子从顾炎武的"亡国与亡天下"之辩中引申出的"天下兴亡，匹夫有责"的表述，成了家国情怀的经典表达，开启了建构现代"国家"观念的讨论。梁启超指出，由于地理状况和地理知识的缺陷，中国人没有"国家"意识，这成为中国近代以来不能走向富强的主要原因。因而，他强调从四个方面确立中国人的国家观念：一是对于自身而知有国家，即国家是高于个人的团体，国家利益高于个人利益；二是对于朝廷而知有国家，即国家是团体的真正代表，朝廷只是管理国家的机构；三是对于外族而知有国家，即不论别国如何良善，在国家利益冲突之际，应当捍卫本国利益；四是对于世界而知有国家，即世界各国处于激烈竞争之中，竞争是促进国家进步的动力。国民应积极培养冒险、进取等传统文化中缺乏的价值因素，来真正确立国家意识。

◇ **家国情怀的意蕴及其近代转型**

梁启超主张从固有文化传统中引申出现代"国家"观的努力，是以激励人们"爱国"为目标的。他在《新史学》中强调，作史者不能局限于朝廷，更应关注全体国民，因为史学是"国民之明镜，爱国心之源泉"①。梁启超等维新思想家们吸收了大量的西方国家观念，在1900年写作的《少年中国说》中，以土地、人民、法制、主权作为"国家"的基本要素，提出了近代"国家"观念："夫国也者何物也？有土地；有人民；以居于其土地之人民而治其所居之土地之事；自制法律而自守之，有主权，有服从，人人皆主权者，人人皆服从者。夫如是斯谓之完全成立之国。地球上之有完全成立之国也，自百年以来也。完全成立者，壮年之事也；未能完全成立而渐进于完全成立者，少年之事也。故吾得一言以断之曰：欧洲列邦在今日为壮年国，而我中国在今日为少年国。"②

近代中国的国家观念，打破了王朝国家的基本架构，把国家与国民的命运结合在一起，真正形成一个命运共同体。辛亥革命推翻帝制，建立中华民国，就是中华民族在内忧外患中的一次自救。这也是中国近代国家的开端，中国人以此为争取独立的主体，进而在国际秩序中确立自己的合法性。

二 突破传统平等玄谈

近代意义上的"平等"观念，建立在市场经济充分发展的基础上，以个体权利为根基，以法治为保障。恩格斯指出，"一切人，作为人来说，都有某些共同点，在这些共同点所及的范围内，他们是平等的，这样的观点自然是非常古老的。但是现代的平等要求与此完全不同……要从这种相对平等的原始观念中得出国家和社会中平等权利

---

① 梁启超：《新史学》，见氏著《清代学术概论》，中国人民大学出版社2004年版，第231页。
② 梁启超：《少年中国说》，载氏著《饮冰室合集》第2册，中华书局2015年版，第393页。

第八章　家国情怀的近代转型

的结论,要使这个结论甚至能够成为某种自然而然的、不言而喻的东西,必然要经过而且确实已经经过几千年。"① 鸦片战争前后,西方的"平等"观念开始输入中国。中国人理解平等观念,不具备上述经济基础和政治制度,但有自身的思想资源。

朋友关系是传统五伦中的一部分。"友"集中体现了中国传统思想中以兴趣聚合人群的思路,只是在以家庭、家族生活为主导的传统社会,趣缘认同只是成就个体仁德的"辅助",是兄弟之爱的推扩。《尔雅》中有"善兄弟为友"的说法,《说文解字》则指出"同志为友,又从二相交"。在这个意义上,传统儒家思想强调"君子以文会友,以友辅仁"(《论语·颜渊》),朱熹把"以友辅仁"解释为"讲学以会友,则道益明;取善以辅仁,则德日进"(《论语集注·颜渊》),彰显朋友之间相互学习,共同成就个人道德境界的意义,并形成志趣相投、亲密互助、互相学习的"友道"。这使人们获得一种超越血缘和身份的"爱"之体验,享受共同兴趣带来的快乐。

发挥"友"的人格独立的精神,是教化传统的真正光大。晚明以后,以顾炎武、黄宗羲等为代表的启蒙思想家们从讲学的社会团体、朋友关系引申出国家的原则、君臣关系,以对抗从家族制的原则所引申出的国家原则。重视"友"伦理平等互助精神,是明代后期中西文化交流重要的切入点。利玛窦指出"各人不能全尽各事,故上帝命之交友,以彼此胥助。若使除其道于世者,人类必坏矣",并以"人之精神,屈于君臣父子夫妇兄弟,而伸于朋友……四伦非朋友不能弥缝"的言论让当时的士大夫耳目一新。

平等意识作为更新中国文化传统的重要内容,对于家国情怀的近代转型发挥了不可低估的作用。谭嗣同对传统纲常猛烈批判,却对朋友一伦非常肯定,认为友伦包含着自由、平等之义。他说:"五伦中

---

① 《马克思恩格斯选集》(第3卷),人民出版社2012年版,第480—481页。

◇ **家国情怀的意蕴及其近代转型**

于人生最无弊而有益,无纤毫之苦,有淡水之乐,其惟朋友乎? 顾择交何如耳,所以者何? 一曰'平等',二曰'自由',三曰'节宣惟意'。总括其义,曰不失自主之权而已矣。"① 孙中山对平等有比较系统的解释,并把它贯穿于对"民权"的理解之中。他用三民主义和法国革命口号自由、平等、博爱做比较,提出:"平等和我们的民权主义相同,因为民权主义是提倡人民在政治上地位都是平等的,要打破君权、使人人都是平等的,所以说民权是和平等相对待的。"② 平等观念作为近代公德建设的突破口,直接延续到五四新文化运动之中,并通过新文化运动深刻地影响了中国全社会,成为人们追求自由、解放的先锋观念。

陈独秀则提出,要通过法律制度来保证人民在经济和政治上的平等。指出:"现代于法律上、政治上、经济上,均认人与人之平等,同受国家之保障。于是亲子、夫妇,及其他一切人与人的关系,自与古时'以人类不平等为原则之时代'不能相同。"③ 他认为,宗法制度的恶果之一是"剥夺个人法律上平等之权利(如尊长卑幼同罪异罚之类)",因而提出"法律之前,个人平等",并将人权平等视为"纯粹个人主义之大精神"。李大钊从机会均等层面讨论平等问题,并引向民主制度。他说:"现代民主主义的精神,就是令凡在一个共同生活组织中的人,无论他是什么种族、什么属性、什么阶级、什么地域,都能在政治上、社会上、经济上、教育上得一个均等的机会,去发展他们的个性,享有他们的权利。"④ 然而从民主主义的视角抽象地理解平等问题是无法克服资本主义私有制所带来的实际不平等

---

① 《谭嗣同集》整理组:《谭嗣同集》(下),浙江古籍出版社2018年版,第309、373页。
② 孙中山:《孙中山选集》,人民出版社2011年版,第751页。
③ 陈独秀:《孔教研究》,载氏著《独秀文存》(三),外文出版社2013年版,第625—626页。
④ 李大钊:《战后之妇人问题》,载中国李大钊研究会编注《李大钊全集》(第二卷),人民出版社2013年版,第410页。

的。李大钊深信,社会主义才从经济上解决平等问题。他说,"社会主义不是使人尽富或皆贫,是使生产、消费、分配适合的发展,人人均能享受平均的供给,得最大的幸福"①。

现代化与工业发展密切相关,从文化层面上看是人的心理态度、价值观和生活方式的改变过程,是一种全面的理性的发展过程。② 随着现代化过程的逐步深入,效益、竞争、诚信、契约、法治等理念日益深入人心,社会架构和组织形式也日益远离农业文明模式。中国传统人文思想的现代转化必然需要价值观念、生活方式以及心理态度的变革。

第三节　个体自由与民族复兴共同发展

在家族的范围内生活是传统中国人的生活方式。在忠孝一体的道德浸润和实践塑造下,一方面形成了个人容易淹没于家庭的局面,另一方面,国家、民族利益高于家庭、个体利益的意识作为一种潜存的集体意识,也具有发挥作用的可能性。在挽救民族危亡为先的近代社会,如何鼓励个人走出家庭,积极承担保国保家的责任,需要从理论和实践上进行新的探索。提升个体自由,是鼓励人们走出家庭的前提;让人们获得选择的权利,是引导其承担更多责任的基础。把提升个体自由和追求民族解放融合在一起,是近代国家的价值导向。对"大同"思想中的"天下为公"理念的再解释,彰显"至公"精神在整合个体和共同体方面的意义,则成为近代家国情怀的重要内容。

---

①　李大钊:《社会主义与社会运动》,载中国李大钊研究会编注《李大钊全集》(第四卷),人民出版社2013年版,第246页。
②　罗荣渠:《现代化新论——世界与中国的现代化进程》,商务印书馆2004年版,第15—16页。

⊗ 家国情怀的意蕴及其近代转型

一 自由引领个体和民族

"自由"一词在中国古已有之，但它只是指由自己做主，在道家思想里表达不受限制和拘束的状态，在儒家思想中则强调道德自主。近代中国的"自由"观念主要是指来自西方的以人的权利为基础的自由王国状态，在权利理念、法律工具和民主制度等因素建构的社会生活中，确定个人的行为限度。近代中国人在引介西方思想时，对"自由"予以极大关注。据统计，在1898年至1903年，卢梭、孟德斯鸠、斯宾塞、穆勒等人的自由主义学说，大量传进中国，以专书或论文的形式出现的西方政治学论著的译本，多达48种，以卢梭的天赋人权论和社会契约论最受欢迎。[1]

严复对"自由"的推崇颇深。他认为，中西文化的差异源于对自由的态度不同。他翻译英国学者密尔的《论自由》（即《群己权界论》），大力宣传自由理论。1895年，严复在《辟韩》中提出"民之自由，天之所畀也"[2]，1901年在《原强》修订稿中提出"身贵自由，国贵自主"[3]，说明自由对个体和国家的重要性，还提出"自由为体，民主为用"来说明自由和民主之间的关系，认为中国要"富强"，就必须从人民的"自利""自由"开始。

资产阶级革命派健将邹容不仅强调个体自由，还主张通过革命建立自由的国家。他认为"人人当知自由平等之大义"，指出"生命自由及一切利益之事，皆属天赋之权利"，主张通过革命来建立一个自由独立的"中华共和国"[4]。孙中山主张以"国民革命"取代以往历史上的"英雄革命"，认为"所谓国民革命者，一国之人皆有自由、

---

[1] 熊月之：《中国近代民主思想史》，上海人民出版社1986年版，第312—318页。
[2] 严复：《辟韩》，《严复全集》（卷七），载汪征鲁、方宝川、马勇主编《严复全集》（卷八），福建教育出版社2014年版，第39页。
[3] 严复：《原强（修订稿）》，《严复全集》（卷七），第25页。
[4] 邹容：《革命军》，华夏出版社2002年版，第37—38、56—57页。

第八章　家国情怀的近代转型

平等、博爱之精神，即皆负革命之责任，军政府特为其枢机而已。自今以往，国民之责任即军政府之责任，军政府之功即国民之功，军政府与国民同心勠力，以尽责任"①。

通过上述分析，可见，"自由"在近代中国是颇具共识性的观念，不仅涉及个体自由，亦强调群体自由。追求个体自由，是冲破传统家族观念的重要力量。追求群体自由，是近代家国情怀转型的根本方向，贯穿在近代文化之中。但是，在新文化运动之前，知识分子们引介自由理念时，未能完全跳出中国传统文化因素的限制。直到新文化运动，才彻底改变这种思路。有论者指出，新文化运动的一个特点，是抛弃了"托古"的思路，直接移植西方思想。②

陈独秀提出，"欧洲输入之文化，与吾华固有之文化，其根本性质极端相反。数百年来，吾国扰攘不安之象，其由此两种文化相接触相冲突者，盖十居八九。凡经一次冲突，国民即受一次觉悟。"③这成为新文化运动参与者跳出借用中国传统文化的观念来解释、传播西方观念的方法论指引。个体自由与民主结合在一起，推进了中国家庭观念的变化。1921年，李大钊在《理想的家庭》一文中提出了创建"理想的家庭"的五个条件：一是"Democracy之精神"；二是"小家庭之制度"；三是"一夫一妻之条件"；四是"真正之爱情；五是"家事之研究"。这些条件主要是针对大家族制度的弊端而提出的。如"Democracy之精神"就在于破除大家族制度的父权和夫权。"德谟克拉西之组织，精神在于平等，无父系母系之分别，亦无男女性之界限，乃共力合作。而组织良好家庭，无有特别之权利，对于孩提，亦不宜加以压制。"④

---

① 孙中山：《孙中山选集》，人民出版社2011年版，第81—82页。
② 陈旭麓：《近代中国社会的新陈代谢》，九州出版社2019年版，第389页。
③ 陈独秀：《吾人最后之觉悟》，载氏著《独秀文存》（一），第38页。
④ 李大钊：《理想的家庭》，载中国李大钊研究会编注《李大钊全集》（第四卷），人民出版社2013年版，第9—10页。

◇ 家国情怀的意蕴及其近代转型

由五四运动开启的思想启蒙,把反对专制制度的政治批判和提倡个性解放的思想更新结合在一起,把个体自由、国家自由和民族复兴结合在一起,产生了振聋发聩的影响,并鼓舞一批青年人救国图强的行为。同时,也引起了青年人权利意识的大发展。

二 公德建设彰显公共生活

晚明时期,中国社会兴起了区分国家政权与社会文明、批判君主专制的思潮。顾炎武在《日知录·正始》中提出:"有亡国,有亡天下。亡国与亡天下奚辨?曰:易姓改号,谓之亡国。仁义充塞而至于率兽食人,人将相食。谓之亡天下。是故知保天下,然后知保其国。保国者,其君其臣肉食者谋之;保天下者,匹夫之贱与有责焉耳矣。"其中,"国"即朝廷,是一朝一姓的国,政治含义更加浓重;"天下"则是民族文明的载体,是礼义道德和公序良俗的共同体。所谓"保天下者,匹夫之贱与有责焉耳矣",一方面是把士大夫"先天下之忧而忧,后天下之乐而乐"、"修身、齐家、治国、平天下"的理念与百姓层面的伦理纲常统一起来,寻求文化理想和行为方向上的一致,另一方面又彰显了"国"的一姓之私与"天下"的百姓之公的内在张力,具有鲜明的近代意识。正如有论者指出的,顾炎武将"天下"与"国家"对立而言,这在一定意义上进入了伦理性"公德"的意境,跳出了传统儒学的藩篱,表现了儒学新的生长点,三百年后的今天,还可滋养社会公德心的成长。[①]

社会公共生活领域与国家的关系,是一个非常复杂的问题,在不同国家,甚至同一国家的不同历史时期,都有不同的表现。在西方,公德是在公共生活充分发展的基础上来讨论的,私德与公德有着鲜明的界限。其中,个体从个别上升为普遍,或者说人从个体性向社会性

---

① 崔大华:《儒学的现代命运——儒家传统的现代阐释》,人民出版社2012年版,第125页。

第八章　家国情怀的近代转型

过渡，是借助一个异化结构来完成的——个体的社会化过程，与个体的异化过程具有同步性。在这个脉络中理解个体与社会、国家的关系，是黑格尔与马克思的共同思路。① 在近代中国，文化危机与民族危机相伴而生。鸦片战争以来，中国人通过对器物、制度、文化一步步深入的反思，来寻求振兴中国的力量。在传统与近代的历史交接点上，中国近代知识分子将中国的落后归因在文化领域内，认为文化危机的疏解有助于民族危机的解决，希望通过文化振兴来寻求中国未来发展的思路，持续了相当长时期。这也形成了迥异于西方社会的发展之路，公德直接成为救亡的动力。

从人的观念、思想层面思考中国的现代化，可以追溯到严复在戊戌变法时就提出的"鼓民力，开民智，兴民德"号召。中国传统文化中具有丰富的道德资源。如何理解这种道德资源的近代意义，成为近代以来知识分子们的基本问题。在批判礼教等级秩序的过程中，为礼教所培养出来并以维持礼教为目标的道德也成为被批判的对象，激进者甚多，主张旧道德是旧时代的产物，应当全部扫除，再建新道德和新中国。从旧道德和新道德相区分的角度来看，中国传统道德可谓乏善可陈。

20世纪初，梁启超也提出了其著名的"新民说"，强调私德与公德的直接贯通。他把公德建设作为"新民"的核心，提出的公德建设的思路是在私德醇美的基础上塑造公德。他说，"容有私德醇美而公德尚未多完者，断无私德浊下而公德可以袭取者；……公德，私德之推也。知私德而不知公德，所缺者只在一推；蔑私德而谬托公德，则并所以推知具而不存在也。故养成私德，而德育之事思过半焉矣。"② 今天，再检讨近代时期以梁启超为代表的公德与私德的区分时，我们可以发现其中的概念对接和方法论上的问题。以公德为私德

---

① 韩立新：《从个人到社会的逻辑演进》，《哲学动态》2012年第10期。
② 梁启超：《新民说》，载氏著《饮冰室合集》（第19册），第119页。

◇ 家国情怀的意蕴及其近代转型

之推,从方法论上而言,并没有跳出传统"内圣外王"的思路,但是这里提出了个人道德中的私德与社会公德如何转换的问题。

中国古代是家庭本位的伦理社会,公、私是相对的,并没有西方现代哲学中以个体隐私、私人空间、个人所有权为基础的"私"的观念,但这恰恰是符合中国古代文化生态的。孙向晨从"推及"的角度提出了"仁爱"思想的积极意义:造成中西文化传统分殊的"正义"和"仁爱"的源头面对的是共同的生命现象,但不同的选择走出了不同的文化道路。西方通过计算性的"正义"来解决"仁爱"的等差问题,由此强调"法律";中国强调仁爱,用"推及"的方法克服仁爱最初的有限性,由此强调"教化"。这是中国生存论结构中伦理发生的机制,这种结构的伦理发生与生命理解是完全一致的。[①] 大体而言,近代中国所提出的公德与私德,是西方近代文明的讨论范式,它直接提出了超越私人生活、家庭生活的公共领域的道德构建问题,在当时具有一定的合理性和必然性,但需要补上公共生活空间建设这一视角。

公共生活空间的形成,在公德建设中具有核心地位。社会化大生产的发展、近代国家观念的形成,都是公德建设不可或缺的前提。在公德建设中,职业道德是一个非常重要的内容,对于共同体意识的培养有重要意义。在中国近代社会,儒学与现实政治制度的解构,儒学和传统研究完全被纳入西方式知识化、专业化的教育体系,退居学院化知识性一极;作为中国社会民众生活样态的传统礼仪礼俗,遭到严重破坏,不再具有它在自然历史因革连续性中承载完整文化信息的作用。儒学失去了它与社会民众生活之关联的载体。[②] 在这种转变中,人的道德建设就需要关注人现实的工作状态,从中寻求新的生长点。

[①] 孙向晨:《论中国文化传统中"家的哲学"现代重生的可能性》,《复旦学报》2014年第1期。

[②] 李景林:《儒学关联于民众生活的现实载体》,《河北学刊》2004年第11期。

社会学大师涂尔干认为，社会分工日益复杂，使得人们必须通过合作来共同完成社会生产任务，这导致人与人之间相互依赖性增长，个体通过职业进入社会生活，而职业教育使个人获得社会需要的知识和技能，个人就业又满足了社会的需要。①

贺麟指出，在工业化的中国社会，儒者应有新的气象，中国人也应当有儒者气象。他认为，"在工业化的社会中，须有多数的儒商、儒工以作柱石，就是希望今后社会中的工人、商人，皆成为品学兼优之士。亦希望品学兼优之士，参加工商业的建设，使商人和工人的道德水准和知识水平皆大加提高，庶可进而造成现代化、工业化、文明化的新文明社会"②。加强儒学与各行业从业者的思想关联来实现儒学与现代社会的互构，是一种非常现实的思路，也是心学传统下，强调普通民众的道德主体性的进一步发展。

我们认为，实现以私德为基础的公德建设，需要在社会化大生产的不断普及和公共生活空间进一步形成的基础上来完成。在此基础上，完成新的社会意识构建：一方面，这需要以现代的契约意识、法治精神来更新传统，确立独立自主的个体意识；另一方面也需要扩展我们审视传统文化的视野，把"正德、利用、厚生、惟和"中所蕴含的尽物之用、厚民之生的内容有力地诠释、践行开来，在家庭、伦理关系之外关注到家国情怀中万物一体、民胞物与的一面，拓展公共生活空间中的道德情感和行为原则。

三 "天下为公"精神引领民族复兴

"天下为公"是中国社会最具普遍性和凝聚力的意识。"公"的基本含义是公正，不偏私。此种含义的"公"在先秦为各家思想所

---

① [法]埃米尔·涂尔干：《社会分工论》，渠东译，生活·读书·新知三联书店2017年版，第109—158页。

② 贺麟：《文化与人生》，第12页。

◇ **家国情怀的意蕴及其近代转型**

推崇,成为普遍的价值观。"天下为公"是中国传统各家思想中最具共通性的内容。正如徐复观所说,先秦儒、墨、道的政治思想,都可以说是"为人民而政治"。儒家最高的政治原则是"民之所好好之,民之所恶恶之",政治运用的形式是"天下为公,选贤与能"。老子认为"圣人无常心,以百姓之心为心",希望在无为而治的不干涉的政治之下,让人民"自富,自正"。墨子则主张由地方官吏(正长)以迄卿大夫、诸侯、三公、天子,皆出于选举。① 作为一种价值追求,"公"通过儒、道、墨、法诸家思想的整合激荡而完成。

《吕氏春秋·贵公》以"天下非一人之天下也,天下人之天下也""先圣王之治天下也,必也公。公则天下平矣"等论述,把"公"作为治国平天下的首要原则。从"大道之行也,天下为公"(《礼记·礼运》)的理想描述,到"有国有家者,不患寡而患不均"(《论语·季氏》)的经济理念,再到"保天下者,匹夫之贱与有责焉耳矣"(《日知录·正始》)的文化自觉,都强调"公"在"天下"中的核心地位。无论是空间意识、共同体范畴,还是礼乐规范,在中国文化的传承与发展中都经历了不同程度的变迁,"公"的价值标准一直是一个抽象、超越性的存在,包含着"公平""协调""共有"等向度,成为文化批判的依据。有论者指出,从先秦一直延续至清代的义利之辨,隐含了"去私"的共同前提。② 这里的"去私"主要针对的是统治集团以一己之私来治理社会,并以理想、习俗、心理等形式发挥实际影响。

陈乔见梳理了先秦各种公、私观念,指出:"先秦诸子确实大都'贵公'、'崇公',但'公'皆为价值观层面的公正无私之义,'贵

---

① 徐复观:《辛亥革命的意义与教训》,载徐复观《论智识分子》,九州出版社2014年版,第296—297页。
② 梁治平:《寻求自然秩序中的和谐:中国传统法律文化研究》,商务印书馆2013年版,第3页。

第八章 家国情怀的近代转型

公'与'崇公'的本质是'尚贤',以及实现政治的公正、公平。"①"天下为公"成为任贤、爱民行为的观念支撑。在"不偏之谓中"(《礼记·中庸》)的总结里,"中"即包含着不偏执于自己的好恶而本于客观原则的大公精神。

然而,在传统社会,天作为超越的人格神,作为公平、民心的代表,从理论上来说是至高无上的,在现实生活中却不能真正独立于王权之上;圣人作为天在人间的代表,又是难得一遇的。"天下为公"便只能在思想领域发挥作用,难以在制度层面获得落实。一方面,士人们希望可以设计出限制君主权力的制度,表现为对法治的追求;另一方面,公平的社会理想成为人们批判现实的依据。义利之辨、公私之辨、群己之辨、理欲之辨等中国传统文化中重要的价值观领域的讨论,都与"天下为公"有密切的关联。

近代很多知识分子甚至从"公"的角度来解释西方富强的原因。严复认为,西方优于中国之处在于"于学术则黜伪而存真,于刑政则屈私以为公",即科学与民主。进一步来讲,严复把"公"的精神概括为三个方面:第一,保障言论自由,人人可以畅谈国事,上下不再有壅塞之弊;第二,个体的人身与财产具有不受侵犯的权利,这针对的是君主以天下为自己的私产的弊端;第三,国民放弃私心,同心合力、连为一气抵御外辱。② 这种观点再引申一步,便形成了认为个人的价值在于为国家富强服务的思想,③ 在近代中国具有相当大的影响力。

从制度建设的层面考虑"天下为公"如何实现,并以之为实现中华民族复兴的基础,是近代知识分子们重构家国情怀的亮点,集中体

---

① 陈乔见:《公私辨:历史演化与现代诠释》,生活·读书·新知三联书店2013年版,第94页。
② 严复的上述观点,在其所著的《原强》《论世变之亟》中多有讨论。
③ [美]本杰明·史华慈:《寻求富强——严复与西方》,叶凤美译,江苏人民出版社1995年版,第55页。

◇ **家国情怀的意蕴及其近代转型**

现在以"大同"理解公有制度,批判资本主义制度的不合理,并追求社会主义等方面。"大同"即《礼记·礼运》中对"天下为公"的具体描述:"大道之行也,天下为公,选贤与能,讲信修睦。故人不独亲其亲,不独子其子,使老有所终,壮有所用,幼有所长,矜、寡、孤、独、废、疾者皆有所养。男有分,女有归。货恶其弃于地也,不必藏于己;力恶其不出于身也,不必为己。是故谋闭而不兴,盗窃乱贼而不作。故外不闭户,是为大同。""大同"作为中国古代对理想社会的表达,把人与人之间的互相关爱、各尽所能的生活状态、普遍平等的人际关系勾勒在世人面前。

康有为以"大同"中的普遍平等、幸福的理想来判断资本主义,看到资本主义的诸多不合理之处。他提出,资本主义社会中,"虽使机器日出精奇,人民更加才智,政法更有精密,而不行大同之法,终无致生民之食安乐,农人之得均养也"[1]。"夫人事之争,不平则鸣,乃势之自然也;故近年工人联党之争,挟制业主,腾跃于欧美,今不过萌蘖耳。又工党之结联,后此必愈甚,恐或酿铁血之祸,其争不在强弱之国,而在贫富之群矣。从此百年,全地注目者必在于此。故近者人群之说益昌,均产之说益盛,乃为后此第一大论题也。然有家之私未去,私产之义犹行,欲平此非常之大争而救之,息无由也。"[2] 从康有为的讨论中,我们可以看到近代知识分子以"天下为公"来超越传统文化中的"天下一家",也要超越西方资本主义的弊端,形成"双重超越"的理想,鼓舞国人。青年们在救亡图存、建设新中国的召唤下,纷纷走出家庭,批判家庭,成为爱国者是当时青年的向往,乃当时的文化潮流。

同时,我们在看到近代思想家以"天下为公"的精神追求民族复兴时,还要看到在"大公无私"精神的引领下,私与公完全对立,

---

[1] 康有为:《大同书》,上海古籍出版社2019年版,第243页。
[2] 康有为:《大同书》,第244页。

第八章　家国情怀的近代转型

造成了近代社会转型中的激进倾向。在这种思路下，"家"成了"私"的重要组成部分。个人对家庭的热爱，被认为是"私"，这会阻碍青年们全情投入救国运动中。这不仅打破了修身、齐家、治国、平天下的推扩模式，还把爱国凌驾于一切内容之上。在爱国的名义下，越反抗家庭、反抗传统越正义，构成中国近代思想的特异性，并产生了深刻的影响。直到20世纪50年代，现代新儒学的学者还在强调，"中国当前之文化思想问题，乃在如何自作主宰的把西方传来之科学知识、国家观念、自由民主之观念，融摄于中国之人文思想中，以消除、融解由中西文化之冲击而生的中国人思想上精神上所感之矛盾与冲突"[①]。

在近代的危机中，一些受儒家经典影响至深的读书人，转为抨击家庭道德与伦理，这也成为以儒学为主干的中国传统文化的自我否定，对传统家国情怀更是根本性的解构。它带来的结果，是中国的传统知识分子在西学东渐、向西方学习的大背景下，重新理解个体、家庭、国家、世界的关系，并在这一关系链条下，追求自己的人生意义。但是，我们反思西方文化时，又可以发现，在西方社会、伦理思想中，保护家庭是非常重要的内容。近代中国所产生否定家庭的思路，与西方文化传统也是背离的。我们认为，近代解构家庭伦理道德的根本，更多地源于中华民族近代以来的民族危机。这一危机之下，通过国家来凝聚国人时，人民让渡了更多的权力给政府。这也成为后来中国国家力量颇为强大的现实原因。

有论者指出，旧礼俗固然对孝亲严格化而让人生厌，而极端化为爱国家、爱社会也未必就顺人情。爱国家、爱社会固然高尚动听，但对象模糊、空泛，很可能造就的流弊是人们既不爱国家也不爱家。然而，非孝与五四时期个人主义激荡的结果是青年在自利与利他之间飘

[①] 唐君毅：《人文精神之重建》，台北：台湾学生书局1989年版，自序第10—11页。

◈ **家国情怀的意蕴及其近代转型**

摇,或成为自私自利之个体,或沦为无我利他之工具,本为寻求主体性的个体在错综复杂、迅速转变的时代背景下或许不知不觉中进一步丧失了主体性。① 这也为我们反思近代思潮提供了一种思路。

整体而言,在近代中国的巨变中,中国社会颇为根本天下、家庭等涉及人们生活方式和价值认同的根本都发生了重要变化。哈贝马斯说:"民族国家的成就在于:它同时解决了这样两个问题:即在一个新的合法化形态的基础上,提供了一种更加抽象的新的社会一体化形式。"② 中国人近代国家意识的确立,也是在这个意义上讲的。同时,基于中国自身独特的社会结构和文化根源,在大量西方文化要素的基础上建构的国家认同,如何与中国自身的文化传统相结合,成为推动中华民族发展的重要凝聚力,成为建构中华民族"命运共同体"的核心要素,是需要我们深入思考的问题。

---

① 赵妍杰:《家庭革命——清末民初读书人的憧憬》,社会科学文献出版社2020年版,第142页。
② [德]哈贝马斯:《欧洲民族国家:关于主权和公民资格的过去与未来》,载氏著《包容他者》,曹卫东译,上海人民出版社2002年版,第131—132页。

结　　语

　　以主体性为核心，以资本逻辑为动力的近代化进程，对中国的政治理念、文化观念、社会生活产生了重要影响。人们对中国传统文化的批判，在一定意义上讲，是在资本逻辑的冲击下展开的。这正如马克思指出的，"它［资本］尽可能地消灭意识形态、宗教、道德等等，而在它无法做到这一点的地方，它就把它们变成赤裸裸的谎言"[①]，"它［资产阶级］按照自己的面貌为自己创造出一个世界"[②]。资本从来不是单纯的经济现象，它更是政治思想、文化价值传播的载体。资本维度的文化传播以"商品"为媒介，运用商品交换实现文化趋同、政治认同。

　　在如何在社会生活中构筑新的行为方式和交往原则方面来实践家国情怀，是生产力发展到今天，需要我们关注的内容。

　　家国情怀是中国实质性传统的重要内容，代表着中国人对民族文化、生活方式的认同。这种实质性传统符合中国人原始的心理要求，在中国社会的变迁中，实质性传统"退到了社会生活中更为隐蔽的部分，但他们会通过复兴和融合而一再重新出现"[③]。从理想形态上来说，当国家构成人们生活的外在保障，民众生活方式构成国家运行的

[①]《马克思恩格斯文集》（第1卷），人民出版社2009年版，第566页。
[②]《马克思恩格斯文集》（第2卷），人民出版社2009年版，第36页。
[③]［美］希尔斯：《论传统》，傅铿、吕乐译，上海人民出版社1991年版，第344页。

⊗ 家国情怀的意蕴及其近代转型

实质时,以家国情怀为核心的历史文化认同就会与国家认同相融合,成为一体。在这种国家认同的背后,现代文明的洗礼是重要的外缘,而其内在的动力则是"家国情怀"的支撑。具体来说,士大夫阶层根深蒂固的"经邦济世"观念以及"天下意识"是推动中华民族认同现代"国家"观念的基础。从家国意识向国家观念的变迁中,传统的情感认同中加入了对现代国家强大、民族振兴的真诚向往,对于国家、主权、法制等国家认同的核心内容也有了逐渐清晰的认识。

一 国家认同的复杂性呈现

所谓认同,是个体对于"我是谁"及相关的身份问题的追问和认可,包括自我认同、社会认同、文化认同、国家认同等几个层面的内容。国家认同即是指一个国家的公民对自己祖国的历史传统、文化精神、理想信仰、国家主权等的认同。就当下中国的国家认同而言,其实质是把血缘、地缘认同、文化认同整合起来,超越中国传统的家国情怀和西方契约国家基础上的认同,而呈现出一种更加理性、自觉的认同形式,也是一种前后相续、中西相融的整合性认同。

在传统中国的政治、经济、社会生活的架构下,"国"最早是指周天子"封建诸侯"的领地,所谓"天子建国,诸侯立家"是也。由于诸侯间存在着远近不同的血缘、婚姻关系,这就在中国人心里形成了一种事实上的"家国"意识,再加上王权的统治,形成了"始于家邦,终于四海"观念。这种"国"实质上就是家庭关系扩大化,以伦理组织社会,以社会代替国家。孟子所谓"天下之本在国,国之本在家,家之本在身"(《孟子·离娄上》)就是在这种以社会代国家的社会组织形式中产生的观念。

由于"普天之下,莫非王土;率土之滨,莫非王臣",所谓"天下"便包括了从天地之中的"王畿"到"五服""九服"等最边远蛮荒的四夷之地。在古人的观念中,"中国"与"天下"是一个归属

结　语

于、臣属于"王"的统一体。以"王化",即礼乐教化的程度为标准,中原(华夏)与四夷之间既形成了一种文化差异;同时又以"王化"的传播为纽带,夷夏之间产生一种伦理认同模式,形成一个更大的区域共同体,并在历史发展的进程中演变出民族、中华民族等。

这种发展模式,是由中国特殊的文化生态和文化基因造成的。正如论者指出的:"伴随着世界资本主义的萌芽、发展和资本主义制度将取代封建制度而形成的一些民族,到了1871年欧洲资产阶级革命结束时,已经形成一系列的单一民族国家,从而也产生了民族(Nation)与国家(State Nation)一致的观念。这种在先有近代民族而后才形成近代民族国家的历史条件下所出现的民族与国家同一的观念传到中国,中国已经是一个有两千年发展历史的统一的多民族国家了。在已有了巩固的统一多民族国家的历史条件下,接受西方传来的'民族'观念,存在历史与文化背景的巨大反差。"[①] 这种反差,需要我们在梳理家国情怀的历史内涵时予以关注。

国内现代化问题专家罗荣渠教授指出:"背弃了传统的现代化是殖民地或半殖民地化,而背向现代化的传统则是自取灭亡的传统。适应现代世界发展趋势而不断革新,是现代化的本质,但成功的现代化运动不但在善于克服传统因素对革新的阻力,而尤其在善于利用传统因素作为革新的助力。"[②] 在今天,如何将以家庭生活为起点的亲人间的情感和道德实践,推广到个人与全体社会民众这一更加广阔的生活领域和共同体,如何引领、转化这种初级的共同体意识和责任意识,发展出现代的社会责任意识,使之继续发挥维护社会稳定、凝聚社会共识的作用,是我们今天弘扬中国优秀传统文化需要着力探讨

[①] 费孝通主编:《中华民族多元一体格局》,中央民族大学出版社1999年版,第347—348页。

[②] 罗荣渠:《现代化新论:世界与中国的现代化进程》,商务印书馆2009年版,第400页。

◇ 家国情怀的意蕴及其近代转型

的。对此，可以从生活方式转变和载体变化来进行思考。

梁启超等维新思想家在推介、诠释顾炎武"保天下者，匹夫之贱与有责焉耳矣"的思想时，提炼出"天下兴亡，匹夫有责"这句口号，[①] 推动了中国传统的民族天下观念向现代国家观念升华。这种升华的核心，就是把个人、家庭的命运与国家、国民的命运结合在一起，真正形成一个家国共同体，并认为这种共同体的基本信念就是主权独立，主权在民，每个人都是争取民族独立的主体，进而在国际秩序中确立自己的合法性。在这一转化过程中，启民智、新民德、兴民权成为家国共同体重要的内容。个人对国家的认同也沿着理性和情感两条线索逐步提升。由社会分工导致的人与人、人与物之间的依赖，是个人生存和发展的基础。在此基础上，形成了人与人之间的相互权威性关系。单一的自上而下的权威结构被打破，认同的复杂性和多向性由此产生。

1912 年元旦，孙中山在《中华民国临时大总统宣言书》中郑重宣告："国家之本，在于人民。合汉、满、蒙、回、藏诸地为一国，即合汉、满、蒙、回、藏诸族为一人。——是曰民族之统一。"[②] 此后，随着国民革命与五四运动的推进，"中华民族""中国"和"国民"等概念逐步深入人心。这一具体的历史过程，即中国近代民族认同与国家认同思想的发展主流，是将近代西方民主政治的国家思想和传统的中国民族认同思想结合，并且将国家认同与民族认同的问题联系在一起。

近代以来，在内忧外患的冲击下，中国传统的"家—国—天下"意识发生了巨大变革，随着竞争、进步、民权等观念的崛起，中国人的国家意识逐渐向现代的民族国家观念变迁，爱国主义成为近代以来中国文化的重要传统。同时，社会结构的变迁使得传统的聚族而居的

---

① 张锡勤：《"天下兴亡，匹夫有责"小考》，《道德与文明》2000 年第 6 期。
② 孙中山：《孙中山选集》，人民出版社 2011 年版，第 95 页。

生活方式逐渐发生变化，导致中国人的家庭家族意识逐渐向现代核心家庭观念更新，以夫妻为核心的家庭意识逐渐代替传统的家族观念，契约观念、法制观念、主体意识、民主观念、效益观念融入人的价值领域，成为改造传统家国情怀的重要因素。但是家国情怀中的念乡爱祖、守望相助、团结和睦等观念在今天仍然具有积极意义，可以有效地转化为爱国主义的心理基础和社会责任的价值支撑。

尽管不同学者对现代意义上的"国家"有很多种界定，但主权与领土、自由个人与社会团体、公共权力和法律体系都是其中不可或缺的核心要素。而作为中华民族共同体的"中国"，则是随着进步、民权、法制、民主等观念的崛起才逐渐形成的。这些新观念的形成，是西方观念传播与中国传统观念自我转化相结合的结果。发挥传统家国情怀中自发的认同感，彰显其情感原则，及其自我认同的集体取向，依旧是我们今天家国情怀建设的内容；从民主法制的角度强化国家认同，是提升国家凝聚力的必要途径，是我们提升国家认同，增强家国情怀的理性支撑的基础。

二 家国情怀的现代价值

在中国特色的社会结构和文化生态下，中国人形成了爱国如爱家的中国式"家国情怀"。"爱国"不仅是中华民族的光荣传统，也是民族精神的核心。无论是"居庙堂之高则忧其民，处江湖之远则忧其君"的忧国忧民，还是"为天地立心，为生民立命，为往圣继绝学，为万世开太平"的责任使命，或是"苟利国家生死以，岂因祸福避趋之"的忘我牺牲，以及"天下兴亡，匹夫有责"的共同体意识，皆是历代仁人志士对国家忠诚和热爱的表达。"爱国"成为每一个中华儿女融入血脉、刻进内心的深厚情感。尽管古人的"爱国"表现为对封建君主或封建王朝的忠诚，却也承载了中国人愿意牺牲"小我"而成全"大我"的精神。作为社会主义核心价值观的"爱国"

◇ **家国情怀的意蕴及其近代转型**

与传统家国情怀中的"忠君爱国"相比,承继了中国人责任先于自由、义务先于权利、社群高于个人的价值取向。①

传统家国情怀的主要载体是士大夫阶层,具有鲜明的道德主导性、精英主导性特点,并在一定程度上表现出对于庶民的轻视。这反映了传统家国情怀、道德意识对于个体利益、个人欲望的忽视,对商品经济发展的阻碍作用。这也是传统家国情怀需要转型的重要原因,体现出传统家国情怀中需要克服的内容,提示我们对于中国传统文化的创新性发展的重要性。

士大夫所具有的种种品性和思维特点,深刻地影响了传统家国情怀和近代家国情怀的整体形态。其中,一个比较有特点的内容就是忧患意识。忧患意识引领家国情怀中的批判意识与建设思路的聚合。中国传统观念固守小农生产方式,忽视技术创新,拒斥社会变革,在近代以来成为中国走向工业文明的阻碍因素。处在追赶型现代化的中国,在面对传统与现代关系时会产生独特的矛盾与焦虑。用人类文化的全部成果丰富自己,使中国社会成为充分发展、有着完整意义的现代文明,逐渐成为中国近代家国情怀的理性表达。

工业化、现代化使家庭逐渐丧失了经济功能,将生产活动从家庭中分离出来,具有雇佣工资的劳动者成为家庭成员的重要属性。改革开放以来家国情怀有了新的时代内容和表现方式。从社会主义现代化建设的角度看,个人在遵纪守法的前提下,通过辛勤劳动、创新进取来提高生活水平,享受物质成果和文化成果,提升个人综合素质,追求公民权利,工作上积极进取,生活上知足常乐,便是新时期家国情怀的表现。义利并举,崇德尚义,勤俭节约,追求个体利益的同时能够关爱他人、服务社会,是社会主义市场经济条件下对集体主义、爱国主义的新诠释。

---

① 陈丽婷、张倩:《习近平"家国情怀"重要论述研究》,《实事求是》2020年第3期。

结　语

　　改革开放40多年来，中国的社会环境发生了深刻变化，社会经济成分和利益群体多样化，价值观念多元化。由于市场经济负面因素的影响以及传统文化消极方面的影响，出现了一些行为失范、道德滑坡、人际关系冷漠、价值观念扭曲的现象，成为困扰当前经济社会发展的重要问题。因此，我们更要大力倡导和弘扬家国情怀建设。凡是褒扬真善美，鞭挞假恶丑，鼓舞人们健康向上的精神，都是爱国精神、社会主义精神的反映，是新时期的家国情怀。鞭挞丑恶与表扬善行，表现的都是对生命的尊重，对人的爱护，是希望中华民族能够健康发展的真情实感。

　　弘扬和发展新时期家国情怀，应当大力倡导当老实人、做老实事的精神。要鼓励每个人做好自己的本职工作，忠于职守，不缺位，不越位，踏踏实实参与社会主义现代化建设，通过自己的切实努力，赢得社会的承认。实现中华民族的伟大复兴，这是现阶段中国各族人民的共同理想，每个中国人都应通过自己的方式参与其中，在平凡的工作中为中华之崛起贡献力量。从纯洁社会空气、建设良好文化生态的角度看，倡扬老老实实做事，堂堂正正做人，安分守己，尽忠职守的精神，对于消解当前急功近利的社会心态，化解因责任缺失导致的社会问题，具有重要的意义。社会主义核心价值观的"爱国"强化了个人的责任意识和奉献精神，强调通过每一个人的共同奋斗，实现中华民族伟大复兴的中国梦。这使得传统家国情怀在新时代焕发出勃勃生机。

　　当代家国情怀建设的重要问题之一，是要尊重并鼓励人们对幸福生活的追求，同时又要求个体承担社会责任，关心和维护社会共同利益，坚持自强进取、友爱互助的准则；在追求经济社会协调发展的过程中，把个体利益和集体利益统一起来，通过每个人的切实努力提升自我，贡献社会。在新时代弘扬家国情怀，需要全社会各阶层人士的共同参与。至于传播新时代家国情怀要采用更加生活化、更加人文化

◇ 家国情怀的意蕴及其近代转型

的方式,则是题中应有之义,无须赘言。

整体而言,家国同构是中国古代社会的重要特征,在家族的范围内生活是传统中国人的生活方式。在此基础上形成的家国情怀在历史发展中不断沉淀和升华,逐渐演变成中华民族的心灵家园。国家、民族利益高于家庭、个体利益的意识作为一种潜存的集体意识,在挽救民族危亡、促进现代化建设的过程中发挥了巨大的作用。在近代中国的特殊生态下,以国家的力量来组织所有中国人救亡图存,对外反抗外来侵略和压迫,对内组织生产发展经济成为最为迫切的问题,家庭建设被忽视。今天,以家庭为起点,沿着血缘认同向国家认同、文化认同的伦理领域向拟伦理认同推展的家国情怀仍然是我们提升个体生命境界、陶养社会责任意识、提升国家认同的有益资源。

从更加广泛的领域考察,传统家国情怀的内涵及其近代转型的一个重要内容,在于说明中国自身有着独特的国家类型和共同体结构,近代以欧洲资本主义为中心所产生的民族国家,并不能直接、全部地涵盖中国自身的独特性。我们需要探讨一种不同于资本逻辑、民族国家视野下的国家类型,以及与之相适应的认同类型。

参考文献

一 经典著作

（汉）司马迁：《史记》，中华书局1959年版。

（汉）班固：《汉书》，中华书局1962年版。

（汉）马融：《忠经》，载舒大刚《中国孝经学史》，福建人民出版社2013年版。

（唐）韩愈：《唐宋名家文集·韩愈集》，卫绍生、杨波注译，中州古籍出版社2010年版。

（宋）张载：《张载集》，章锡琛点校，中华书局1978年版。

（宋）程颢、程颐：《二程集》，王孝鱼点校，中华书局1981年版。

（宋）朱熹：《四书章句集注》，中华书局1983年版。

（宋）陆九渊：《陆九渊集》，钟哲点校，中华书局1980年版。

（宋）黎靖德编：《朱子语类》，中华书局1994年版。

（明）王守仁：《王阳明全集》，吴光等编，上海古籍出版社1992年版。

（清）王夫之：《船山遗书》，中国书店2016年版。

（清）孙星衍：《尚书今古文注疏》，陈抗、盛冬玲点校，中华书局1986年版。

（清）程树德：《论语集释》，程俊英、蒋见元点校，中华书局1990

年版。

（清）孙诒让：《墨子间诂》（上），中华书局2001年版。

（清）焦循：《孟子正义》，中华书局1987年版。

（清）王先谦：《荀子集解》，沈啸寰、王星贤点校，中华书局1981年版。

（清）王先慎：《韩非子集解》，中华书局1998年版。

（清）苏舆：《春秋繁露义证》，钟哲点校，中华书局1992年版。

（清）陈立：《白虎通疏证》，吴则虞点校，中华书局1994年版。

（清）陈立：《公羊义疏》，中华书局2017年版。

（清）孙希旦：《礼记集解》，沈啸寰、王星贤点校，中华书局1989年版。

（清）王聘珍撰：《大戴礼记解诂》，中华书局1983年版。

陈独秀：《独秀文存》，外文出版社2013年版。

胡平生：《孝经译注》，中华书局1996年版。

黄寿祺、张善文：《周易译注》，上海古籍出版社2001年版。

蒋鸿礼：《商君书锥指》，中华书局1986年版。

康有为：《大同书》，上海古籍出版社2019年版。

李梦生：《左传译注》，上海古籍出版社1998年版。

梁启超：《饮冰室合集》，中华书局2015年版。

《孙中山选集》，人民出版社2011年版。

《谭嗣同集》，浙江古籍出版社2018年版。

汪征鲁、方宝川、马勇主编：《严复全集》，福建教育出版社2014年版。

徐元诰撰，王树民、沈长云点校：《国语集解》（修订本），中华书局2002年版。

中国李大钊研究会编注：《李大钊全集》，人民出版社2013年版。

周振甫：《诗经译注》，中华书局2002年版。

朱谦之：《老子校释》，中华书局1984年版。

邹容：《革命军》，华夏出版社2002年版。

二　中文著作（含论文集）

陈梦家：《殷墟卜辞综述》，科学出版社1965年版。

陈来：《中国古代宗教与伦理》，生活·读书·新知三联书店1996年版。

陈来：《古代思想文化的世界——春秋时代的宗教、伦理与社会思想》，生活·读书·新知三联书店2002年版。

陈来：《宋明理学》，华东师范大学出版社2004年版。

陈来：《仁学本体论》，生活·读书·新知三联书店2014年版。

陈中立、杨楹、林振义、倪健民：《思维方式与社会发展》，社会科学文献出版社2001年版。

陈乔见：《公私辨：历史演化与现代诠释》，生活·读书·新知三联书店2013年版。

陈顾远：《中国文化与中国法系——陈顾远法律史论集》，中国政法大学出版社2006年版。

陈旭麓：《近代中国社会的新陈代谢》，九州出版社2019年版。

程潮：《儒家内圣外王之道通论》，湖南人民出版社2005年版。

崔大华：《儒学引论》，人民出版社2001年版。

崔大华：《儒学的现代命运——儒家传统的现代阐释》，人民出版社2012年版。

冯友兰：《中国哲学史》（上），华东师范大学出版社2000年版。

冯友兰：《新事论》，生活·读书·新知三联书店2007年版。

费孝通：《乡土中国》，北京出版社2005年版。

费孝通主编：《中华民族多元一体格局》，中央民族大学出版社1999年版。

费孝通、吴晗等：《皇权与绅权》，生活·读书·新知三联书店2013

年版。

冯天瑜：《中华元典精神》，上海人民出版社1994年版。

冯天瑜：《"封建"考论》（修订本），中国社会科学出版社2010年版。

冯天瑜、何晓明、周积明著：《中国文化史》（第2版）（上册），上海人民出版社2005年版。

范忠信：《中西法文化的暗合与差异》，中国政法大学出版社2001年版。

樊浩：《伦理精神的价值生态》，中国社会科学出版社2001年版。

高晨阳：《中国传统思维方式研究》，山东大学出版社1994年版。

葛剑雄：《统一与分裂：中国的启示》，商务印书馆2013年版。

葛荣晋：《中国哲学范畴通论》，首都师范大学出版社2001年版。

顾准：《希腊城邦制度》，中国社会科学出版社1982年版。

贺麟：《文化与人生》，商务印书馆2015年版。

侯外庐、赵纪彬、杜国庠：《中国思想通史》（第一卷），人民出版社1957年版。

黄开国、唐赤蓉：《诸子百家兴起的前奏——春秋时期的思想文化》，巴蜀书社2004年版。

黄克武：《近代中国的思潮与人物》，九州出版社2016年版。

金观涛、刘青峰：《开放中的变迁：再论中国社会的超稳定结构》，香港：香港中文大学出版社1993年版。

刘梦溪主编：《中国现代学术经典·梁漱溟卷》，河北教育出版社1996年版。

梁治平：《寻求自然秩序中的和谐：中国传统法律文化研究》，商务印书馆2013年版。

李锦全：《李锦全文集》，中山大学出版社2018年版。

李宗桂：《传统文化与人文精神》，广东人民出版社1997年版。

李宗桂等：《中华民族精神概论》，广东人民出版社 2007 年版。

李宗桂等：《中国优秀传统文化的现代价值》，人民出版社 2019 年版。

李维武编：《徐复观文集》，湖北人民出版社 2009 年版。

李卿：《秦汉魏晋南北朝时期的家族、宗族关系研究》，上海人民出版社 2005 年版。

李明辉：《儒家与康德》，台北：联经出版事业公司 1990 年版。

刘泽华：《中国传统政治思想反思》，生活·读书·新知三联书店 1987 年版。

刘泽华主编：《中国政治思想通史·综论卷》，中国人民大学出版社 2014 年版。

刘厚琴：《儒学与汉代社会》，齐鲁书社 2002 年版。

刘文瑞：《中国古代政治制度（上）：皇帝制度与中央政府》，中国书籍出版社 2018 年版。

罗荣渠：《现代化新论——世界与中国的现代化进程》，商务印书馆 2004 年版。

马彪：《秦汉豪族社会研究》，中国书店 2002 年版。

钱穆：《国史大纲》，商务印书馆 1996 年版。

瞿同祖：《中国法律与中国社会》，中华书局 2003 年版。

饶宗颐：《中国史学上之正统论》，上海远东出版社 1996 年版。

任剑涛：《伦理政治研究——从早期儒学视角的理论透视》，吉林出版集团有限责任公司 2007 年版。

任强：《知识、信仰与超越：儒家礼法思想解读》，北京大学出版社 2009 年版。

唐君毅：《中国哲学原论·导论篇》，台北：台湾学生书局 1986 年版。

唐君毅：《文化意识与道德理性》，台北：台湾学生书局 1986 年版。

唐君毅：《生命存在与心灵境界》，台北：台湾学生书局 1986 年版。

唐君毅：《中国人文精神之发展》，台北：台湾学生书局 1989 年版。

唐君毅：《人文精神之重建》，台北：台湾学生书局1989年版。

唐君毅：《中国文化之精神价值》，台北：正中书局2000年版。

王亚楠：《中国官僚政治研究》，中国社会科学出版社1981年版。

汪晖：《中国现代思想的兴起》，生活·读书·新知三联书店2008年版。

肖群忠：《孝与中国文化》，人民出版社2001年版。

萧公权：《中国政治思想史》（上册），商务印书馆2016年版。

谢文郁：《自由与责任四论》，华东师范大学出版社2014年版。

熊十力：《原儒》，岳麓书社2013年版。

熊月之：《中国近代民主思想史》，上海人民出版社1986年版。

徐复观：《中国人性论史·先秦篇》，台湾商务印书馆1969年版。

徐复观：《论智识分子》，九州出版社2014年版。

许倬云：《我者与他者：中国历史上的内外分际》，生活·读书·新知三联书店2010年版。

许纪霖：《家国天下——现代中国的个人认同、国家与世界》，上海人民出版社2017年版。

徐扬杰：《中国家族制度史》，人民出版社1992年版。

阎步克：《士大夫政治演生史稿》，北京大学出版社1996年版。

杨联陞：《国史探微》，新星出版社2005年版。

杨念群：《儒学地域化的近代形态——三大知识群体互动的比较研究》（增订本），生活·读书·新知三联书店2011年版。

杨念群：《何处是"江南"？——清朝正统观的确立与士林精神世界的变异》，生活·读书·新知三联书店2017年版。

杨泽波：《孟子性善论研究》（再修订版），上海人民出版社2016年版。

叶林生、丁伟东、黄正术：《中国封建官僚政治研究》，南京大学出版社2009年版。

余英时：《士与中国文化》，上海古籍出版社 2003 年版。

余英时：《现代儒学的回顾与展望》，生活·读书·新知三联书店 2004 年版。

余英时：《中国近世伦理与商业精神》，九州出版社 2014 年版。

张灏：《幽暗意识与民主传统》，台北：联经出版社 2013 年版。

张君劢、丁文江等著：《科学与人生观》，岳麓书社 2011 年版。

张维为：《中国震撼》，上海人民出版社 2011 年版。

张造群：《礼治之道——汉代名教研究》，人民出版社 2011 年版。

朱维铮：《重读近代史》，中西书局 2010 年版。

周予同：《周予同经学史论著选集》，上海人民出版社 1983 年版。

赵妍杰：《家庭革命——清末民初读书人的憧憬》，社会科学文献出版社 2020 年版。

三　中文论文

陈来：《儒家"礼"的观念与现代世界》，《孔子研究》2001 年第 1 期。

陈来：《中华文明的价值观与世界观》，《中华文化论坛》2013 年第 3 期。

陈立胜：《恻隐之心："同感"、"同情"与"在世基调"》，《哲学研究》2011 年第 12 期。

陈卫平：《中国近代哲学的转型：变革与继承的统一》，《安徽师范大学学报》2012 年第 5 期。

丁四新：《论〈尚书·洪范〉的政治哲学意义及在汉宋的诠释》，《广西大学学报》2015 年第 2 期。

丁四新：《再论〈尚书·洪范〉的政治哲学——以五行畴和皇极畴为中心》，《中山大学学报》2017 年第 2 期。

董平：《天人之际：中国传统文化的"边界"意识》，《衡水学院学报》2020 年第 3 期。

樊浩：《"伦理"话语的文明史意义》，《东南大学学报》2021 年第 1 期。

干春松：《多重维度中的儒家仁爱思想》，《中国社会科学》2019 年第 5 期。

贡华南：《理、天理与理会：论"理"在中国古代思想世界的演进》，《复旦学报》2014 年第 6 期。

宫志翀：《战国两汉"人为天生"学说的政治哲学意蕴》，《哲学研究》2021 年第 1 期。

顾红亮：《"理性"与现代性的价值依托》，《人文杂志》2006 年第 6 期。

顾红亮：《对话哲学与〈论语〉的关系性君子观》，《孔子研究》2009 年第 6 期。

韩立新：《从个人到社会的逻辑演进》，《哲学动态》2012 年第 10 期。

贺东航、谢伟民：《中国国家认同的历程与制约因素》，《马克思主义与现实》2012 年第 4 期。

蒋国保：《儒家君子人格的当代意义——以孔孟为论域》，《道德与文明》2016 年第 6 期。

姜义华：《中国传统家国共同体及其现代嬗变（上）》，《河北学刊》2011 年第 2 期。

李艳平、王岩：《概念与本质：马克思在何种意义上使用"共同体"》，《广西社会科学》2021 年第 9 期。

李存山：《对中国文化民本思想的再认识》，《孔子研究》2016 年第 6 期。

李宗桂：《相似理论、协同学与董仲舒的哲学方法》，《哲学研究》1986 年第 9 期。

李宗桂：《董仲舒道德论的文化剖析》，《孔子研究》1991 年第 3 期。

李宗桂：《优秀文化传统与民族凝聚力》，《哲学研究》1992 年第 3 期。

李宗桂：《从"调均"看中国文化的优秀传统》，《哲学研究》2016 年第 8 期。

李禹阶：《华夏民族与国家认同意识的演变》，《历史研究》2011 年第 3 期。

李宪堂：《"天下观"的逻辑起点和历史内涵》，《学术月刊》2012 年第 10 期。

李春颖：《孟子恻隐之心中的情感与德性》，《中国哲学史》2018 年第 3 期。

李景林：《儒学关联于民众生活的现实载体》，《河北学刊》2004 年第 11 期。

刘志琴：《礼——中国文化传统模式探析》，《天津社会科学》1987 年第 6 期。

罗豪才：《弘扬中华优秀传统文化 增强民族认同感和凝聚力》，《中央社会主义学院学报》2007 年第 4 期。

罗安宪：《论中国文化学意义上的"家"》，《中国人民大学学报》2017 年第 3 期。

牟发松：《天下论——以天下的社会含义为中心》，《江汉论坛》2011 年第 6 期。

钮则圳：《人文化成的家国情怀——王船山〈俟解〉中的"人禽之辨"》，《文化中国》（加拿大）2019 年第 3 期。

皮迷迷：《"公"与"私"的道德化———对先秦时期"公""私"内涵转变的考察》，《现代哲学》2017 年第 3 期。

曲德来：《"忠"观念先秦演变考》，《社会科学辑刊》2005 年第 3 期。

沈毅：《"家""国"关联的历史社会学分析——兼论"差序格局"的

宏观建构》,《社会学研究》2008 年第 6 期。

孙向晨:《论中国文化传统中"家的哲学"现代重生的可能性》,《复旦学报》2014 年第 1 期。

孙向晨:《民族国家、文明国家与天下意识》,《探索与争鸣》2014 年第 9 期。

王文亮:《论先秦儒学经权互悖的思维方式》,《哲学研究》1988 年第 8 期。

王健:《法家事功思想初探——以〈商君书〉、〈韩非子〉为中心》,《史学月刊》2001 年第 6 期。

王四达:《略论〈大学〉之本的层次化及其对儒学的发展》,《学术研究》2001 年第 8 期。

王四达:《"天命有德":中国古代对政治合法性的探索及其历史归宿》,《哲学研究》2012 年第 1 期。

王四达、董成雄:《从"文以载道"看中国传统文化的价值凝练与体系展开》,《哲学研究》2016 年第 3 期。

王正:《重思荀子之"大清明"》,《现代哲学》2019 年第 5 期。

肖滨:《两种公民身份和国家认同的双元结构》,《武汉大学学报》2010 年第 1 期。

许章润:《论现代民族国家是一个法律共同体》,《政法论坛》2008 年第 3 期。

许章润:《国家建构的精神索引——今天中国为何需要省思"国家理性"》,《历史法学》第四卷,2010 年 12 月。

许纪霖:《国家认同与家国天下》,《华东师范大学学报》2014 年第 4 期

薛菁:《论魏晋南北朝刑法原则儒家化特征》,《福建师范大学学报》2006 年第 1 期。

杨安崙:《关于中国传统文化的性质》,《求索》1988 年第 2 期。

杨翰卿、李保林:《中国传统文化的当代转换》,《中国社会科学》1999年第1期。

杨少娟、叶金宝:《文化结构的若干概念探析——兼谈中西文化比较研究的若干问题》,《学术研究》2015年第8期。

仰海峰:《现代性的架构:世界性与民族性的双重审视》,《哲学动态》2014年第4期。

袁年兴:《元身份的政治寓意与共同体建设——近代中国共同体的解构与重构的过程逻辑》,《文史哲》2019年第4期。

张锡勤:《"天下兴亡,匹夫有责"小考》,《道德与文明》2000年第6期。

张锡勤:《论"五四"新文化运动所提倡的新道德》,《哲学研究》2002年第8期。

张宝琴、何志虎:《从〈大略〉篇看荀子的义利观》,《宝鸡文理学院学报》2009年第5期。

赵馥洁:《论中国价值思维的融通性特征》,《人文杂志》1998年第2期。

四 中文译著

《马克思恩格斯选集》(第1卷),人民出版社1995年版。

《马克思恩格斯选集》(第3卷),人民出版社1995年版。

《马克思恩格斯文集》(第1卷),人民出版社2009年版。

[德] 黑格尔:《法哲学原理》,范扬、张企泰译,商务印书馆1961年版。

[德] 滕尼斯:《共同体与社会》,林荣远译,商务印书馆1999年版。

[德] 加达默尔:《真理与方法》(上),洪汉鼎译,上海译文出版社2004年版。

[德] 恩格斯:《家庭、私有制和国家起源》,人民出版社2018年版。

◇ 家国情怀的意蕴及其近代转型

［德］哈贝马斯：《包容他者》，曹卫东译，上海人民出版社 2002 年版。

［法］孟德斯鸠：《论法的精神》（上），张雁深译，商务印书馆 1963 年版。

［法］埃米尔·涂尔干：《社会分工论》，渠东译，生活·读书·新知三联书店 2017 年版。

［美］A. 麦金太尔著：《追寻美德》，宋继杰译，译林出版社 2003 年版。

［美］本杰明·史华慈：《寻求富强——严复与西方》，叶凤美译，江苏人民出版社 1995 年版。

［美］杜赞奇：《从民族国家拯救历史：民族主义话语与中国现代史》，王宪明译，社会科学文献出版社 2003 年版。

［美］约瑟夫·列文森：《儒教中国及其现代命运》，郑大华、任菁译，中国社会科学出版社 2000 年版。

［美］郝大维、安乐哲：《通过孔子而思》，何金俐译，北京大学出版社 2005 年版。

［美］罗思文：《谁的民主？何种权利？》，商戈令译，哈佛燕京学社、生活·读书·新知三联书店编：《儒家与自由主义》，生活·读书·新知三联书店 2001 年版。

［美］费正清、刘广京编：《剑桥中国晚清史》，中国社会科学出版社 1985 年版。

［美］希尔斯：《论传统》，傅铿、吕乐译，上海人民出版社 1991 年版。

［日］渡边信一郎：《中国古代的王权与天下秩序》，徐冲译，中华书局 2008 年版。

［日］谷川道雄：《中国中世社会与共同体》，马彪译，上海古籍出版社 2016 年版。

［日］沟口雄三：《中国的冲击》，王瑞根译，生活·读书·新知三联书店 2011 年版。

[日] 沟口雄三：《中国的公与私·公私》，郑静译，生活·读书·新知三联书店 2011 年版。

[日] 增渊龙夫：《中国古代的社会与国家》，吕静译，上海古籍出版社 2017 年版。

[英] 安东尼·吉登斯：《民族——国家与暴力》，胡宗泽等译，生活·读书·新知三联书店 1998 年版。

[英] 安东尼·史密斯：《民族主义：理论，意识形态，历史》，叶江译，上海人民出版社 2006 年版。

[英] 厄尔斯特·盖尔纳：《国族主义》，载李梅译《民族与民族主义》，中央编译出版社 2002 年版。

后　　记

本书是我承担的2017年度国家社科基金青年项目"传统家国情怀的价值内涵及其近代转型"的成果。2022年2月，该项目以论文集形式通过结项，包含12篇公开发表的学术论文。结项之后，我总有意犹未尽之感。于是，我又结合专家的建议、最新的研究成果进行了扩充和修改，内容比最初的结项文稿增加了将近一倍。

项目的选题曾经让我颇费思量。我在中山大学哲学系获得哲学博士学位，研究方向为现代新儒学。博士毕业后，我来到华南理工大学马克思主义学院工作，研究方向也扩展为中国传统文化与现代化。该选题便是在中国传统文化现代化的思路下进行的提炼，一是想要说明家国情怀是中国传统文化的价值顶层，浓缩了中国传统文化中的核心观念，蕴含着中国传统文化的特质，融入中国人生活的方方面面，需要进行系统说明；二是希望从理论上说明传统家国情怀是爱国主义的心理基础，但不能直接等同于爱国主义。近代文化转型是说明这一问题的关键。

家国情怀的近代转型是一个难度大、挑战性强的问题。既要熟悉中国传统文化的基本内容，又要了解西方近代文化的基本精神，才能在中西文化交流、碰撞中对家国情怀的内容和作用予以恰当说明。同时，家国情怀的近代转型也是一颇具现实意义的问题。我们今天要进行中华优秀传统文化的创造性转化和创新性发展，需要从近代文化转

后　记

型中汲取经验和教训。

　　书稿能够顺利完成，首先得益于业师李宗桂教授的鼓励和指导。从我读硕士研究生起，导师就在平时阅读、提炼问题、分析论证、论文写作等方面给予悉心指导和严格训练。尽管已经博士毕业多年，每每遇到琢磨不定的问题，我都会第一时间求教于导师，并收获颇丰。此次书稿修改和扩充的过程中，导师又给了我很多指导。我向李老师表达深深的感谢。

　　感谢邓红教授的邀请，使得我有幸成为日本北九州市立大学文学部的访问学者。在国家留学基金管理委员会的资助下，我于2020年12月至2021年12月赴日学习，开阔了视野，增加了见闻。相信这段经历，会成为我继续深化中国文化研究的助力。

　　多年来，我常与林晓希、罗彩、钮则圳等学友共同讨论问题，互相鼓励，收获良多。在此，谨致谢意。

　　感谢中国社会科学出版社杨晓芳编审。正是在她的垂注和督促下，我最终下定了完成本书书稿的决心，并坚持下来。

　　限于学力和精力，我只能在"家国情怀的内涵及其近代转型"问题上做出如此尝试性研究，期待读者们的指教。

张　倩

2023年2月3日